세계일주

역사의 흔적을 찾아서

세계 역사·문화·풍물 배낭기행

최영하 지음

아프리카 탐문(探問)여행 40일

軍 人 · 外 交 官 최 영 하 여 행 이 야 기 3 8 선

남아공 케이프타운 테이블 마운틴

PROLOGUE

모시 오아 투냐(Mosi Oa Tunya*)…
천둥 같은 낙수 굉음(轟音)
얼굴을 휘감는 물안개 바람
부서지는 분무 속에
현란하게 피어나는 쌍무지개
빅토리아 폭포의 장관…

'썩은 고기 찾아다니는
하이에나보다
굶어서 죽더라도
킬리만자로 산정의 표범이고 싶다.'
영겁(永劫)의 세월을 지나며
아프리카 대지를 감싸 안고
미물(微物)들의 생사를 지켜본
눈 덮인 킬리만자로의 위용…

여행은 늘…
상상의 날개를
활짝 펴게 해 준다.
그래서 행복하다.

혼자 하는 여행…
자유롭다.
여유있다.
그리고 생각한다.

저자 최영하

* Mosi Oa Tunya : 천둥소리 내는 연기. 빅토리아 폭포 현지 원명(原名)

CONTENTS

PART 2 유럽 편

E
U
R
O
P
E

PART 3 아메리카 편

A
M
E
R
I
C
A

식지 않는 희망과 열정으로
- 퇴직 후 금과 같은 시간들 -

 문인도 작가도 아닌 퇴직 관리가, 쓰다 보니 네 번째 책을 내게 되었다. 지난 7년간 열정을 쏟아서 쓴 책들이기에 감히 소중한 작품들이라 여겨지고 애정이 간다. 책을 쓴다는 게 우리 같은 범인凡人에겐 예사로운 일은 아닐 것이다. 사람이 평생을 살면서 언제나 희망과 열정을 잃지 않는 것이 중요한 것 같다. 젊어서는 물론 나이 들어갈수록 더욱 그런 것 같다. 열아홉 살에 시작한 공직 생활 40년을 끝냈을 때 이젠 다 살았구나 하는 상실감에 허탈감을 느끼기도 했었지만 지나고 보니 그때가 시작이었던 것 같다.

 공직 생활의 대부분을 군에서 보냈고 남다른 수난을 겪으면서도 좌절하지 않았던 것은 희망과 열정 때문이었다. 명암이 뚜렷했던 내 인생의 밝은 날들은 대부분 퇴직 이후에 찾아왔다. 퇴직 후의 시간은 금과 같았다.

 나는 젊어서부터 세계 역사와 문화에 관심이 많았다. 역사 서적도 많이 읽었고 공직생활 중에도 해외에 나갈 때는 역사적 명소들을 많이 찾았다. 퇴직 후에는 마음만 먹으면 이런 욕구들을 어렵지 않게 이룰 수 있었다. 문헌으로만 접했던 세계사의 숨결과 맥박이 뛰는 현장에 서면 나의 숨결도 가빠지고 맥박도 뛰었다.

네 권의 책은 모두 역사 문화에 관한 것이다. 첫 책《머물지 않는 바우》는 내 개인의 냉난冷暖 인생수기로 회고록 성격이기는 하지만 이 역시 역사적 기록과 시대상이 수록되었으니 70년간의 역사 문화서적이라 할 수 있다. 두 번째, 세 번째 책은 세계 역사·문화·풍물 기행서이다. 동서양 역사 문화가 숨 쉬는 곳을 찾아다니며 보고 듣고 느낀 것을 정리하여 모두 83개의 테마를 다루었다. 정부문화체육부에서 우수도서로 선정하여세종도서 전국 공공도서관과 대학도서관에 비치하는 영광을 얻기도 했다.

이번 네 번째 책은 아프리카, 유럽, 아메리카 이야기들이다. 아프리카 얘기가 주류이다 보니 이곳에서 팔려나간 흑인 노예들에게 관심이 갔고 그들이 사는 아메리카 대륙의 흑인 이야기도 짚어 보게 되었다. 더 늦기 전에 꼭 한번 가봐야겠다 마음먹었던 아프리카 대륙… 오랫동안 버킷 리스트의 목록에 들어 있었지만 희수가 되어서야 훌쩍 떠나게 되었다.

배낭 메고 나선 40일간의 아프리카 탐문探問여행… 검은 대륙이라고들 하지만 사람은 검되 자연은 밝고 역동적이었다. 야생동물들의 낙원, 대서양 해변의 끝없는 사막, 킬리만자로의 위용과 빅토리아 폭포의 장관… 그리고 그 뒤에 감춰진 얼룩진 역사를 조명해 보았다. 듣고 보고 수집한 자료를 엮어서 작은 지식이나마 모든 분들과 공유, 공감하고 싶다.

옥수동 최영하

이젠 아프리카다!

지난 수세기 동안 겪어온
수난의 역사를 짚어보지 않고서는
오늘의 아프리카를 이야기할 수 없다.

아프리카 대륙!
유럽 열강들의 식민지 수탈…
참담한 흑인 노예역사…
독립 이후 겪은 내전의 참상…
그리고 독재자들의 잔학한 횡포…

이제 고난의 여정을 마치고
깨어나려 몸부림치는 나라들
이들을 부축해 주고
가까이 들여다보아야
진정한 오늘의 아프리카를 알 수 있다.

작은 지식을 펼쳐
현지에서 보고 듣고 느낀 것들…
문헌을 뒤져 공부한 것들…
코로나 비켜 서재에 머물며
다시 한 권의 책을 쓰게 되었다.

모든 분들과 공유하고 싶다.
그리고 함께 공명共鳴하고 싶다.

PART 1
아프리카편
Africa

짐바브웨-잠비아 국경 빅토리아 폭포

<아프리카 대륙>

1

희수 喜壽에 떠난
아프리카 배낭여행 40일

만지작거리던 마지막 카드 베팅… 아프리카

아프리카로 가는 길

만지작거리던 마지막 카드 베팅… 아프리카

세계 여러 나라를 여행했지만 미루고 또 미루어 왔던 아프리카 여행. 문헌을 통해 아프리카의 밝고 어두운 면을 듣고 보아 오면서 언젠가는 한번 내 눈으로 직접 가서 보리라 마음먹고 아껴두었던 여정. 희수의 나이가 되어서야 훌쩍 떠나게 되었다. 혼자 떠난 40일간의 배낭여행… 돌이켜보니 짜릿하고 잊을 수 없는 추억의 여행이 되었다. 이런 힘든 여행을 다시 할 수 있을까 싶다.

치안이 나쁘다고 한국 여행사들이 외면하는 나라 케냐. 그래도 사람 사는 곳인데 어떠하랴 하고 들어갔다가 백주 번화가 대로상에서 떼강도를 만나 삽시간에 열 돈 금목걸이를 뜯긴 일… 몸집 좋은 젊은 보디가드를 고용해서 붙였건만 5~6명의 떼강도에겐 역부족이었다. 몸 다치지 않은 것만으로도 다행으로 생각하고 안도의 한숨을 쉬었다. 보디가드 Karanja John은 요즘도 가끔 이메일을 보내온다. 잘 있느냐고… 한 번 더 오라고…. 미안한 마음으로 안부를 묻는 것이리라!

에이즈, 황열병이 만연하는 검은 대륙… 남수단 움막집에 살면서 가뭄에 갈라진 땅바닥 흙탕물을 마시고 가축 소변을 받아 얼굴을 씻으며 기아에 허덕이는 깡마른 어린이들의 모습. 남아공 케이프타운의 고층빌딩 숲속 활기찬 도시 모습과는 너무도 큰 차이가 있다. 아프리카의 현실이다. 역사의 흔적과 명소들을 찾아 여러 나라를 다녔지만 그래도 아프리카는 가볼 만한 여행지였다는 생각이 든다. 광활한 대륙의 초원과 사막, 빅토리아 폭포의 장관, 킬리만자로의 위용, 야생동물의 왕국인 탄자니아 응고롱고로. 신변안전에 유의하고 먹는 것, 마시는 것 조심하면 탈 없이 여행할 수 있다. 모기는 서울 우리 집에 더 많다.

짐승처럼 잡혀서 노예로 팔려가고 유럽 강국들에 수탈당했던 몽매한 토인들…. 영국, 프랑스, 독일 등 유럽 나라들은 그들이 저지른 잔혹한 수탈을 반성하고 죄과를 치러야 한다. 27년간 옥살이로 젊음을 빼앗긴 넬슨 만델라의 혹독한 고난을 피부에 닿게 실감했다. 아프리카 여행은 흑인들에 대한 연민과 그들의 과거를 들여다볼 수 있는 좋은 기회였다. 2월 하순 코로나 확산 직전 귀국할 수 있었던 건 정말 행운이었다.

아프리카로 가는 길
예전엔 아프리카로 가는 길이 돌고 돌아 멀기만 해서 큰마음 먹어야 나설 수 있었다. 1971년 나이지리아 라고스로 길을 떠난 한 농학자의 기록에 의하면 김포-홍콩-방콕-뭄바이인도-아멘예멘-아디스아바바-

나이로비케냐–엔테베우간다–라고스 경로로 나흘 만에 현지에 도착했다고 한다. 최근까지도 동남아나 중동 유럽을 경유해서 가야 했지만 요즘은 직항이 생겨 12시간 만에 내려주니 한결 편해졌다. 미국 가는 길보다 가깝다.

아프리카 최대 항공사인 에티오피아 항공은 아프리카 대륙 여러 나라 주요 도시로 운항하고 있어 아디스아바바에서 쉽게 환승이 되니 기내는 환승 손님으로 만원이었다. 떠오르는 아프리카로 가려는 한국 일본 여행객을 위해 도쿄까지 연장 운행하고 있다. 에티오피아 항공이 선견지명을 가지고 시장조사를 잘하여 황금노선이 되었다. 기종도 최신형이고 서비스도 좋아 이번 여행 중 여러 번 이용하였다. 파일럿들은 대부분 외국 항공사에서 일해 본 적이 있는 숙련된 다국적 자원들이었다. 한국 해군 조종사 출신도 있어 든든했다.

2

변화하는 대륙 아프리카

검은 대륙 원초原初의 자연

아프리카 대륙은 지리적으로 지중해를 두고 유럽과 가까운 북부 아프리카 지역과 사하라 사막 이남의 남부 아프리카 지역으로 구분된다. 북아프리카 지역은 지중해를 끼고 있는 이집트, 리비아, 튀니지, 알제리, 모로코 등 다섯 나라인데 베두인 족과 베르베르 족 등 사막 토착인과 유럽인들의 혈통을 받아 사하라 이남의 블랙 아프리카와는 인종이

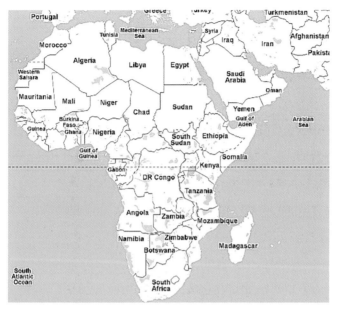

사하라 이남 아프리카

나 문화가 전혀 다르다. 종교적으로도 북아프리카는 아랍의 침입으로
모두 이슬람화되었으며 유럽 강국들의 영향을 받아 기독교가 대부분
인 남아프리카와는 매우 다르다.

3,022만평방km의 대륙. 러시아2,227만평방km보다도 크고 유럽 대륙
1,000만평방km의 3배쯤 되는 땅에 인구는 12억 9천만 명, 인도13억 9천
와 비슷한 아프리카 대륙. 오랜 세월 동안 지구상에서 가장 낙후된 미
지의 검은 대륙으로 알려져 왔다.

검은 사람들이 살고 있으니 검은 대륙이라 부르지만 자연은 푸르고
풍성한 대륙이다. 초원과 사막과 밀림 그리고 호수, 아마존과 미시시피
를 능가하는 장강들이 있다. 장엄한 빅토리아 폭포가 있고 숲속과 초

원에는 야생동물들이 평화롭게 무리지어 다니며 장관을 이룬다. 만년설봉의 준봉들이 있고 연기가 솟구치는 화산지대가 있으니 아프리카가 아니면 어디서 이런 자연을 볼 수 있겠는가?

아프리카에는 명산들도 많다. 사하라 이남 적도 부근에 킬리만자로 5,895m, 탄자니아, 케냐산5,199m, 케냐, 스탠리산5,109m, DR콩고-우간다 같은 빙하의 준봉들이 있고 4,000m가 넘는 라스다샨산4,620m, 메루산 4,565m, 탄자니아, 탈로4,413m 같은 준봉들이 곳곳에 즐비하다.

DR콩고 동북부 고원 르완다와 국경지대는 화산지대이다. 니라공고 Nyiragongo, 3,800m 활화산, 니아물라기라Nyamuragira, 2,800m, 미케노 Mikeno, 4,437m 화산이 DR콩고 지역에 있고, 두 나라 국경선상에 카리심비Karisimbi, 4,507m, 비소케Bisoke, 3,711m 화산 등 여러 군데 화산들이 있다. 니라공고 화산은 최근 2021년에도 폭발했다.

루웬조리 국립공원

이 화산지대에서 200km 북쪽 DR콩고와 우간다 국경지대에 있는 스탠리산 일대의 우간다 쪽 루웬조리Ruwenzori 국립공원은 아프리카에서 가장 아름다운 자연경관을 자랑한다. 만년설과 빙하로 덮여 있는 6개의 고봉 중 우간다 쪽 마르게리타 봉5,109m이 제일 높다. 세계의 등산가들이 즐겨 찾는 곳이다.

독립 후 대부분 사회주의로 출발

아프리카 나라들이 1960년대에 대부분 독립하면서 가장 큰 문제는 기아와 교육이었다. 대부분의 국민들이 교육을 받지 못했고 굶주림에 허덕였다. 식민 통치하던 유럽 강국들이 자원수탈에만 몰두하고 현지인들의 삶에 큰 관심을 가지지 않았기 때문이다. 그래서 많은 아프리카 국가들이 사회주의 노선을 택하게 되었다. 모든 국민이 무상으로 교육받고 의료혜택을 누리며 골고루 잘살게 해준다는 게 사회주의 이론이었기 때문이다.

식민지 시절 독립투쟁을 한 세력들이 다투어 세계 냉전체제의 틀에서 이념분쟁을 하고 종족 간의 내전으로 많은 나라들이 고통을 겪었다. 투쟁 세력들의 선동에 국민들은 노출되었고 정권을 잡는 세력의 통치에 따를 수밖에 선택의 여지가 없었다. 일부 나라들은 소련 마르크시즘과 국제공산당코민테른의 활동에 현혹되어 친소 공산정권이 들어서고 소련의 원조에 의지하게 되었다.

정치는 무소불위의 독재자의 손에 들어가고 국민들은 핍박 받았다. 외교적으로는 공산국가들과 먼저 수교하고 비동맹을 추구하면서 유엔에서는 주요 이념 표결에 캐스팅 보트의 역할을 했다. 남북대치의 여러 가지 한반도 문제에 관한 유엔 표결 문제로 한국의 아프리카 비동맹 외교도 중시되었었다.

시간이 지나면서 많은 국가들이 유목 원시 농경 사회에서 산업화가 필요하게 됨을 깨닫고 서구 자본주의를 수용하게 되었다. 냉전시대가 가고 공산주의가 무너지자 사회주의와 자본주의를 적절히 혼합한 아프리카 경제체제로 발전하고 있다. 유럽 강국들의 지배를 받았던 나라들 중 사회주의에 기독교 정신이 가미된 아프리카식 사회주의로 가는 나라들이 있다. 정치적으로도 일당 독재에서 다당제 대통령 직선제로 선거에 의해 정부를 구성하여 서구 자본주의 나라들에 문을 넓히고 자원개발과 외국자본의 투자를 받아들이고 있다.

경제… 빈부격차 극심

아프리카 대륙의 현실은 나라마다 정치 수준과 처한 현실이 달라 그 사는 모습은 다양하다. 종족분쟁, 정권다툼 등 정치적 불안에다 자원도 없이 인구만 많은 나라는 어렵게 살고 그래도 웬만큼 정치적 안정을 이루고 자원이 있는 나라는 국민소득이 높은 편이어서 잘사는 편이다. 자원이 있어도 부정과 부패가 심하면 그만큼 국민들에게 돌아가는 몫은 적다. 세계 189개국의 국민소득을 살펴보면 이러한 현상들이 극명하게 드러난다.

1인당 국민소득 500$ 이하 나라들과 500~2,500$ 저소득 국가 대부분이 아프리카 나라들이다. 아프리카 외 아시아에서는 캄보디아, 미얀마, 네팔, 부탄, 방글라데시, 일부 중앙아시아 나라와 인도 정도가 이들 군에 속한다.

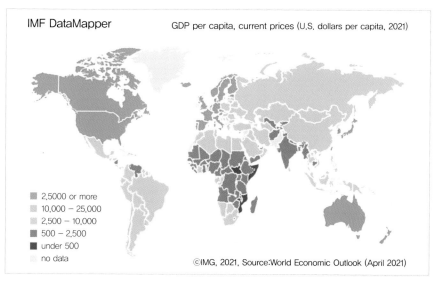

1인당 GDP 맵(자료: IMF, 2021) (출처: 나무위키)

아프리카에서도 남수단인구 1,100만, 소말리아인구 1,000만, 모잠비크 인구 3,000만는 500$ 이하 최빈국이고 사하라 이남의 인구 78만 적도 기니는 22,431$로 포르투갈, 대만보다 앞선다. 인구 222만의 가봉은 15,738$로 1만 불을 상회한다. 둘 다 산유국이다. 남아프리카 공화국 이 5,700만 인구의 큰 나라이며 8,100$이므로 아프리카에서 가장 균형 잡힌 경제국으로 평가된다. 보츠와나인구 200만, 나미비아인구 210만, 콩고공화국인구 560만 등 인구가 적은 나라들이 비교적 경제적 안정을 누리고 있다.

유엔에서 내놓은 최빈국LDC, Least Developed Country 46개국 중 아프리카 33개국이 들어 있다. 이 리스트LDC Fact Sheet는 세 가지 기준으로 작성된다. 첫째는 1인당 국민소득이 1,013$ 이하여야 하고 둘째는 건강, 교육환경인데 영아사망률, 문맹률 등 6개 항목이 포함되며 셋째는 경제 및 환경 요소로 오지비율, 내륙국정도, 건조지역, 거주환경 등 8개 항목이 들어간다.

부자가 생기는 성장하는 대륙

그러나 아프리카 대륙은 자원과 기후, 경작면적 등에서 앞으로 발전 가능성이 높다. 2000년부터 2015년까지 대륙 전체의 연평균 경제성장률은 아시아보다 앞섰고 세계 10대 경제성장 국가 중 아프리카 7개국이 포함되어 있다. 이는 외국인 투자와 교역이 급격히 증가하고 있기 때문이다.

2019년 5월 30일 55개국 아프리카를 거대한 단일시장으로 발전시키기 위한 첫 단계로 아프리카 대륙 자유무역지대를 출범시키고 그 첫발을 내디뎠다. 근간 BBC, CNN을 보면 아프리카 광고들이 많다. Inside Africa, Connecting Africa 등 타이틀 하에 아프리카 기업들이 많이 소개되고 있다. 단고테Dangote 그룹 광고도 그중 하나다. 광고에 비치는 아프리카 화면은 서방의 어느 플랜트나 도시 못지않게 발전해 있는 모습들이다.

무역 경제성장 눈에 띄어

아프리카 경제규모는 1인당 평균 3,000달러구매력지수, 2018년 정도다. 구매력지수는 그 나라 물가지수를 적용한 것이므로 실질 지수명목지수와는 다르다. 물가가 싼 나라에서는 훨씬 그 지수가 높다. 나이지리아 경제가 GDP 3,750억 달러로 가장 규모가 커 아프리카 전체 GDP의 26.2%를 차지한다. 그다음이 남아공으로 3,500억 달러이다.

가나, 에티오피아, 코트디부아르, 르완다, 앙골라 등이 연평균 경제 성장률 7% 이상을, 탄자니아와 세네갈이 6.8%를 기록했다. 2000년 이후 평균 5.4%, 2005년 이후 아프리카 경제성장률은 세계 전체 평균을 앞질렀다. 2017년의 경우 세계 경제성장률 3.5%에 비해 아프리카는 4.0%를 기록했다.

아프리카의 무역규모도 급속히 성장하고 있다. 2000년 2,760억 달러였던 것이 2018년 1.05조 달러에 이르렀다. 교역 대상국은 유럽이 38%, 중국이 16%, 미국이 6.5% 순이다. 유럽연합EU은 2007년 아프리카연합과 전략적 파트너십을 체결하고 모든 아프리카 제품을 수입할 때 무관세 원칙을 적용하고 있다. EU의 대 아프리카 원조액은 연간 226억 6천만 유로에 달하여 미국의 두 배이며 전체 원조금액의 55%를 차지하고 있다. 지리적으로 가깝기도 하지만 지난 세월 아프리카를 찬탈했던 유럽 강국들의 보상적 성격이기도 하다.

중국의 아프리카 원조도 눈에 띤다. 2000년 이후 매 3년마다 중국-아프리카 협력포럼을 개최하고 2015년 12월 6차 회의에서 600억 달러의 대규모 원조를 약속하기도 했다. 2000년부터 14년간 중국의 대 아프리카 투자는 모두 860억 달러에 이른다. 중국은 전체 에너지 수입의 22%를 아프리카에서 하고 있다.

아프리카 외국인 투자는 2008년 이후 연평균 700억 달러를 넘고 있다. 투자 내용은 양상이 바뀌고 있다. 자원개발 투자에서 도로·철도건설, 최근에는 제조업, 서비스업으로 바뀌고 있다. 고용창출에 기여하며 낮은 임금의 노동력을 이용하기 위한 경공업 분야 진출이 두드러졌다.

에티오피아의 아디스아바바에 봉제공장을 운영하는 한국 기업도 있다.

지하자원의 보고

시베리아 대륙에 엄청난 지하자원이 있고 탐사조차 이루어지지 않은 자원들이 많듯이 아프리카 대륙에도 아직 잠자고 있는 지하자원들이 많이 있다. 선진기술이 풍부한 서양 대륙들에서는 이미 탐사 개발되어야 할 지하자원들이 대부분 채굴되고 있지만 아프리카 대륙에서는 유럽 강국들에 지배를 받던 시절 발견된 지하자원은 물론, 앞으로 탐사될 무한한 자원들의 부존賦存 가능성이 매우 높다.

전 세계 백금의 90%가 아프리카에서 난다. 망간 80%, 코발트 75%, 우라늄, 금, 희토류 등 전 세계 광물의 60%가 아프리카에 묻혀 있다고 한다. 남아공, 보츠와나, 콩고민주공화국, 앙골라, 적도기니, 콩고공화국, 모잠비크, 탄자니아, 카메룬 등이 자원부국들이다. 가나, 남아공, 수단, 말리에서 금이, 콩고, 보츠와나, 앙골라, 레소토, 짐바브웨, 남아공, 나미비아 등에서 다이아몬드가 생산된다.

아프리카의 산유국들

산유국들도 여럿이다. 아프리카석유생산국협회APPA에 14개국이 가입하고 있으며 세계 석유수출국기구OPEC 13개 회원국 중 7개국이 아프리카 나라들이다. 아프리카 주요 산유국은 북아프리카의 알제리, 리비아, 이집트와 사하라 이남의 11개국이다. 나이지리아, 콩고민주공화국, 적도기니, 가봉, 앙골라, 남수단, 카메룬, 베냉, 코트디부아르, 남아공, 차드 등이 있다.

아프리카의 석유매장량은
전 세계의 7.6%980억 배럴, 천
연가스는 8.5%로 추정된다.
나미비아를 방문 중 대서양 왈
비스만 해안에 정박되어 있는
초대형 유전 탐사선을 보고 놀

앙골라 연안에 머물고 있는 석유 탐사선

랐다. 앙골라 해안 일대에 유
전 탐사를 위해 체류 중이었다. 아직은 생산량이 미미하나 장래성이 있
어 보인다. 세계 수요의 11%인 800만 배럴을 공급하고 있으며2005년
2020년까지 67% 증산할 계획이었다.

산유국들이라고 하지만 나라별로 형편이 달라 모두 잘사는 것은 아
니다. 대부분 아프리카 산유국들이 빈곤하게 사는 이유는 나라가 무능
하여 행정력이 미치지 못하기 때문이다. 공무원들의 부정부패, 자산 밀
반출, 기업들의 탈세, 불법개발, 밀수행위 등을 제대로 관리하지 못하
는 것이다. 게다가 현지에 진출한 세계의 다국적 기업들이 조세감면 등
혜택을 받아 현물시장에서 폭리를 취하기 때문이다. 그래도 아프리카
에서는 산유국들이 여느 다른 나라들보다 소득이 나은 편이다.

아프리카의 문화 예술

아프리카에 베를린 심포니 오케스트라나 안드레 리우Andre Rieu, 만
토바니Mantovani와 같은 현대적 음악 연주는 없어도 토속 민속음악과
가무는 독특하고 다양하다. 아프리카를 떠났어도 흑인 보컬 보니 엠
Bonnie M이나 마이클 잭슨Michael Jackson 같은 흑인 가수들의 재능은
모두 이들 아프리카 흑인들의 DNA로 유전된 것이다.

그림, 조각, 공예 분야 등 미술은 우리의 상상을 초월하는 훌륭한 수준의 작품들이 많다. 탄자니아와 모잠비크 국경 산악지대 마콘데Makonde 부족의 흑단黑檀나무 조각彫刻은 누구도 흉내내지 못하는 아프리카 고유의 전통문화유산이다. 이들은 주변 산악지대에서 자라는 흑단나무음핑고에 조각을 하는 재능을 가졌는데 이 흑단나무는 물에 넣어도 뜨지 않고 가라앉는 돌같이 단단한 목재이다.

흑단나무 조각

우리 일산 킨텍스에도 전시되어 있는 이 대형 흑단나무 조각품은 나무 한 그루One Piece에 수백 흑인들의 몸체를 새긴 것으로 매우 정교하고 섬세하다. 이 작품 하나를 완성하기까지 작가가 쏟았을 정성이 피부에 닿게 느껴진다. 세계 어디에서도 볼 수 없는 미술 조각 영역이다. 회화미술繪畵美術도 놀랄 만한 작

헨드릭 릴랑가 작품 〈마콘데 족〉

품들이 많다. 헨드릭 릴랑가Hendrick Lilanga, 마콘데 족, 1974년 탄자니아 다르에스살람 출생의 작품을 보면 흑인의 그림이라고는 믿을 수 없을 만큼 밝고 화사하고 구성도 좋다.

3

탐험가 선교사 리빙스턴

스코틀랜드 출신 선교사

칼라하리 사막 종단 60일

빅토리아 폭포 발견

행방불명… 말라리아 사경에서 구출돼

리빙스턴을 구한 스탠리

15세기 말 유럽 대륙에 아프리카가 알려지면서 여러 탐험가들이 탐사에 나섰다. 16~17세기 항해가들이 대서양 연안의 해안지방에는 발을 들여놓았지만 내륙 깊숙이는 들어갈 수 없었다. 유럽 강국들이 아프리카 대륙을 선점하기 위해 탐험가들을 고용하거나 후원하여 밀림과 초원의 내륙지방으로 들여보내 지도를 그리게 하고 영토 확보에 경쟁적으로 나섰다. 영국 스코틀랜드 출신의 **데이비드 리빙스턴**David Livingstone, 1813~1873이나 역시 영국 출신인 **리처드 프랜시스 버튼**Richard Francis Burton, 1821~1890, **헨리 모턴 스탠리**Henry Morton Stanley, 1841~1904 같은 탐험가들이 그들이다. 그들은 유럽 강국들의 아프리카 진출 최첨병이었다.

스코틀랜드 출신 선교사

리빙스턴은 선교사였으며 21세에 복음을 전파하기 위해 중국으로 가기를 희망했지만 1839년 영국, 중국의 아편전쟁으로 뜻을 이루지 못하고 아프리카로 갔다. 마침 아프리카에서 선교활동을 하던 모펫Robert Moffat, 1795~1883 목사를 만나 그의 권고를 받은 것이었다. 그는 남아프리카선교회South African Missions, SAM의 창시자였으며 후에 리빙스턴의 장인이 되었다.

1841년 리빙스턴은 남아프리카 케이프타운에 도착하여 모펫 목사가 활동하던 쿠루만Kuruman까지 1,100km를 40일간 걸어서 갔다. 그는 이곳에서 7개월간 머무르며 현지 토인들의 말과 풍습을 익혔다. 1845년 리빙스턴은 자기를 아프리카로 끌어 준 모펫 목사의 딸과 결혼하였다. 현지에서 태어난 그녀는 토박이말도 잘하고 토인들의 풍습과 지리에 밝아 리빙스턴에게는 든든한 내조자가 되었다.

칼라하리 사막 종단 60일

두 사람은 더 북쪽으로 올라가 콜로벵Kolobeng이라는 마을에 보금자리를 꾸미고 틈날 때마다 현지 주변의 지도를 그리고 토인들에게 농사짓는 법도 가르쳐 주었다. 몇 년 후 리빙스턴은 주변의 반대를 무릅쓰고 북쪽의 칼라하리Kalahari 사막을 종단해 보기로 마음먹었다.

사막지대의 열사와 강풍과 부시맨들의 공격을 이겨내고 1849년 사막을 가로질러 60일 만에 은가미Ngami 호수에 도착했다. 집이 있는 콜로

벵으로 돌아온 그는 가족인 부인과 세 아이를 데리고 은가미 호수 북쪽의 마코롤로Makololo로 향했으나 도중 부인과 아이들의 병치레가 잦아 가족 모두는 영국으로 돌려보내고 혼자 마코롤로에 도착하였다.

빅토리아 폭포 발견

1853년 리빙스턴은 잠베지 강을 탐험하려고 토인 몇 사람만 데리고 7개월간 대서양 루안다Luanda, 현 앙골라에 도착했다. 잠베지 강은 대서양으로 흘러들지 않음을 확인하고 그는 다시 동쪽으로 방향을 돌려 거슬러 올라갔다. 어느 날 멀리서 들려오는 엄청난 굉음을 듣고 토인들에게 물으니 그곳은 악마가 사는 곳이라며 더 이상 가지 못하게 막았다. 리빙스턴은 고집을 꺾지 않고

빅토리아 폭포 Devil's Cataract 옆 리빙스턴

카누를 타고 올라가 어마어마한 폭포를 발견하였다. 그는 영국 빅토리아 여왕의 이름을 따서 그 폭포를 빅토리아 폭포라고 명하였다.

리빙스턴은 계속 동진하여 잠베지 강이 인도양으로 흘러든 것을 확인하였다. 남아프리카 케이프타운에서 앙골라 대서양까지 북상하여 다시 빅토리아 폭포를 거쳐 인도양 탄자니아까지 횡단하는 16년간의 대탐험을 한 것이다. 영국으로 돌아간 그는 영웅적 환대를 받았으며 '남아프리카 전도여행Missionary Travel and Researches in South Africa'이라는 책을 썼다.

1858년 동생 찰스를 포함해 유럽인 6명과 세 번째 아프리카 탐험에 나섰지만 부인이 말라리아로 세상을 떠나 상심했고 더 이상 잠베지 강 탐험을 중지하라는 정부의 부름으로 귀국하였다. 그는 '잠베지 강과 그 지류Zambezi and its Tributaries'라는 탐험기를 썼다. 영국 지리학회는 리빙스턴이 나일 강의 발원지를 찾아 주기를 바랐으며 1866년 다시 아프리카로 갔다. 잔지바르Zanzibar를 거쳐 탕가니카 호수, 니아사 호수를 발견하고 빅토리아 호수에 이르렀으나 식량이 떨어져 더 이상 탐험을 포기하였다.

행방불명… 말라리아 사경에서 구출돼

1870년 리빙스턴은 다시 탐험길에 올랐으나 곧 소식이 끊기어 행방불명이 되었다. 뉴욕 헤럴드 신문사의 스탠리Stanley 특파원은 신문사 베넷Bennett 사장의 부탁을 받고 리빙스턴을 찾아 나서 수소문 끝에 탕가니카 호수마을 우지지Ujiji, 현 탄자니아의 한 망고나무 아래에서 그를 발견하고 구해 주었다. 리빙스턴은 말라리아에 걸려 사경에 이르러 있었다. 1871년 11월 10일이었다.

우지지 마을에서 만나는 리빙스턴과 스탠리

스탠리가 리빙스턴을 처음 보았을 때 "Dr. Livingstone, I presume 리빙스턴 박사님이 아니신가요?"라고 물었다는 얘기가 후에 전해졌다. 사경을 헤매는 초면의 리빙스턴을 제대로 알아보았는지 반신반의하는 첫마디 인사였다. 스탠리가 가져온 약과 음식으로 기력을 차린 리빙스턴은 스탠리와 함께 탕가니카 호수 북부를 탐험하였다. 그리고 그만 영국으로 함께 돌아가자는 스탠리의 제안을 거부하고 다시 나일 강 수원을 찾으려고 나섰으나 이미 너무 지쳐 있었다.

28세에 아프리카에 온 리빙스턴은 33년간 아프리카 중남부를 탐험하고 1873년 잠비아의 치탐보Chitambo에서 60세로 숨을 거두었다. 그는 마지막 여행기 '중앙아프리카에서의 리빙스턴 최후일지The Last Journals of David Livingstone in Central Africa'를 남겼다. 그의 유해는 런던 웨스트민스터 사원에 안장되었다.

리빙스턴이 스탠리에게 구조된 탕가니카 호수 우간다 우지지에는 리빙스턴을 기리는 리빙스턴 기념관이 세워져 있다. 리빙스턴은 강인한 의지의 탐험가였을 뿐 아니라 선교사였으며 아프리카 토인들에게 농사법을 가르쳐 주고 흑인 노예무역을 반대한 민권운동가였다.

오늘날 그의 공적을 기려 여러 아프리카 나라들이 그의 동상을 세우고 그의 이름을 딴 도시들이 생겨났으며 아프리카 하면 리빙스턴을 떠올릴 만큼 역사의 인물이 되었다. 그의 행적을 보면 실로 풍토병과 맹수와 열악한 토속 환경을 이겨내고 가족과 떨어져 평생을 탐험의 길에서 보낸 의지와 용기에 경의를 표하지 않을 수 없다.

리빙스턴을 구한 스탠리

리빙스턴을 구출한 스탠리는 영국 출생의 미국 거주자였다. 미국 남북전쟁에도 참여하여 포로가 되어 고생했으며 뉴욕 헤럴드 신문사 특파원으로 일하고 있었다. 그는 사경의 리빙스턴을 구해주고 아프리카 탐험길에 들어서서 리빙스턴이 이루지 못한 나일 강의 원천 빅토리아 호수도 발견하였다.

1872년 당시 스탠리

리빙스턴의 뒤를 이어 1874~1877년간 아프리카 대륙 횡단에 성공하여 해안에서 내륙으로 가는 유럽의 침략통로가 열렸다. 그는 1878년 '암흑대륙 횡단기橫斷記'라는 책을 출판하였다. 1877년부터 1884년까지 벨기에 국왕 레오폴드 2세의 후원을 받아 콩고 강 유역을 탐험하고 벨기에의 콩고 자유국 건설의 기초를 닦았다.

1887년부터 1889년까지 중앙아프리카를 탐험하여 루웬조리 산맥을 답사하기도 하였다. 그는 DR콩고와 우간다 국경에 있는 고산5,109m을 처음 발견하였으며 이 산은 스탠리 산Mt. Stanley이라 명명되었다. 그 일대의 루웬조리 우간다 국립공원은 세계적인 명소이다. 만년에 그는 영국 국적으로 복귀하여 영국 하원의원이 되었다. 리빙스턴의 뒤를 이어 아프리카 탐험에 이름을 남긴 또 하나의 큰 인물이다.

4

아프리카 식민사植民史

유럽 열강의 아프리카 진출
아프리카 분할 베를린 회담
식민지의 시작과 끝

유럽 열강의 아프리카 진출

북부 아프리카는 오래전부터 지중해를 건너 유럽과 왕래가 있어 왔다. 로마인들이 침략해 내려오고 흑인들이 노예로 팔려 나가기도 했다. 카르타고현 튀니지 한니발 장군의 로마원정, 그리고 로마군의 카르타고 정복과 무역 등은 유럽-아프리카의 교류역사이다. 사하라 사막 이남의 블랙 아프리카 역사는 중세 이전으로 거스르기는 어렵다. 15세기 말 대항해시대가 시작되면서 토인의 대륙 아프리카에 유럽 나라들이 발을 딛기 시작하면서부터 맥이 잡힌다.

중세 이후 항해술이 발달한 유럽 나라들이 먼바다로 진출하면서 아프리카 서해안 미지의 땅에 깃발을 꽂기 시작했다. 아프리카 땅에 처음 발을 들여 놓은 사람들은 포르투갈 선원들이었다. 1497년 **바스코 다 가마**Vasco da Gama가 남아프리카 희망봉을 통과하여 동해안 잔지바르를 경유하여 인도로 가는 항로를 개척하였다. 그러나 처음 정착을 시작한 사람들은 100여 년 후인 1652년 네덜란드 동인도회사 사람들이었다. 남아공 케이프타운 지역에 처음으로 발을 내리고 케이프 식민지를 개척하였다.

이후 포르투갈, 스페인, 영국 같은 해양강국들의 배들은 아프리카 해안에 도착하여 거점을 확보하고 점차 내륙으로 깊숙이 파고들었다. 국경도 없이 여기저기 모여 사는 미개의 원시부족들을 헤치고 말뚝 박기 경쟁에 나선 것이다. 여러 탐험가들이 밀림을 헤쳐 강과 호수와 폭포를 발견하고 미개척 내륙으로 들어가 그려 낸 지도들이 길잡이가 되었다. 1841년부터 30여 년간 아프리카 내륙을 탐험한 영국 선교사 리빙스턴 같은 탐험가가 있었다.

유럽에는 없는 여러 가지 자원들이 발견되면서 유럽 강국들의 아프리카 러시가 경쟁적으로 이어졌으며 원주민들은 현장 노동인력으로 착취당했고 이후 수세기 동안 유럽 나라들의 아프리카 경영이 본격화되었다. 노동력 확보를 위해 흑인 원주민들은 노예로 전락하고 밖으로 팔려 나갔다. 아프리카 흑인들의 수난이 시작되었다.

아프리카 분할 베를린 회담

근세사를 보면 유럽의 강국이었던 독일, 러시아, 오스트리아 세 나라는 가운데 있는 폴란드를 나누어 먹은 역사가 있다. 폴란드 분할이었다. 1772년, 1793년, 1795년 세 차례나 그랬다. 그래서 한때 폴란드는 세계지도에서 사라졌었다. 역사적으로도 보아도 대등한 유럽 나라들이었지만 힘이 빠져 약한 나라가 되면 먹어 삼키는 걸 보여주는 대표적인 세계사이다. 하물며 한 세기가 흐른 뒤 아프리카는 유럽 강국들의 황무지의 대륙이었다.

19세기 후반 1880년부터 1914년까지 유럽 제국주의 국가들의 세계 각지 식민지 경쟁과 함께 아프리카도 식민 쟁탈전의 각축장이 되었다. 1884년 독일제국의 베를린에서 아프리카 분할에 관한 회의가 열렸다. 콩고 강 어귀에 선착하여 지배권을 주장한 포르투갈 제안으로 유럽 14개국 대표가 참석한 이 회담은 독일 재상 비스마르크 주재로 열렸다.

베를린 회담 이전 벨기에의 레오폴드 2세가 후원하는 탐험가 헨리 모턴 스탠리가 1880년 콩고 강 일대를 탐험하고 레오폴드 빌현 킨샤사을 건설하여 벨기에의 영토를 확장했으며 프랑스도 탐험가 피에르 사보르냥 드 브라자로 하여금 콩고 강 하류에 브라자빌 기지를 세우는 등 경쟁이 치열했다. 선착 포르투갈은 콩고 강 하류 영유권을 영국에 요구하여 승인을 받았지만 곧 무효화됨으로써 국제회담을 제안할 수밖에 없었다.

아프리카 식민지에서 영토를 넓히려는 각국의 이해관계가 회담의 개최를 촉진시켰으며 회의 결과 아프리카 분할이 합의되었다. 베를린 회담은 영국, 프랑스, 독일의 아프리카 분할과 벨기에의 콩고 식민지배를 정당화해 주었다. 포르투갈의 주장을 일축하고 벨기에 레오폴드 2세를 국왕으로 하는 콩고자유국현 콩고민주공화국 전신, 1885~1908이라는 독립국가를 탄생시켰다. 독일제국은 카메룬과 탄자니아, 나미비아를 얻었다.

아프리카 분할 베를린 회담(1884년)

이후 유럽 열강들은 합의대로 아프리카 식민지화를 본격 시작하였다.

이 회담에서 독일령 동아프리카우간다, 부룬디, 탄자니아를 포함하는 콩고분지를 중립지대로 선포했으나 1차 대전 시 연합국은 이를 무시하고 전쟁으로까지 확대되었다. 이 회담에서 모든 나라들의 교역과 선박운송의 자유를 보장하였고 노예무역을 금지했다. 베를린 회담에서는 라이베리아와 에티오피아를 독립국으로 남기기로 합의했다.

식민지의 시작과 끝

유럽 강국들은 대부분의 아프리카 나라들을 보호령으로 기득권을 가져오다가 1884년 베를린 분할회의 이후 식민지를 공식화하고 분쟁 없는 영유권을 누렸다.

남아프리카 공화국 같은 나라는 이미 훨씬 오래전부터 네덜란드 17~18세기와 영국1814의 식민지였으며 **라이베리아**는 1821년 미국이 흑

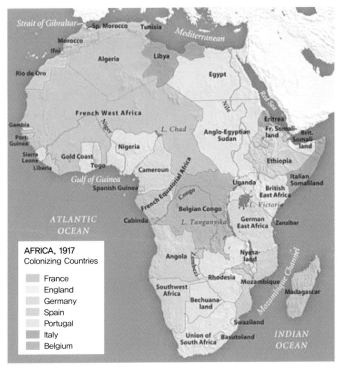

아프리카 식민지 분할

인 노예들을 그들의 고향 땅으로 역 이주시켜 나라를 건설해 주고 자치령같이 분가시켜 1847년 독립의 길을 가도록 해 주어 생긴 나라이다. 에티오피아는 1935년 이탈리아의 침공으로 일시 식민지배를 받았으나 6년 만에 독립하였다.

아프리카 식민사는 다양하다. 여러 나라들이 뺏고 빼앗기는가 하면 분할지배를 받거나 유럽에서의 세력구도가 바뀌면 아프리카 식민지 지배도 판도가 달라지는 등 복잡했다. 그러나 아프리카 식민지 소유는 영국, 프랑스, 독일 등 세 강국이 독식했다고 해도 과언이 아니다. 아프리카 나라들이 유럽 나라들의 식민지가 된 순서를 나열해 보면 대략 다음과 같이 정리할 수 있다.

남아공	1652	네덜란드인들 케이프 식민지 건설
	1815	네덜란드 축출, 영국 백인 식민지
	1910	남아연방 영연방 총독자치령
	1961	남아공으로 독립, 백인정부
		* 1993 만델라 흑인정권
라이베리아	1821	미국
	1847	아프리카 최초 독립공화국

〈19세기〉 베를린 회담 이후

나미비아	1884~1916	독일 식민지
	1915~1990	남아공 식민지
		* 1949 남아공 주로 편입
DR콩고	1885~1960	벨기에
콩고공화국	1885~1960	프랑스
탄자니아	1885~1916	독일 보호령
	1916~1961	영국
잠비아	1888~1964	영국
짐바브웨	1888~1980	영국
말라위	1892~1964	영국
우간다	1894~1962	영국
케냐	1895~1963	영국
보츠와나	1895~1966	영국

수단	1899~1956	영국
		＊ 1899 영국, 이집트 공동통치

〈20세기〉

나이지리아	1900~1960	영국
중앙아	1911~1960	프랑스
		＊ 1911년 프랑스령 콩고에 포함
르완다	1919~1962	벨기에
		＊ 1899 독일령
소말리아	1920~1960	영국
		＊ 1923 이탈리아, 1941년 영국
부룬디	1923~1962	벨기에
에티오피아	1935~1941	＊ 이탈리아의 6년 강점
앙골라	17~19세기~1975	포르투갈
모잠비크	1951~1975	포르투갈의 주와 동격 해외령
		(1505년 이후 포르투갈의 인도양 중간기지)

20세기 들어서면서 세계 여러 나라들의 국제관계가 활발해지고 미국의 민주주의 정신이 퍼져나가면서 인간의 존엄성, 인권사상이 싹트기 시작했다. 몽매하고 무지한 민족들의 머리가 깨이기 시작하여 간디, 호찌민 같은 인물이 등장했고 강대국들의 자성이 시작되었다. 2차 세계대전 후 아프리카에 식민지를 가진 영국, 프랑스가 현지 아프리카인의 정치참여를 허락하고 그들의 자치 욕구가 커지면서 식민지를 가지고 있던 제국주의 강국들은 자의 반 타의 반으로 발을 빼기 시작하였다.

1957년 가나의 독립을 시작으로 대부분 유럽 식민 통치국들이 1960년대에 손을 뗐다. 이러한 현상은 세계 여러 식민지에서 일어나 아시아에서는 인도, 동남아 나라들 그리고 중남미의 여러 스페인 식민지들도 독립의 길을 걷게 되었다.

원주민에 대한 폭정과 학살로 역사에 오명을 남긴 식민지배국 지배자들이 있었다. 콩고를 다스리던 벨기에의 **레오폴드 2세**는 비인도적이고 잔학한 통치로 소문나 있다. 나미비아를 다스리던 독일의 **빌헬름 2세**는 원주민 10만 명을 학살했다.

5

아프리카 흑인 노예무역

노예奴隷

아프리카 흑인 노예무역

동해안 쪽 인도양 노예무역

서해안 쪽 대서양 노예무역

노예奴隷

사람이 사람을 노예로 쓰는 일은 동서고금을 막론하고 오래전부터 있어 왔다. 노동력으로 쓰이는 노예는 주인의 물건으로, 사고팔며 재산으로 간주되었다. 서양에서는 고대 그리스 로마 시대부터 있었고 동양에서는 멀리 갈 것 없이 우리 역사에도 노비, 종, 하인, 머슴이라는 신분이 있었으며 이는 대물림되었다. 고려 무신정권 때 최충헌의 사노私奴 만적萬積은 최충헌 등을 죽이고 노비문서를 태워 노비도 득세해 보자는 생각으로 1198년 고려 신종 때 노비반란을 일으키려 했다. 비록 밀고로 50여 명이 처형되는 미수로 그치고 말았지만 **만적의 난**은 한국 역사상 최초의 노예해방운동이었다.

고대 그리스 문화는 노예제를 떠나서 얘기할 수 없다. 시민들의 정치·군사적 활동과 문화적 업적은 노예가 제공한 경제적 잉여와 여가 덕분이었다. 유력한 가문이 가사노동에 노예를 부리던 가부장적 노예제도는 기원전 7~6세기부터 점차 사회적, 국가적 노예제도로 이행하였다. 기원전 5세기 페르시아 전쟁에서 이긴 그리스는 많은 페르시아인들을 노예로 데려다 썼다. 전쟁에서 지면 포로와 부녀자, 아이들은 노예가 되고 부족한 노예수요는 노예상인을 통해 동방 노예시장에서 충당하였다.

로마 시대에 사하라 종단 무역로를 통해 북아프리카 항구도시들을 거쳐 중세까지 흑인 노예들이 유럽 제노바, 베네치아까지 팔려갔다. 1444년 포르투갈 라고스에 처음 흑인 노예시장이 개장되어 흑인들이 상품화되었다. 1552년 리스본 항 인구의 10%가 아프리카 흑인이었다고 한다.

아프리카 흑인 노예무역

이렇듯 노예제도는 오랜 역사를 가지고 있다. 아프리카 흑인들은 이미 아랍이 이슬람화하기 이전 아라비아 반도 예멘 지역에 살고 있었으며 아랍인들의 정복전쟁으로 현지 아랍인들과 혼혈하여 아프리칸 아랍인 African Arab들이 생겨났다. 아프리카에서 노예장사에 먼저 손을

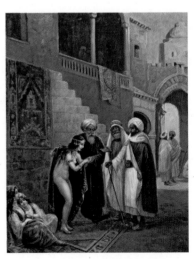

아랍인들의 노예 거래

댄 사람들은 아랍인들이었다.

아랍인들은 포르투갈 등보다 먼저 아프리카 흑인들을 노예로 삼았으며 7~20세기 초까지 흑인 1,500만 명 이상이 아랍으로 팔려갔다고 한다. 그러나 오늘날 아메리카와는 달리 아랍 지역에서 흑인들의 후손을 보기 어려운 것은 경매에 부치기 전 남성들은 거세당했기 때문이란다. 그래도 소수의 흑인 후손들이 일부 보이는 것은 여성들은 거세하지 않았기 때문이며 실제로 최근 예멘인들의 염색체 검사에서 10%가 아프리카 흑인 여성의 DNA였다고 전해졌다.

흑인 남성을 거세한 이유는 성욕이 너무 강해 정상적인 노동을 할 수 없었으며 자신들의 땅에 이방인의 자손이 자라는 것을 원치 않았기 때문이었다는 것이다. 아프리카 흑인들이 노예무역의 대상이 되어 본격

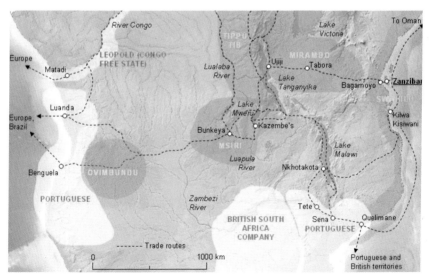

아프리카 노예무역로 (출처: Wikipedia)

적으로 세계 각지로 팔려나가기 시작한 것은 유럽과 아랍사람들이 아프리카 땅에 들어서면서부터였다.

동해안 쪽 인도양 노예무역

대륙의 동해 인도양에서 가장 큰 노예무역항은 잔지바르 섬이었다. 지리적으로 대륙의 중간쯤 연안에 있는 이 섬은 케냐, 탄자니아 모잠비크 등지에서 수집한 노예들이 아랍으로 팔려가는 중간 집산지였다. 이 섬은 15세기 말 포르투갈이 점령하여 오랫동안 지배해 오다가 아랍 강국 **오만**이 점령하여 왕궁을 짓고 술탄이 지배하며 노예무역 기지로 삼아 번영을 누렸다. 지금도 그때 그 노예시장의 흔적이 보존되어 있다.

아랍 상인들의 노예사냥(모잠비크 지역)

서해안 쪽 대서양 노예무역

대서양에서는 신대륙 아메리카로 팔려가는 노예무역이 성했다. 세네갈, 베냉, 나이지리아, 감비아, 가나, 토고, 아이보리코스트 등 여러 지역에서 잡혀 온 흑인 노예들은 아메리카로 보내졌으며 17세기부터 18세기에 절정에 달했다. 노예상들은 영국, 프랑스, 네덜란드, 에스파냐, 포르투갈 상인들이었다. 1501년 아프리카 첫 흑인 노예들이 카리브해의 히스파니아올라 섬에 도착했다. 현지에서는 주로 에스파니아 상인들이 거래의 중심이었으며 16~19세기 사이 1,200만 아프리카 노예들이 대서양을 건너갔다. 이 중 645,000명이 미국으로 향했다.

미국 흑인 작가 알렉스 헤일리Alex Haley가 1976년에 쓴 '뿌리'는 아프리카 서해안 감비아에서 백인 노예상인에게 붙잡혀 미국으로 건너간 한 흑인 노예의 삶과 그 후손들의 이야기를 쓴 소설이다.

6

종족내전과 독재자들

유럽 강국들이 그은 국경선
아프리카의 3천 종족
반투어군 종족
아프리카의 독재자들

유럽 강국들이 그은 국경선

아프리카 여러 나라들은 유럽 강국들로부터 독립은 얻었지만 나라 모습을 갖추지 못한 채 내전에 휩싸이게 되었다. 이는 우리 역사에서도 쉽게 돌이켜 볼 수 있다. 일본이 물러간 뒤 우리 사회가 혼란했던 과거와 비슷하다. 같은 나라이지만 여러 종족들이 같이 살고 있으니 서로 정권을 잡겠다고 다툼이 일어나는 것은 피할 수 없었다. 종족분쟁 내전이다.

유럽 강국들이 아프리카에 진출하면서 다양한 종족들의 거주지역을 살펴서 국경선을 그었을 리 없다. 그들 마음대로 경쟁적으로 선을 그어 국경을 만들었으니 같은 종족이라도 갈라져 살게 되었고 한 나라에 여러 종족이 함께 살게 되니 종족 간 분쟁은 피할 수 없었다. 아프리카의 분쟁은 대부분 종족분쟁으로, 이는 유럽 강대국들이 그 원인을 제공한 것이다.

아프리카의 3천 종족

인류의 기원이 아프리카라는 주장에 관한 자료들은 현지 몇 곳 박물관에서도 볼 수 있었다. 아프리카 대륙에는 수많은 종족, 부족들이 오랜 세월을 살아왔으며 그 수가 3천 개를 넘는다고 한다. 아프리카에서 모든 분쟁은 종족에 기인한다. 예부터 종족별로 마을을 이루어 살아왔으며 종교도 대부분 종족별로 전도되었고 군벌도 종족별로 갈라져 서로 부딪치며 싸워왔다.

유럽 열강과 아랍 강국의 지배를 받으면서 고유 종족들의 판세에도 변화가 생기고 현지에 토착하는 백인들이 생기기도 하였다. 남아공은 유럽인이 8%, 나미비아는 6%를 차지하며 기타 아시아계와 아랍계도 있다. 3천여 개의 종족들은 독립된 사회구성 단위인 종족집단으로 고유의 언어와 종교를 가지고 있다.

반투어군 종족

오늘날 아프리카의 많은 종족 중에 한 부류로 반투어를 쓰는 동아프리카 종족 반투족Bantu이 있다. 위도 남위 5도 이하의 아프리카 중요한 지역을 차지하고 사는 이들 종족만 해도 약 300개의 부족으로 이루어진다. 관광객과 외국인이 가장 많이 찾는 지역이다. 언어는 종족을 구분하는 가장 중요한 요소이며 같은 언어군이라도 부족별로 방언도 있다. 반투어군 종족은 그중 한 분류이다.

〈반투어군 종족 분류〉

우간다	간다족Ganda, 100만
루안다/부룬디	투치족Tutsi, 후투족Hutu, 7백만
콩고	루바족Luba, 150만, 룬다족Lunda, 150만, 몽고족Mongo, 5백만
탄자니아	헤헤족Hehe, 마콘데족Makonde, 100만, 마쿠아족Makua, 3백만, 야오족Yao, 1백만
나미비아	헤레로족Herero, 70만
케냐	키쿠유족Kikuyu, 2백만, 루히아족Luhya, 마사이족Masai, 칸바족Kanba, 1백만, 스와힐리족Swahili, 50만
앙골라	킴분두족Kimbundu, 120만, 음분두족Mbundu, 170만
잠비아	마라비족Maravi, 200만
짐바브웨	은데벨레족Ndebele, 150만, 소나족Shona, 150만
남아공	제1종족 줄루Zulu, 350만, 제2종족 호사Xhosa, 스와키Swaki 등 7백만
보츠와나	츠와나족

1960년대에 많은 나라들이 독립했는데 새로운 통치자들이 들어서면서 여러 분쟁들이 있었다. 세계인의 관심을 불러일으켰던 르완다 부룬디 내전 같은 **종족분쟁** 외에도 다양한 분쟁들이 있었다. 군벌 간의 **군벌분쟁**으로 소말리아 내전, 그리고 동서냉전 시 미소진영美蘇陣營이 지원하는 **이념분쟁**이 있었으며 앙골라 내전과 모잠비크 내전이 그 전

형적인 예이다. 중동 아랍권에 가까운 북부지역 이슬람권과 유럽 식민 통치국 영향을 받은 남부의 기독교권이 대립했던 **종교분쟁**으로 수단 내전이 있다.

군벌이든 이념이든 종교든 모든 분쟁은 종족 간의 문제가 깔려 있어 아프리카의 모든 분쟁과 내전은 결국 종족분쟁이라 할 수 있다.

반투족 여인들(모잠비크)

아프리카의 독재자들

아프리카 나라들이 독립하여 내전을 치르고 원주민 정부가 들어서면서 많은 독재자들이 출현하게 되었다. 이들은 대부분 식민지하에서 종주국 정권에 가까이 있었거나 반식민지 투쟁을 한 지도자들로 독립 후 권력을 잡으면서 식민 통치국들이 남기고 간 자원을 거머쥐고 개인적인 사리사욕에 치우쳐 독재의 길을 걷게 되었다.

이들은 대부분 장기집권을 하였다. 적도기니의 **응게마**38년, 앙골라의 **도스 산토스**38년, 짐바브웨의 **무가베**37년, 콩고의 **모부투**32년, 수단의 **알 바시르**30년, 케냐의 **대니얼 아랍 모이**24년 등이다. 오늘의 서구 민주주의 잣대로 보면 이들은 모두 장기집권 독재자들임이 틀림없지만 그리 이상할 것은 없다. 아프리카 대륙의 전통적 부족중심 추장 통치 개념으로 보면 그들에겐 통념일 것이다.

장기집권으로 말하자면 근세 공산국가 여러 나라들에서도 1인 장기집권은 예사였으며 우리나라도 17년 장기집권 통치자가 있었으니 말이다. 문제는 아프리카의 장기집권자들이 비인도적 학살, 정적청소를 자행하고 부정부패로 치부하여 국민들을 가난으로 내몰았다는 것이다. 수단의 **알 바시르**, 콩고의 **모부투**, 우간다의 **이디 아민**8년 집권, 중앙 아프리카의 **보카사**13년 같은 인물들이다. 에티오피아는 제국의 황제로 **셀라시에** 45년 통치를 받았지만 그는 외세와 싸우고 국제무대에서 활약한 인물로 평가되었다.

7

잘 살아보세! 아프리카연합 ^{AU}

나라 모습 못 갖춘 나라 아닌 나라들
아프리카 단결기구 OAU
아프리카연합 African Union

나라 모습 못 갖춘 나라 아닌 나라들

아프리카에는 아직도 나라 모습을 갖추지 못한 나라들이 많다. 소말리아, 남수단, 라이베리아, 콩고민주공화국, 중앙아프리카공화국, 에리트레아, 차드 등…. 내전과 폭력, 종교분쟁, 종족분쟁, 쿠데타, 독재통치, 부정부패… 정치적 불안과 억압이 끊이지 않아 국가기능을 상실한 국가들이다.

바깥세상 사람들에게는 그렇게 보이지만 나라는 손도 쓰지 못하고 국민들은 그런 과거 속에 살아왔고 정치 경제의 배움과 경험이 없으니 그저 이렇게 사는가 보다 하고 살아가는지 모르겠다. 서로 바라만 보고 파도에 휩쓸리듯 고난 속에 살고 있는 듯 보인다.

미국 FFPFund for Peace, Foreign Policy가 매년 세계 176개국의 치안유지력, 집단 간 갈등, 부패, 경제상황 등 12개 요소를 평가하여 발표하는 '가장 불안한 나라 지수FSI, Fragile States Index, 취약국가지수, 2017년'에 남수단, 소말리아, 중앙아프리카가 1, 2, 3위에 올라있다. 그 뒤에 예멘, 수단, 시리아, 콩고민주공화국, 차드, 아프가니스탄, 이라크가 10위권에 줄 서 있다. 미얀마 25위, 북한 30위, 러시아 67위, 타이 82위, 중국 85위, 그리스 127위, 이탈리아 142위, 한국 154위, 일본 156위 그리고 미국 158위, 영국 160위, 독일 165위, 스위스 176위, 마지막으로 핀란드가 178위로 최상위이다.

아프리카에서는 보츠와나와 남아공이 가장 안정적이며 잠비아, 나미비아, 가봉이 중국, 태국보다 앞서고 탄자니아, 레소토, 세네갈, 토고, 마다가스카르, 잠비아, 말라위, 모잠비크, 앙골라가 그 뒤를 잇고 있다. 국민소득과 FSI는 비례하지 않는 것 같다. 국민소득이 낮은 빈국이라도 FSI는 나쁘지 않은 나라가 있다. 외국 투자자들에게 중요한 자료이며 안정되고 살기 좋은 나라의 기준이 된다.

아프리카는 유럽 강국들의 오랜 식민 통치에서 풀려나 55개의 독립국가로 출범하면서 대내외적으로 여러 가지 어려움에 직면하게 되었었다. 기근과 가난, 종족분쟁, 국경분쟁, 자원개발과 경제개발, 이념분쟁 등등. 정치적 경제적으로 살길을 찾아 서로 협력할 필요성을 느끼게 되었다.

아프리카 단결기구OAU
아프리카 나라들이 유럽 강국들로부터 속속 독립하던 시기인 1963년

5월 25일 에티오피아 아디스아바바에서 남아공을 제외한 31개 아프리카 국가 수뇌들이 참석하여 살 길을 모색하고 협력기구를 결성했다. 아프리카 여러 나라의 독립과 주권을 옹호하고 상호협력과 연대촉진을 목표로 하며 범 아프리카주의 정신을 반영한 아프리카 단결기구OAU 헌장을 공표하였다. 헌장은 주권평등, 내정불간섭, 영토존중, 분쟁의 평화적 해결, 파괴활동 금지, 비독립 지역의 완전해방, 비동맹노선 등을 골자로 하고 있다.

그러나 이 기구가 역내 무역자유화 등 아프리카 공동이익을 추구해 왔음에도 불구하고 각 회원국의 내정에는 간섭하지 않는다는 원칙으로 지역분쟁이나 종족학살 등의 정치적 문제를 해결하는 데는 한계가 있었다. OAU는 1999년 9월 리비아의 시르테에서 정상회의를 가지고 **시르테 선언**을 채택하였다. 선언은 아프리카의 발전을 위한 경제통합을 가속화하기 위해 2001년까지 아프리카연합을 결성하기로 합의하였다. 2001년 7월 잠비아에서 마지막 정상회담을 가지고 OAU를 AU로 만들 작업을 지휘할 새 사무총장에 코트디부아르 외무장관을 임명했다.

아프리카연합African Union

2002년 7월 9일 기존의 OAU와 아프리카 경제공동체AEC를 통합하여 아프리카연합AU을 탄생시켰으며 남아공의 타보 음베키 대통령이 초대 의장이 되었다. 기구의 정치적 중심은 아디스아바바와 요하네스버그이다.

'A United and Strong Africa'를 지향하는 AU는 유엔 안전보장이사회에 바탕을 둔 자체 안전보장이사회를 두어 1994년 100만 명이 사

아디스아바바 AU 본부

망한 르완다 내전과 같은 반인도적 분쟁을 더 이상 방관하지 않고 아프리카 자체 평화유지군을 파견할 수 있도록 하였다. 유럽연합EU을 본떠 의회, 사법재판소, 평화유지군 등 OAU에 없었던 조직을 갖추고 궁극적으로는 아프리카 단일통화도 가질 계획이다. AU는 경제공동체를 형성하고 자유무역지대, 관세동맹, 단일시장, 중앙은행 등 회원국의 경제 발전을 꾀하고 있다.

AU는 2003년 APRMAfrican Peer Review Mechanism이라는 기구를 만들었다. 회원국들의 민주주의와 정치, 경제 기업체, 사회관리라는 4개 부문을 평가하는 기구다. 미국 FFP, Foreign Policy 같은 외국의 평가를 받는 게 아니라 아프리카를 평가하는 자체기구이다. 민주주의에 관한 평가에는 안보와 치안 이슈가 포함된다. 안보와 치안에 대한 평가는 그 나라가 자유롭게 투표를 하여 선거를 치를 수 있는지 여부를 가름한다.

AU의 현재 회원국은 55개국이며 에티오피아 아디스아바바에 본부가 있다. 7대 카다피, 13대 무가베, 지금은 에티오피아의 시릴 라마포사 대통령이 18대 의장을 맡고 있다. 멕시코, 스페인, 터키, 우크라이나 등 옵서버 나라들도 있다. AU는 회원국 간 이해관계로 회원자격이 정지되거나 탈퇴, 재가입 등을 반복하는 경우도 있다. 나이지리아와 주변국 분쟁에 지원병력을 파견하였으며 소말리아 내전에 평화유지군을 파견하였다.

　회원국 중 남아공과 이집트의 입김이 센 편이다. AU 정상회의를 전후한 때는 개최도시의 교통이 매우 제한된다. 아프리카 국제선과 국내선의 표 구하기가 어렵다. 2020년 2월 아디스아바바에서 열린 AU 정상회의 때 나는 현지에 머물고 있었는데 평상시 여유 있던 유적지 행 국내 항공권이 동이 나서 애를 먹은 일이 있다. 동 회의에서는 리비아의 평화를 위해 노력한다는 성명이 나왔었다. 남아공은 최근 보유 중인 코로나-19 아스트라제네카 백신을 AU 측에 판매하겠다고 밝히는 등 협력관계를 지속하고 있다.

<아프리카 나라들>

1

희망봉의 남아공 케이프타운^{Cape Town}

- 유럽 백인의 첫 아프리카 정착지 -

남아프리카 공화국Republic of South Africa
네덜란드인의 첫 상륙 정착, 케이프 식민지
영국인에 쫓긴 네덜란드 보어인들의 '대 이주'
토착 원주민 줄루족과의 전쟁
강인한 원주민 줄루족
점령자 백인들 간의 보어 전쟁Boer War
자연경관이 아름다운 세계적 휴양지 케이프타운
테이블 마운틴, 희망봉, 로벤 섬

남아프리카 공화국Republic of South Africa

    나의 첫 아프리카 여행은 남아프리카 공화국남아공에서 시작되었다. 그리고 그 첫 도시는 남아공의 케이프타운이었다. 케이프타운이 남아공의 역사를 연 곳일 뿐만 아니라 유럽인들의 아프리카 역사의 기원이었기 때문이었다. 그리고 내 아프리카 대륙 배낭여행의 원점을 남쪽 끝으로 잡아 북으로 올라가는 게 계획이었기 때문이다.

케이프 반도 남단

아프리카 대륙 남단에 있는 나라 남아공. 역사적 인종차별로 이름난
나라다. 소수 백인들이 오랫동안 다수 흑인들을 지배하면서 극심하게
인종차별 한 나라로 세계에 널리 알려졌다. 17세기 중반 네덜란드 항
해가들이 이 남부지역에 케이프 식민지를 개척하였으며 뒤이어 도착한
영국인들에 밀려 내륙지방, 오늘의 요하네스버그 지역으로 이동하여
땅을 넓히고 지금의 남아프리카 공화국을 이루었다.

남아공은 큰 나라이다. 한반도의 5.5배 되는 영토에 남한 인구보다
조금 많은 5,700만이 사는 적도 이남 남반부 나라다. 대부분 흑인들
80.9%이며 백인이 7.8%, 혼혈 8.8%, 아시아·인도계 2.5%의 인구분포
를 보인다. 1인당 국민소득 6,377달러로 아프리카에서는 경제가 있는
나라이다. 주요 교역국은 중국, 미국, 독일이다. 영어가 널리 쓰이고 현
지어는 아프리칸스어, 9개 토속 종족어가 공용어로 쓰인다. 1994년 넬
슨 만델라**Nelson Mandela**가 자유선거로 대통령이 되면서 백인통치를

케이프타운과 테이블 마운틴

종식하고 이후 흑인정권이 계속 이어가고 있다.

남아공은 흑인정권이 들어섰음에도 흑인들은 좋은 교육을 받지 못하였으며 일자리가 없어 빈곤층으로 내려앉고 도시와 빈민촌의 빈부격차가 심하다. 최근2021년 7월 남아공 소요사태도 전직 대통령제이콥 주마, 2009~2018년 재임이 부정부패 사건으로 수감된 데 따른 지지자들의 정치적 이유가 배경으로 보이지만 심한 빈부격차의 빈민층이 주도한 난동이며 약탈 사태이다.

남아공은 여행객들에겐 안전을 걱정해야 하는 여행유념국가로 인식되어 있다. 그러나 아프리카 대륙에서 처음으로 2010년 월드컵을 개최한 나라이기도 하다. 남아공의 명암明暗이다.

수도는 세 군데로 나뉘어 있다. 대통령과 내각이 있는 행정수도 프리토리아Pretoria, 국회가 있는 입법수도는 케이프타운Cape Town, 그리고 블룸폰테인Bloemfontein은 대법원이 있는 사법수도이다. 주요 도시는 요하네스버그Johannesburg와 남아공 역사가 시작된 케이프타운Cape Town, 그리고 인도 사람들이 많이 사는 항구 무역도시 더반Durban이 있다. 간디가 변호사로 일하던 곳이기도 하다.

네덜란드인의 첫 상륙 정착, 케이프 식민지

1488년과 1497년 포르투갈 항해가들이 인도로 향하던 길에 이미 이곳 아프리카 남단 희망봉Cape of Good Hope을 보면서 지나갔으며 150여 년 이후 17세기 1652년 네덜란드 동인도회사의 지원을 받은 얀 반 리베크Jan Van Riebeeck가 세 척의 함선을 이끌고 오늘의 케이프 만에 상륙하여 유럽 사람으로 처음 아프리카 땅을 밟았다.

1602년에 설립된 네덜란드 동인도회사는 1619년 이미 아시아의 동인도제도 바타비아현 자카르타를 거점으로 자바와 그 주변 섬들을 정복하

케이프 선착 네덜란드인들

고 특산품 재배와 무역을 독점하고 있었으며 유럽 본국을 왕래하는 네 덜란드 함선들의 중간보급 및 정유 기지를 필요로 하고 있었다.

이곳 케이프 만에 도착한 네덜란드 개척자들은 현지 원주민 코이코 이족과 물물교환도 하고 점차 정착하면서 기항 선박들에 대한 보급조 달을 위해 농사도 짓고 농업 이민자들이 들어와 농원도 개발하여 노예 도 부리며 정주자들의 커뮤니티를 형성하게 되었다. 농민을 뜻하는 네 덜란드어 보어Boer는 이 나라에 사는 네덜란드 후예 백인을 칭하는 용 어가 되었다. 얀 반 리베크는 초대 주재 집정관으로 케이프 식민지를 건설하였다. 케이프타운은 이후 많은 네덜란드 함선들이 동양으로 왕 래하는 중간기착지로 사용되었다.

정착자들은 대부분 칼뱅프랑스 종교개혁가교 개신교도들이었으며 지금 도 보어Boer인으로 불리며 살고 있다. 아프리카너Afrikaner, 네덜란드어라 고도 칭하는데 이는 뒤이어 도착한 프랑스 위그노프랑스 개신교, 독일 개 신교도들까지 포괄하여 유럽 백인들을 지칭하는 의미로 불리게 되었 다. 인구의 80%가 기독교도이다.

토착백인土著白人인 이들은 수백 년간 아프리카 땅에서 살아왔으며 오늘날 남아공 백인사회의 주류를 이루고 있는 아프리칸스의 뿌리이 다. 그러나 본래 의미는 네덜란드계, 아프리칸스어語를 모국어로 하며, 개혁교회의 신도라는 세 가지 조건으로 한정되며 남아공 백인 인구의 60%를 차지한다. 아프리칸스어는 변형된 남아공 네덜란드어로 남아공 공용어이다. 보어인들은 동인도회사를 통해 인도와 말레이시아 자바 인 노예들을 데려다 노동력을 충당했다. 이들은 오늘날 '컬러드Colored'

케이프타운 보캅지구

라 부르는 아시아인의 조상들이 되었다. 케이프타운 시내에 있는 보캅
Bokaap지구는 이들이 살았던 거주지역이었다.

영국인에 쫓긴 네덜란드 보어인들의 '대 이주'

영국은 일찍이 네덜란드보다 먼저 1580년 프란시스 드레이크Sir
Francis Drake가 남아공 땅에 상륙한 일이 있지만 이후 네덜란드가 정
착하여 터를 닦은 후에도 18세기 말까지 영향력을 행사하지 않았다.
1795년 유럽에서 프랑스가 네덜란드를 점령하고 네덜란드 동인도 회사
가 재정난으로 현지 케이프 식민지에 대한 영향력이 약화되자 1806년
현지 블라우보그Blaauwberg, 현 케이프타운에서 네덜란드보어를 격파하고
케이프 식민지를 점령하였다.

1814년 나폴레옹 전쟁으로 프랑스가 영국에 패하자 네덜란드는 케이
프 식민지를 영국에 정식으로 할양하였다. 프랑스 나폴레옹이 사라진
후 영국은 조지 4세재위 1820~1830, 윌리암 4세재위 1830~1837, 빅토리

아 여왕재위 1876~1901 시대를 거쳐 에드워드 7세재위 1901~1910, 조지 5
세재위 1910~1936의 120여 년 치세를 거치며 인도를 다스리는 대영제국
으로 거듭났고 이 시기부터 아프리카에도 본격적으로 이주를 시작했다.

영국의 통치를 원치 않았
던 케이프 식민지의 네덜란
드 보어인들은 1830년대부터
북쪽 내륙으로 새로운 지역
을 개척하여 떠났다. **대 이
주**The Great Trek, 1835~1854가
시작되었다. 보어인들의 이주
지역은 원주민 줄루족이 살
고 있는 내륙지역이었다.

보어인들의 이주

그들은 줄루 왕국을 건설하여 강한 힘을 가진 원주민 부족이었다.
영역을 침범하는 백인들에 대한 줄루족의 저항은 예견된 것이었다. 보
어인들은 마차로 이동하면서 풍토병과 줄루족의 습격에 시달렸다. 그
들은 새로운 정착지를 찾는 동안 많은 희생자를 냈다. 줄루족의 유인
에 넘어가 개척지도자들이 학살되기도 하였다.

1838년 12월 보어인들은 줄루족의 나탈Natal, 오늘의 더반 지역로 들어가
은코메Ncome 강에서 줄루족과 싸워 승리하였으며 은코메 강을 줄루족
의 피로 물들였다. 이 강은 '피의 강River of Blood'으로 보어인들이 명명
하였다. 보어인들은 이 지역을 **나탈 공화국**으로 선포하였으나 영국과
의 새로운 갈등으로 나탈을 떠나 오늘의 요하네스버그 일대 내륙으로

떠나 대 이주는 막을 내렸다.

토착 원주민 줄루족과의 전쟁

보어인들은 동북쪽의 고원지대, 오
늘날 요하네스버그 지역 일대로 이
동하여 트란스발 공화국Transvaal,
1852년. 오렌지 자유국Orange Free
State, 1854년을 세웠다. 1867년 오렌
지 자유국에서 다이아몬드가, 1886
년 트란스발 지역에서 금광이 발견되
자 케이프 주의 많은 영국인들이 그
곳으로 이주하게 되었다.

트란스발 태생 보어인
남아공 배우 샤를리즈 테론

영국인들의 내륙지방으로의 이주는 원주민 줄루족과의 마찰은 물론
선착 보어인들과의 전쟁으로 비화되었다. 줄루족은 보어인들의 유입 때
와 마찬가지로 뒤이어 들어간 영국과도 충돌하였다. 영국-줄루 전쟁
Anglo-Zulu War은 1879년 아프리카 현지 토속 원주민 종족과 유럽 식민
지배 나라 간에 벌어진 전쟁으로 아프리카 대륙에서는 흔치 않은 식민
지 역사로 남아있다. 영화로도 제작된 걸 보면 유럽인들도 그만큼 관심
을 가졌던 식민지사植民地史가 아닌가 싶다. 현지 토속 흑인 원주민들이
얼마나 용감했기에 유럽 강국 대영제국군에 맞서 싸웠는지 흥미롭다.

줄루족은 종국적으로 영국군에 패하여 백인 치하로 들어가기는 했
지만 줄루 왕국캐치와요 캄판데 왕의 이산들와나Isandlwana 평원 전투는 영
국에게 큰 상처를 남겼다. 영국군 4,000명 중 1,800명이 전사하고 제

이산들와나 줄루전쟁(1879년)

24연대가 거의 전멸하였다. 후에 만들어진 영화를 보면 줄루족은 2만이라는 수적 우세로 신식무기를 가진 화려한 제복의 영국군을 포위, 돌격전을 감행하여 진지를 유린한 것으로 그려졌다. 활과 창뿐 아니라 그들도 소총으로 무장하고 있었으니 전투는 일방적으로 영국에 유리했던 것 같지는 않다.

1896년 에티오피아군대가 이탈리아군대를 물리치고 독립을 지킨 아두와Adwa 전투와 함께 아프리카 역사에서 유럽군대에 대항한 아프리카인들의 손꼽히는 항쟁으로 남아 있다.

강인한 원주민 줄루족

줄루족은 아프리카에서 용맹하고 근성 있는 부족으로 소문나 있다. 남동 아프리카 반투어족의 한 부족으로 현재 남아프리카 공화국 나탈주를 중심으로 약 350만 명이 살고 있다. 남아공 지역에서 최다 원주

민이다. 15세기경 한 씨족
단위로 출발했지만 19세기
에 강대한 왕국을 세웠다.
줄루 왕국의 **샤카**Shaka 왕
은 검은 나폴레옹으로 불
리며 주변의 타부족을 정
벌하여 대 군사왕국을 건
설했다. 그러나 권력다툼에

줄루족 샤카 왕

서 이복형제들에게 암살되어 왕국은 쇠퇴하였다. 1880년대 케이프 주
에서 밀려 이주해 온 네덜란드계 보어족과 이들을 뒤쫓은 영국과 싸워
패하고 용감무쌍했던 줄루 후예들은 백인 지배하에 들어가게 되었다.

2021년 7월 재임 간 부정부패로 구속되어 더반과 요하네스버그에서
폭동, 약탈 사태를 빚게 한 **제이콥 주마** 전 대통령이 이곳 나탈 주 출
신이다.

줄루족은 전장이 아니더라도 외출 시에는 창과 방패를 들고 다닌다.
샤카 왕국 때부터 내려오는 전통 전사Warrior 복장이다. 왕이나 추장,
왕실 주술사 등 특권층은 최소 6명, 일반 서민은 4~5명의 아내를 거느
린다. 신랑은 신부 집에 소를 예물로 보낸다. 추장이나 유지의 딸을 데
려가려면 소 20마리, 서민 가정에서는 4~5마리를 준다. 줄루 사회에
선 미신과 점술이 횡행한다. 점술가는 선조의 혼과 더불어 산다고 믿으
며 여성이 많다. 오늘날에는 서양문명의 영향으로 이러한 고유 전통들
이 점점 사라져 가고 있다.

점령자 백인들 간의 보어 전쟁Boer War

1877년 영국인들이 보어인들의 트란스발 공화국으로 침입하고 지역 내 강한 원주민 부족 줄루Zulu족까지 침공하여 합병하자 1880년 보어인들은 영국에 전쟁을 선포하고 영국군을 대파했다. 1,200명 영국군이 3천 명 보어군에게 참패했으며 보어 정부는 지속되었다.

20년 후 1899년에 2차 보어 전쟁이 났다. 당시 보어 치하의 금광에 몰려든 영국인들과 인도인 등 다수가 보어인들의 차별대우를 받으며 일하고 있었다. 영국인과 보어인들이 이권을 두고 마찰이 생기자 1899년 우세한 영국군은 트란스발 지역을 공격하여 1900년 영국에 합병을 선언하였다.

트란스발 보어는 오렌지 자유국과 연합하여 게릴라전으로 영국에 맞섰으나 많은 희생을 치렀다. 영국군은 강제수용소를 세워 12만 명의 보어인을 수용했으며 2만 7천여 명이 기아와 질병으로 사망했다. 아프리카 땅에서 벌어진 잔혹한 백인 간의 싸움이었다. 1902년 보어는 굴복하고 영국의 식민지로 들어가 1910년 오렌지 자유국과 함께 남아프리카연방남아연방, Union of South Africa에 편입되었다.

이 보어 전쟁은 아프리카 종족 간의 전쟁도 아니었고 현지 주민과 유럽인들 간의 전쟁도 아니었다. 유럽인들끼리 싸운 백인들 간의 전쟁으로 수만 명의 희생자를 낸 역사적 사건이었다. 보어 전쟁에 참여한 영국군이 보어군 게릴라 저격을 피하기 위해 홍차나 커피를 전투복에 물들여 입은 군복은 오늘날 미군과 여러 나라 군대들이 입는 갈색 바탕 초록 무늬 위장전투복의 효시가 되었다.

자연경관이 아름다운 세계적 휴양지 케이프타운

케이프타운은 남아공 최남단 항구도시이다. 테이블 마운틴이 병풍처럼 둘러있는 전형적인 배산임수背山臨水의 아름다운 도시다. 2010년 월드컵 개최 도시로 어디서나 보이는 메인스타디움은 이 나라가 외진 아프리카 나라가 아니라 세계 속의 나라임을 말해준다. 1652년 네덜란드 사람들이 인도로 가는 중간 보급 기지로 정착한 도시로 374만 인구의 30%는 백인들이며 네덜란드계가 많다. 요하네스버그보다 훨씬 먼저 생긴 도시이며 백인 인구 비율이 높고 또 많이 사는 도시다.

케이프타운은 안전한 도시이다. 요하네스버그보다는 치안도 좋았다.

케이프타운. 멀리 만델라 유형지 로벤 섬

경찰이 아닌 2인 1조 안전요원들이 시가지 곳곳을 순찰하고 있어 낮에는 혼자 다녀도 안전했다. 밤에는 여느 도시와 같이 외출을 삼가는 게 좋다는 호텔 직원의 조언이 있었다. 시가지는 서구 항구도시와 같다. 시내의 빌딩숲이며 워터프런트로 나가면 미국 시애틀 항구시장과 풍물이 비슷하다. 시내관광 시티 투어 버스를 타고 앉아 있으면 케이프타운 요지를 거의 다 돌아볼 수 있다. 시내를 벗어나면 테이블 마운틴을 뒤로한 캠프스 베이에 아름다운 비치가 있다. 세계적 휴양지라고 자랑하는 이곳엔 부호 백인들의 별장이 즐비하다.

자본주의 남아공에는 부호들이 많다. 포브스가 소개한 남아공의 수조兆대 재산가 부호들은 광산, 은행, 보험, 금융, 제약, 유통 등에 종사하여 자수성가한 사람들이 많다. 백인 부호들이 많지만 광산업으로 돈을 번 파트리스 모체페Patrice Motsepe는 흑인 부호이다. 2013년 빌 게이츠, 워런 버핏의 기부서약서에 서명한 최초의 아프리카인이며 자신의 재산 절반을 자선단체에 기부하겠다고 약속하였다. 그는 1조 8,360억 원의 재산가이다.

테이블 마운틴, 희망봉, 로벤 섬

테이블 마운틴 Table Mountain은 케이프타운의 아이콘이다. 테이블 마운틴의 별미는 마치 식탁보Table Cloth처럼 산을 덮은 구름들이다. 아래에서 보면 낭떠러지 절벽을 타고 폭포수처럼 흘러내려 오다가 사라지는 모습이 장관이다. 산 위로 오르는 등산로가 여럿 있지만 관광객들에겐 케이블카가 있다. 1921년 처음 개통되었지만 1997년 현재의 대형 회전식으로 개조하여 100명 넘게 탈 수 있다. 강풍이 불면 안전상 운행을 중단한다. 이 지역은 강풍이 심하여 운행을 중단하는 경우가 많아

세계적 휴양지 캠프스 베이(Camps Bay)

운이 좋아야 오를 수 있다.

산정에 오르면 운동장 같은 넓은 암반 들판이 나타나고 여러 갈래의 산책로가 있다. 곳곳에 관망대가 있어 멀리 대서양을 낀 아름다운 케이프타운 시가지를 넓게 볼 수 있다. 이름 모를 야생화들을 보며 바윗길을 오르내려 3.2km를 걸으면 해발 1,087m의 정점이 있다. 산 위에서도 역시 폭포수처럼 해변 마을 캠프스 베이Camps Bay로 흘러내리는 구름의 옆모습을 볼 수 있는 명소가 있어 사람들로 붐빈다. 남아프리카의 1월 직사광선을 간과하고 반팔 티셔츠에 한나절을 걸었더니 얼굴과 팔뚝이 새빨갛게 익어 물집이 생기고 가려워서 1주일간을 고생했다. 가벼운 화상을 입었던 것이다.

희망봉Cape of Good Hope은 케이프 반도 해변을 두 시간 달려 남쪽으로 가면 있다. 1488년 포르투갈 항해가 바르톨로메우 디아스Bartolomeu Diaz가 처음 발견하였으며 1497년 바스코 다 가마Vasco da Gama가 이곳

희망봉 등대

을 통과하여 인도로 가는 항로를 개척하여 '희망의 곳'이라 명명되었다. 그는 유럽에서 인도까지 항로를 개척한 최초의 유럽인이었으며 포르투갈의 동방무역 길을 연 사람이다.

그는 생전에 세 차례에 걸쳐 인도를 항해하였으며 1524년 인도 부왕Viceroy으로 부임하여 활동하다가 인도 코친에서 사망하였다. 주차장에서 전동차를 타고 등대에 오르면 반도의 최남단 케이프

아프리카 남단

포인트가 내려다보인다. 등대에서 멀리 보이는 바다는 대서양과 인도양으로 갈라진다. 두 대양을 한눈에 담는 벅찬 경험을 하였다.

로벤 섬Robben Island…. 넬슨 만델라가 종신형을 선고 받고 27년 옥살이 중 18년을 복역한 로벤 섬이 이곳에 있다. 해안에서 배로 20분 가시거리에 평평한 작은 섬이다. 군사 기지, 병원, 나환자 수용소 등으로 쓰였지만 남아공 시절에는 정치범 수용소로 감옥시설이 있었다. 이곳을 거쳐나간 많은 정치범 수용자들이 흑인정부의 지도자들이 되었으며 대통령도 배출하여 일명 대통령을 내는 '대통령 대학'으로 소문나 있다.

감회에 젖은 감옥 속의 두 대통령

1994년 남아공을 국빈방문한 클린턴은 만델라와 함께 이 섬을 방문하여 만델라의 감방에서 감회를 함께 나누었다. 양국 대통령이 잠시나마 한 감방에 갇혀 있었다. 유네스코 문화유산으로 지정되었다.

2

만델라의 잔영殘影 요하네스버그Johannesburg

-인종차별, 빈곤이 침전沈澱해 있는 검은 도시-

네덜란드 보어인들의 개척지

남아연방 출범과 영국 총독정치

아파르트헤이트… 인종분리정책 반세기

남아연방에서 남아공으로

만델라의 민권운동과 투쟁

소웨토 봉기

마지막 백인 대통령 클레르크의 양심선언

만델라의 가정생활… 세 번의 결혼

적폐청산積弊淸算은 없었다

한국전쟁 참전국

네덜란드 보어인들의 개척지

서울을 떠날 때부터 안전 문제를 걱정하며 요하네스버그에서는 각별히 조심해야겠다는 생각을 했었다. 인구 443만의 남아공 최대 도시이며 상공업 도시인 요하네스버그는 해발 1,900m 고원 평야지대에 여러 개의 광역도시권들로 흩어져 있다. 광역도시 인구는 900만으로 추산된다. 흑인 인구 76%, 백인은 12%로 흑인도시이다.

하늘에서 내려다본 광역시는 요하네스버그시를 중심으로 넓은 분지에 끝없이 펼쳐져 있었다. 이 광활한 고원 평원지대는 케이프 반도에서 영국인에 밀려 이주해 온 네덜란드계 보어Boer인들이 정착하며 건설한 트란스발 공화국Transvaal Republic, 1852년 지역과 오렌지 자유국Orange Free State, 1854년 지역이었다. 오렌지 자유국 지역에서 다이아몬드1867년가, 트란스발 공화국 지역에서 금광1886년이 발견되어 번성하였으며 영국인들이 들어와 보어인들을 정복하고 차지한 지역이다.

요하네스버그 북동쪽 60km 지점에 있는 현 행정수도 프리토리아Pretoria는 1855년 건설된 트란스발 공화국의 수도였으며 도시이름은 건설자 초대 대통령의 아버지 이름 프레토리우스Pretorius를 따서 명명한

행정수도 프리토리아

것이다. 프레토리우스는 1838년 보어족의 대 이주 시 줄루족과 벌인 '피의 강 전투'를 승리로 이끌었던 보어군 지도자이다. 요하네스버그 남 서쪽 360km 지점 블룸폰테인Bloemfontein은 오렌지 자유국의 수도였 다. 현 남아공의 사법수도이다.

프리토리아 남쪽 교외에 남아공을 개척한 네덜란드계 백인들Afri-kaans의 부어트랙커Voortrekker 기념관이 있다. 줄루족과 싸우며 내륙으 로 대 이주를 한 보어인들의 개척사를 보존한 기념관이다. 이동 과정에 서 현지 원주민들과 싸우며 희생당한 역사를 잘 그려 놓았다. 1948년 이주 300주년을 맞아 건립하였다.

남아연방 출범과 영국 총독정치

공항 근처에 숙소를 정하고 며칠 머물며 남아공의 차별받은 흑인 역 사를 살펴보기로 했다. 요하네스버그에는 넬슨 만델라의 흔적을 살필 수 있는 명소가 몇 군데 있다. 여기저기 그의 동상도 많지만 만델라가 거주했던 **만델라 하우스**Mandela House, 백인들의 인종차별과 만델라 의 민권운동 투쟁역사를 보여주는 **아파르트헤이트 박물관**Apartheid Museum이 있다. 여행출발 전 들은 얘기도 있고 하여 흑인 거주촌 소 **웨토**Soweto, South Western Township와 요하네스버그 다운타운으로 들 어갈 때는 안전을 위해 건장한 기사가 운전하는 택시를 하루 고용하여 보디가드 겸으로 시종 함께 다녔다.

1902년 네덜란드 후예 보어인과의 전쟁보어 전쟁에서 승리한 영국은 이 지역 트란스발, 오렌지 자유국을 포함하여 케이프 식민지, 나탈 식 민지 등 네 개의 식민지를 통합하여 1910년 **남아프리카연방**남아연방,

Union of South Africa 백인정부를 출범시켰다.

남아연방은 대영제국의 자치령으로 영국 왕의 위임을 받은 총독체제를 유지하면서 영연방의 일원이 되었다. 남아연방은 허버트 글래드스턴 초대 총독1910~1914 이후 찰스 로버츠 스와르트 9대 총독1959~1961까지 9명의 총독이 6명의 총리와 함께 50여 년간 다스렸다. 처음에는 군사, 외교를 제외한 자치권을 부여했으나 1934년에는 웨스트민스터 헌장에 따라 영국의회에서 남아프리카 지위법이 통과되어 남아연방은 사실상의 영연방 주권국가가 되었다.

아파르트헤이트… 인종분리정책 반세기

아파르트헤이트를 성토하는 흑인들

아파르트헤이트Apart-heid는 남아프리카 공화국에 존재했던 인종분리정책이라는 뜻의 아프리칸스어이다. 1917년 처음 총리의 연설에서 언급되었지만 사실 백인우월주의는 백인 이주와 함께 있어 왔으며 인종차별은 영국 식민지였던 19세기 말부터 존재해 왔었다.

1948년 네덜란드계 백인 보어인아프리카너을 기반으로 하는 국민당 단독정부가 수립되면서 인종차별정책들이 더욱 확충, 강화되어 아파르트헤이트라 불리게 되었다. 보어인 백인정부는 수적으로 열세인 그들이 다수인 흑인들에게 영토와 재산을 뺏기고 흑백 혼혈로 흡수되지나 않을까 하는 불안감과 공포감을 항상 가지고 있었고 이런 생각이 제도적 아파르트헤이트의 근원이 되었다.

이러한 보어인들은 1910년 이후 국민당을 결성하고 1948년 집권하면서 집중적인 아파르트헤이트 정책을 실시하게 되었다. 백인 우월주의 아파르트헤이트는 국민을 **반투**Bantu, 순수 아프리카 흑인, **유색인**혼혈인종 및 **백인**으로 분류하고 1950년 주민등록법을 시행하였다.

인종 간 혼인금지법1949년, 흑백 성관계를 금지하는 배덕법背德法, Immorality Act, 1950년, 인종별 시설분리법이 제정되었고 트란스케이, 보푸사츠와나, 시스케이 등 10개의 흑인 거주 특정 지역을 정하여 흑인들을 강제 이주, 격리시켜 독립자치국 **반투스탄**슬루족 등 남아프리카 일대 최대 종족군 반투족의 땅으로 정해 따로 살도록 하는 흑인 자치정부 촉진법1970년을 만들었다.

이들 지역을 벗어나면 외국인으로 취급되었으며 대부분 황무지였던 반투스탄에서 흑인들의 자립은 불가능했고 노동이나 관광업 종사자로 도시에 들어가려면 허가증이 있어야 했다. 이러한 법들은 16%에 불과한 백인의 특권을 보장하려는 정책이었다.

국제사회는 이러한 반투스탄을 국가로 인정하지 않았으며 남아연방의 괴뢰국으로 보았다. 이는 다수 흑인들을 몰아 묶어서 가두는 일종의 수용소와 같은 개념으로 흑인들의 참정권 박탈은 물론 흑인혐오감을 해소하는 인종차별이었다. 배덕법이 적용되지 않는 이곳은 백인들의 밤거리가 되어 가난한 흑인 여성들은 많은 혼혈아를 양산하게 되어 후

흑인 거주제한 반투스탄 지도

일 사회 문제가 되기도 하였다.

남아연방에서 남아공으로

이 비인도적 악법들은 세계의 비난을 받았으며 서방의 제재, 유엔 회원국 자격 박탈, 만델라 등 흑인 인권운동가들의 저항을 불러왔다. 영국도 부정적으로 보고 압력을 가해 왔다. 그러자 당시 남아연방 총리였던 극렬 인종차별주의자 **헨드릭 페르부르트**Hendrik Verwoerd, 1901~1966는 1960년 국민투표를 거쳐 영연방을 탈퇴하고 이듬해 1961년 **남**

아프리카 공화국남아공을 선포했다. 영국으로부터 완전 독립을 한 것이다. 그리고 총독 찰스 로버츠 스와르트가 초대 대통령이 되었다. 당시 영국 왕실은 조지 5세910~1936, 조지 6세1936~1952, 엘리자베스 2세1952~1961의 치세였다.

영연방 탈퇴, 남아프리카 공화국 수립을 주도한 페르부르트 총리는 네덜란드 암스테르담에서 이민해 온 보어민족주의자로 1958년 남아연방의 총리가 되었고 흑인참정권을 박탈하는 반투자치촉진법, 대학을 백인, 흑인, 인도印度인 용으로 분리하는 대학교육 확장법 등의 통과를 주도하였다. 그는 1966년 66세에 흑인 피가 섞인 백인의 칼에 맞아 사망했다.

페르부르트 총리

남아공은 영국의 식민지로 세상이 인식해 왔고 선착한 네덜란드인들을 내륙으로 몰아내고 다시 전쟁으로 흡수한 역사를 보면 피해자인 네덜란드 후예 보어인 아프리칸스들의 처지가 딱하게 여겨졌다. 그러나 그들이 남아연방 정권을 잡고 아프리카인들에게 행한 비인간적 학정의 역사를 읽으면서 새삼 영국 사람들보다 더 고약한 인성의 DNA를 가진 사람들이구나 하는 생각이 들었다.

인종차별정책의 악법들은 백인정권 말기인 1990~1991년 대부분 폐지되었다. 7대 대통령이었던 클레르크 때였다. 아파르트헤이트는 1994

년 만델라 흑인정권이 들어서면서 완전 폐지되었다.

만델라의 민권운동과 투쟁

만델라는 1910년에 출범한 남아연방 초기시절인 1918년 동 케이프 움타타에서 출생했다. 템부족 족장의 아들로 태어났지만 아버지가 족장에서 물러나자 어렵게 자랐다. 한때 포트헤어 대학에 다닐 때 친구가 백인에게 모욕당하는 걸 보고 처음으로 인종차별의 부당함을 자각하였다.

그는 요하네스버그로 올라가 잠시 금광에서 일했으며 친척의 도움으로 부동산 사무실 서기로 일하면서 변호사의 꿈을 가지고 1943년 비트바테르스란트 대학에서 법학을 전공했다. 1944년 아프리카 민족회의 ANC의 산하 청년연맹을 창설하고 집행위원으로 활동했으며 동료인 월터 시술루의 여동생과 결혼했다.

1951년 요하네스버그에서 비 백인으로는 처음으로 법률상담소를 열었다. 만델라는 아파르트헤이트 반대운동에 적극적으로 나서며 본격적인 흑인인권운동에 나섰다. 1950년대 흑인차별정책이 고조되어 공공장소와 대중교통에서 흑인 사용 구역이 분리되고 교육시설, 거주지 등에서 흑백을 강제로 분리하는 정책이 시행되었다.

만델라는 아프리카 국민회의를 중심으로 불복종 운동을 전개하였다. 1952년 남아프리카 공화국에서 배타되었던 공산주의 세력과 교류가 있었다는 이유로 체포되었지만 무혐의로 풀려났으며 이후 본격적인 정치활동에 나섰다. 만델라는 1955년 흑인 거주지역 소웨토에서 남아프리카 인종주의에 반대하는 자유헌장 발표에 관련되어 두 번째로 체포,

수감되었다. 국가반역죄였다. 이 무렵
1956년 첫 부인과 이혼하였다. 그리고
1958년 40세 나이에 18세 연하 사회복
지사 위니와 재혼하였다.

젊은 위니와 만델라

1960년 3월 요하네스버그 남쪽 샤프
빌Sharpeville 사건은 흑인들이 평화적
시위운동을 중단하고 무장투쟁을 하게
된 계기가 되었다. 경찰의 총기 난사로
69명이 죽고 수백 명이 부상을 한 흑인 대학살 사건이었다. 1961년 6월
흑인들은 '국민의 창'이라는 비밀 무장조직을 만들었다. 만델라는 정부
군과 맞서 싸우기 위해 게릴라전술을 습득하고 에티오피아로 가서 군
사훈련을 받았다.

만델라는 아프리카 여러 나라를 다니면서 무장투쟁 정보를 수집하면
서 국민의 창에 동참해 줄 것을 호소하였다. 1962년 만델라는 귀국하
여 국민의 창 회합을 가지고 은신처로 돌아가는 길에 체포되었다. 그는
5년형을 받았지만 1964년 재판에서 종신형을 선고 받고 27년간 옥살
이를 했다. 케이프타운 로벤Robben 아일랜드에는 그가 갇혔던 감옥이
있다. 그는 1982년 폴스무어Pollsmoor 감옥으로 이송될 때까지 18년간
이 감옥에 수감되었었다.

소웨토 봉기

만델라가 장기간 투옥되어 있었던 기간 중인 1976년 요하네스버그
교외 흑인촌 소웨토에서 봉기가 일어났다. 네덜란드계 보어인의 언어

인 아프리칸스어를 학교에서 배우고 가르치도록 한 백인정부에 항거하여 학생들이 주도한 시위였으며 점차 일반 시민들도 참여하면서 전국적으로 확산되었다. 이 사건으로 576명이 사망하고 4천여 명이 다쳤다. 이 사건은 아파르트헤이트에 맞서 싸운 흑인 해방투쟁의 상징이며 남아공 흑인 저항사抵抗史에서 가장 처참한 사건으로 기록되었다.

소웨토 봉기 기념공원

마지막 백인 대통령 클레르크의 양심선언

1961년 영연방에서 독립한 남아공은 남아연방 마지막 총독 찰스 로버츠 스와르트 총독이 초대 대통령이 되면서 이후에도 30여 년간 백인정권이 계속되면서 아파르트헤이트 인종분리정책은 이어졌다.

1977년에는 핵 개발보타 국방장관에도 착수했다. 1989년 총선으로 집권한 **프레데리크 클레르크**가

클레르크와 만델라

7대 대통령이 되면서 흑인 지도자 만델라를 석방하고 야당 흑인정당 아프리카 민족회의ANC와 협상하면서 남아공의 민주화가 시작되었다. 클레르크 대통령은 아프리카 민족회의ANC, 범 아프리카회의PAC 등 흑

인인권단체를 인정하고 그간의 금지조치를 철회하였다. 그리고 만델라를 포함한 흑인해방 투쟁지도자 375명을 석방하였다.

만델라는 국민들의 열렬한 함성 속에 출소하였으며 주먹을 불끈 쥐고 팔을 들어 올렸다. 출소 후 그는 프랑스, 영국, 미국, 쿠바 등을 여행하면서 세계의 지도자들을 만났다. 1991년 7월 그는 아프리카 민족회의 의장으로 선출되었지만 백인정부와의 갈등은 계속되었고 흑인들의 시위는 이어졌으며 경찰의 무력진압으로 많은 사상자를 내었다.

만델라는 흑인 극단주의자들과 줄루족 등 종족 간 갈등 속에서 클레르크 백인정부와 협상을 지속하여 민주적 선거를 관철시켰다. 이 공로로 만델라는 클레르크와 함께 노벨 평화상을 받았다. 클레르크는 영향력 있는 아프리카너 가족에서 태어난 보수인사였으나 개혁적으로 아파르트헤이트를 철폐하고 1994년 최초의 흑백 선거를 통하여 백인정부를 종식시켰다.

그는 또한 1991년 핵무기를 폐기하였다. 1994년 남아공 최초의 흑인참여 자유총선거가 실시되어 36개 분파의 다인종 의회가 구성되었고 의회는 만델라를 대통령으로 선출하였다. 클레르크는 1994년부터 1996년까지 아프리카 민족회의ANC와 국민당NP 연정 대리대통령을 수행하였으며 1997년 정계에서 은퇴하였다.

막을 수 없는 역사의 흐름이었겠지만 클레르크는 남아공의 민주화와 흑백 인종분리정책을 종식한 정치인으로서 그 인품이 돋보인다. 그로서는 시대의 흐름을 읽고 백인들의 가슴속에 남아있는 일말의 양심을

끌어내어 '이건 아니다'라고 한 양심선언이었을 것이다. 남아공의 인종
차별정책은 만델라의 흑인정부가 출범하면서 철폐되었고 350년에 걸친
인종분규는 종식되었다.

만델라의 가정생활… 세 번의 결혼

요하네스버그는 넬슨 만델라의 도시이다. 시내에서 남서쪽으로 20분
정도 거리에 인구 120만이 사는 소웨토South Western Township가 있다.
양차 세계대전 이후 도시로 몰려드는 흑인들이 거주하던 흑인 빈민촌
이다. 만델라도 그들 중 하나였다. 만델라가 젊은 시절 대학에 다니며
법률을 공부하고 변호사가 되었으며 흑인 민권운동을 하고 살던 집 만
델라 하우스가 여기에 있다.

만델라 하우스는 작은 박물관으로 꾸며져서 그의 사생활과 체취
를 느낄 수 있는 곳이다. 큰길가에 있는 작고 소박한 만델라 하우스는

만델라 하우스

1944년 민권운동을 함께하던 친구의 사촌 여동생 에블린 마세1922~2004와 첫 결혼하여 13년간 살았던 집이다. 부인은 간호사로 일했으며 만델라는 법학 공부를 하며 경찰의 수배를 받아

만델라 침실

피해 다니는 정치 운동가였다. 정치에 관심이 없는 열정 교인인 에블린 마세는 남편을 뒷바라지할 신념의 배우자가 아니었으며 결혼 생활은 순탄치 못했다. 그녀는 남편의 곁을 떠났다.

한 인간으로서 영과 욕이 있었겠지만 만델라도 뼈를 깎는 투쟁과 시련을 겪으면서 그래도 아내와 자녀들이 있는 가정에서 온기를 느끼며 행복감을 느꼈던 일이 있었는지 묻고 싶다. 만델라가 27년 옥중생활을 하면서 가장 어려웠던 일이 자식들을 볼 수 없었던 일이었다고 고백한 적이 있다. 아내와 결별해야 했고 그 오랜 시간 자식들과 헤어져 있어야 했던 만델라의 인간적인 고뇌를 누가 깊이 느껴주랴…. 27년 옥살이 투사에겐 피할 수 없는 운명이었다. 만델라 하우스에서 그의 체취를 느끼며 나는 잠시 깊은 생각에 잠겼었다.

두 번째 부인은 만델라가 40세에 맞은 22세의 사회복지사 **위니 마디키젤라**Winnie Madikizela, 1936~2018였다. 만델라는 그녀의 미모에 반했다고 후일 회상했다. 만델라와 동향 출신이지만 그들은 요하네스버그에서 만났다. 만델라는 1958년 위니와 재혼하여 1963년 체포되어 종신형 선고를 받기 전까지 그녀와 함께 이 집에서 살았다.

위니는 면회마저 거절
되는 남편 옥중생활 중
두 아이를 키우며 남편
을 대신해 흑인차별정
책Apartheid에 맞서 싸웠
다. 아프리카 민족회의
ANC 당원으로서 남편
보다 더 과격한 극단주

감옥에서 풀려나는 만델라

의 투쟁에 나서 흑인들의 마마로 불리며 국모로 추앙받았다. 만델라는
1990년 나이 72세에 출소하여 위니와 함께 이 집으로 귀가했다.

그들은 38년간 부부였지만 27년간 옥살이를 빼면 함께 산 날은 그리
많지 않다. 위니는 부정부패에 연루되어 유죄판결을 받기도 했다. 오랜
남편의 옥살이는 젊은 위니에게 시련이었다. 출옥의 재회라는 기쁨도
잠시, 1992년 만델라는 대통령이 되기 전에 위니와 별거에 들어갔다.
만델라는 자신의 오랜 옥중생활 동안 젊은 위니가 혼자 얼마나 외로웠
겠느냐 하면서도 아내의 부정不貞에 대해서는 범사로 지나칠 수 없었던
걸로 보인다.

만델라는 1994년 대통령 자리에 올랐으나 별거 중인 그녀를 영부인
으로 받아들이지는 못했다. 차석 부총리로 기용하여 헌신적 옥바라지
를 보상했다. 이들은 1996년 이혼했다. 혼자된 만델라의 영부인 역은
큰딸 제나니 들라미니의 몫이었다. 만델라는 첫 부인과 사이에 4명의
자녀를, 둘째 부인 위니와 사이에 딸 둘을 두었다. 위니의 장녀 들라미
니는 2020년 주한 남아공 대사로 서울에 부임했다.

만델라는 대통령 임기 말 1998년 28세 연하의 세 번째 부인을 맞았다. 이웃 나라 모잠비크 대통령의 미망인 그라사 마셸1945~이다. 그녀의 남편 마셸 대통령1923~1986은 모잠비크가 포르투갈로부터 독립한 1975년 초대 대통령으로 취임하

만델라와 그라사 마셸

여 소련의 지원을 받은 사회주의 정부를 이끌었으며 남아공의 지원을 받는 우파 반정부 세력과 내전을 치르던 시기에 1986년 의문의 비행기 추락사고로 사망했다.

그녀는 남편의 사고는 남아공 인종주의자들의 소행이라고 주장해 왔다. 그녀는 1975년부터 1989년까지 교육부 장관을 지냈다. 과거 서로 적대적이었던 두 나라의 지도자가 결합한 것은 이러한 역사적 갈등을 봉합하는 의미도 있다.

80세 신랑과 53세 신부…. 그들의 결혼식에는 미국의 마이클 잭슨이 참석했었다. 황혼의 만델라는 신혼 아닌 구혼의 마지막 결혼 생활을 하며 2013년 95세로 타계할 때까지 15년간 평온하게 해로했다. 그의 장수와 말년의 평온한 가정생활은 27년간 옥살이를 보상한 하늘의 뜻이었을 것이다.

적폐청산積弊淸算은 없었다

만델라의 일생은 그가 대통령이 되면서 파란만장한 생애가 막을 내렸다. 관용과 용서, 화해의 길을 추구한 그를 두고 남아공 국민들은

'영원한 근성의 사나이Character였으며 동지Comrade였고 지도자 Leader, 죄수Prisoner였으며 협상가Negotiator, 대통령Statesman'이었 다고 그의 생애를 정의했다.

근성의 사나이 만델라

만델라는 대통령에 취임하면서 진실과 화해 위원회TRC를 구성하여 과거 인권침해 범죄에 관한 진실을 낱낱이 밝혔지만 모든 학정자들을 '용서하되 잊진 않는다'면서 화합을 강조하고 한 명도 과거사로 처벌하 지 않았다. 짐을 싸려던 많은 백인 정치가들은 안도하였다.

옥중의 만델라가 협상면담을 요청했을 때 4년 동안 거절한 **피터 빌 럼 보타** 대통령에게도 책임을 묻지 않았다. 보타는 보어인 정치가로 총 리직 등을 맡으며 40년간 인종차별 정권의 실세였으며 6대 백인 대통 령이 되어 1984~1989년 동안 재임하였다. 아파르트헤이트를 고수하고 흑인 저항 세력을 탄압한 마지막 대통령이었다. 후일 만델라가 대통령 이 되어 아파르트헤이트 청문회를 열어 출석을 통보했지만 아파르트헤 이트는 정당하다며 거절한 인물이었다. 그는 퇴임 후 케이프타운에서

17년간 살다가 90세에 심장마비로 사망했다. 한 맺혔을 27년 옥살이 만델라에게 적폐청산이란 없었다. 그가 세상 사람들의 존경을 받는 이유다.

한국전쟁 참전국

인종차별이 극심했던 시기 남아연방은 1950년 한국전쟁이 발발하자 유엔결의에 동참하고 전투비행단 1개 대대를 파견하였다. 무스탕 전투기 16대와 장교 32명, 지원요원 172명 등 300명의 병력으로 구성된 제2 전투비행대대를 파견하여 1950년 11월 미 공군 18전투 비행단에 배속시켜 작전을 수행하였다.

무스탕 전투기는 미군 일본 극동 기지 현지에서 미군으로부터 구매하여 인수하고 비행대대는 2차 대전 참전 경험이 있는 베테랑 조종사 32세의 테론 중령이 지휘했다. 이 비행대대는 전쟁 초기 반격작전과 1·4후퇴, 재반격 간 평양, 수원, 진해 공군 기지에서 출격했으며 중공군 후방차단, 폭격 임무, 아군철수 엄호작전을 수행하여 많은 전과를 올렸다. 무스탕 10,373회, 세이버 1,694회 출격하였으며 참전기간 동안 36명의 진·사상자와 8명의 포로가 발생했다.

이러한 남아연방의 고마움에도 불구하고 1978년 이후 남아공의 인종차별에 대한 유엔제재에 부응하느라 한국은 남아공과의 공식관계를 단절했으며 1990년 인종차별정책을 철폐한 이후 1992년 12월에 수교에 합의했다. 케이프타운에 한국전 참전 기념비가 세워져 있고 한국 평택에도 참전 기념비가 있다.

3

빅토리아 폭포 짐바브웨Zimbabwe

-하늘의 축복을 외면한 독재 부패의 무가베-

영국 식민지 로디지아
무가베 집권과 통치
하늘의 축복 빅토리아 폭포
아프리카의 강들
잠베지 강 크루즈

영국 식민지 로디지아

짐바브웨Zimbabwe라는 나라 이름을 처음 들은 건 1982년 미국에 살 때였다. 미국의 세계 주요 맹방군 대표들이 파견되어 함께 일했던 조지 아 주 미 육군보병학교 포트 베닝Fort Benning에서 나는 한국군 대표로 근무하던 때였다. 영국 친구 엔더슨 중령이 임기가 되어 귀국하면서 아 프리카 짐바브웨 국방무관으로 가게 되었다고 해서 왜 그런 오지로 가 는가 물었더니 영국의 식민지였다면서 지내기 좋은 곳이라며 아프리카 의 문물과 풍토를 즐기고 싶어서 자원했다는 것이다.

그 후 아프리카의 모부투 대통령이란 자가 독재를 하는 나라로 소문 나서 가끔 신문에서 보고 들었는데 이번 아프리카 여행을 준비하면서 이 나라에 세계 3대 폭포 중 하나인 빅토리아 폭포가 있다는 걸 새삼 인식하게 되었다. 그만큼 아프리카에 대해 무지했었구나 생각하니 쓴 웃음이 났다.

짐바브웨 공항 환영

짐바브웨는 이웃 잠비아와 함께 1923년 이후 영국 식민지였다. 영국 은 모두 붙어 있는 짐바브웨와 잠비아Zambia, 말라위Malawi, 1907를 엮 어서 통치했는데 당시에는 남 로디지아, 북 로디지아, 니아살랜드로 불 렸다. 1964년 잠비아는 말라위와 함께 독립했으나 남 로디지아는 로디 지아로 남아 백인정권이 계속 통치하다가 1980년에야 짐바브웨로 나라 이름을 바꾸어 독립국으로 출범했다. 한반도 1.8배 땅에 백인은 거의 없고 흑인 인구 1,454만2016년이 사는 중부 아프리카 내륙국으로 1인당 국민소득 549달러의 빈국이다.

무가베 집권과 통치

로버트 무가베Robert Mugabe는 인구 1,400만 짐바브웨를 37년간 통치했다. 영국 식민지가 된 지 4개월 만인 1924년 남 로디지아에서 태어났다. 가나에서 교사 생활을 하던 그는 가나 독립1957년을 보고 고무되어 귀국하여 식민 통치 영국에 저항하였다. 감옥을 드나들며 짐바브웨 아프리카 민족연맹ZANU을 이끌어 백인정권에 무장 게릴라투쟁을 했다.

반영활동을 한 그는 1980년 독립과 함께 신생 짐바브웨 공화국의 총리가 되었다. 초기 흑인들 간의 연정으로 안정을 추구했으나 권력투쟁으로 혼란이 일자 백인들이 떠나가고 경제는 파탄에 이르렀다. 그는 차츰 독재정책을 취하여 국제적 비난을 받았다. 1987년 총리직을 없애고 대통령이 되었으며 2017년까지 37년을 통치했다.

독재자 무가베

무소불위의 권력자로 그는 마오쩌둥의 계획경제체제를 시도하는 등 공산주의 일당 독재로 군림하며 백인 농장을 압수해 서방의 제재를 받으니 재정지원이 끊어졌으며 인플레와 생활고가 가중되었고 2016년 극심한 가뭄으로 5백만 시골 인구가 식량난에 시달렸다. 경제는 더욱 악화되어 아프리카 최빈국으로 전락하였다. 짐바브웨 화폐단위는 가공할 만했다. 밥 한 끼 먹고 수백만 원을 내는 극심한 인플레를 겪었다.

그런 가운데 광산업 등 각종 이권에 개입하여 축재하고 재산을 해외로 빼돌렸으며 재혼한 비서는 다이아몬드 채굴권에서 수백만 불을 챙긴 혐의를 받았다. 93세 생일잔치에 백만 달러 비용을 썼으며 전국에서 반 무가베 시위가 일어났다. 2017년 군부가 그의 권력을 탈취하고 사임했다. 그는 2019년 싱가포르 병원에서 죽었다.

하늘의 축복 빅토리아 폭포

무가베의 나라에도 태고의 축복이 있었다. 하늘이 내린 빅토리아 폭포였다. 미국 나이아가라, 브라질 이구아수 폭포를 보고 언젠가는 아프리카 빅토리아 폭포를 보리라는 꿈이 있었는데 느지막한 나이에 그 꿈을 이룰 수 있었다. 세 개 폭포의 공통점은 모두 두 나라 국경에 있다는 것이다. 폭포수가 떨어지는 장관은 반대편 나라에서 보는 게 더 볼만하다는 것도 같다. 폭포수량 면에서는 단연 나이아가라가 웅장하고, 다양한 경치와 규모 면에서는 이구아수, 그리고 일직선으로 뻗은 계곡으로 깊이 떨어지는 낙차 면에서는 빅토리아인 것 같다.

빅토리아 폴스Victoria Falls 국제공항에 내려 마을까지 20분 정도 달려 운치 있는 쉬어워터Shearwater 리조트에 여장을 풀었다. 초가지붕의 숙소들과 클럽하우스가 넓은 정원을 끼고 있어 운치가 있는 리조트였다. 밤에는 폭포수 굉음이 들릴 정도로 폭포에 가까이 있어서 초행자의 마음을 급하게 했다.

빅토리아 폭포는 짐바브웨 빅토리아 폴스 마을 숙소에서도 그 굉음이 들리는 지근거리에 있다. 국경을 넘어 북쪽 잠비아 쪽엔 마을 리빙스턴Livingstone이 있는데 교량으로 연결되어 출입국관리소를 지나 건너갈 수 있어 어느 쪽에서나 머무르며 볼 수 있다. 두 마을 모두 근거리에

운치 있는 쉬어워터 리조트

작은 국제공항이 있어서 접근성은 좋은 편이다.

폭포는 잠비아 쪽에서 짐바브웨로 흘러 보츠와나로 흐르는 잠베지 강이 두 나라 경계선 계곡으로 떨어진다. 흐르던 강물이 꽹음을 내며 순식간에 깊은 땅속으로 떨어져 없어지고 물안개가 하늘 높이 날아오르는 광경은 장관이다. 폭포를 구경하는 가장 보편적인 방법은 걸으면서 시간을 가지고 여유 있게 보는 것이지만 하늘에서 내려다보는 헬기 투어도 있다. 제한된 시간의 비행이기는 하지만 폭포 주변 상류까지 넓게 볼 수 있어 좋다.

길이 1,678m, 최대 108m 낙차의 이 폭포는 영국의 탐험가 데이비드 리빙스턴David Livingston이 1855년 처음 발견해 유럽에 알려졌다. 폭포의 원명은 현지어로 천둥소리 내는 연기라는 뜻의 **모시 오아 투냐**Mo-si Oa Tunya이다. 다리Victoria Fall Bridge를 오가며 두 나라 쪽에서 모두 구경했지만 짐바브웨 쪽 숲길을 따라 걷는 트레일은 환상적이다. 열다섯 개의 관망지점이 있어 쉬엄쉬엄 머무르면서 볼 수 있지만 관망지점

잠베지 강과 빅토리아 폭포

빅토리아 폭포(잠비아 청춘들과)

이 아니더라도 트레일 어느 곳에서나 넓게 트여있어 전망은 좋다.

만수기는 6월, 갈수기 11월엔 물이 말라 절벽 바닥이 보인다. 어디나 폭포가 있는 곳엔 무지개가 흔하지만 빅토리아 폭포에서는 어느 곳에서나 완벽한 무지개들을 볼 수 있다. 쌍무지개도 또렷이 볼 수 있는 곳이 많다. 한나절이면 다리를 오가며 양측 모두에서 구경할 수 있지만 장관에 몰두하여 넋을 잃고 앉아 있노라면 하루도 모자라게 시간 가는 줄 모르게 된다.

아프리카의 강들

아프리카에는 큰 강들이 몇 개 있다. 북아프리카 지역에 나일 강이 있다. 남에서 북으로 흘러 지중해로 들어가는 **나일**Nile **강**은 6,671km로 세계 최장이다. 6,400km의 아마존 강보다 길다. 나일 강은 우간다 빅토리아 호수에서 발원하여 수단을 거치는 백나일White Nile이 에티오피아에서 발원한 청나일Blue Nile과 합류하여 이집트로 흘러 지중해로 들어간다.

남부 아프리카 지역에 세 개의 큰 강이 있다. 대륙 중심부에 **콩고 강**이 있다. 공고민주공화국DR콩고의 동남부 고원에서 발원하여 이 나라 북부로 원을 그리며 흘러 남서류하여 대서양으로 들어간다. 4,370km의 긴 강으로 여러 지류들이 모여든다. 또 다른 두 개는 앙골라에서 발원하여 잠비아, 짐바브웨를 거쳐 모잠비크 해안 인도양으로 들어가는 2,736km의 **잠베지**Zambezi **강**이 있고 최남부 남아공레소토에서 발원하여 서쪽 나미비아를 거쳐 대서양으로 흘러드는 2,093km의 **오렌지** Orange **강**이 있다.

네 강이 모두 흐르는 방향도 다르고 이르는 바다도 다르다. 나일 강은 남에서 북으로 흘러 지중해로, 잠베지 강은 서에서 동으로 흘러 인도양으로, 그리고 콩고 강과 오렌지 강은 동에서 서로 흘러 대서양으로 들어간다.

잠베지 강의 발원지에서 2/5쯤 중류에 빅토리아 폭포가 있다. 빅토리아 폭포 상류 40km쯤에 카중굴라^{Kazungula}라는 작은 마을이 있는데 세계 유일의 네 나라 국경이 모여 있는 곳으로 유명하다. 잠비아, 보츠와나, 나미비아, 짐바브웨 국경이다. 최근 2020년 10월 대우건설이 잠비아와 보츠와나를 잇는 교량을 건설하여 며칠씩 기다리며 바지선으로 건너던 내륙 연결 운송 문제를 해결하였다. 세계 유수의 구리 생산국인 내륙 잠비아의 수출길이 훨씬 용이해졌다.

잠베지 강 크루즈

빅토리아 폭포를 방문하는 일정에서 잠베지 강 크루즈를 빼놓을 수 없다. 폭포 상류의 폭 넓은 잠베지 강 크루즈의 백미는 붉게 물드는 저녁노을을 보는 것이다. 유유히 흐르는 잠베지 강을 순항하면서 하마^{Hippo} 가족, 악어 같은 야생동물들을 근접 관찰하고 해질 무렵이면 온통 붉은 색깔로 저녁 하늘을 물들이며 수평선 지평선 밀림 숲속으로 가라앉는 환상적인 석양의 일몰을 볼 수 있다. 30분 정도의 이 황홀한 광경은 대부분의 관광객들에게 침묵의 시간을 준다. 저마다 조용히 명상에 잠긴다. 태양이 침몰하여 사라지는 순간엔 환호와 박수가 터진다.

20여 명의 일행 중 캘리포니아에서 온 미국인 가족과 합석하여 즐거운 담소로 아프리카 이야기를 나누었다. 짐바브웨에서 선교하는 60대

중반의 형 가족을 방문 중인 동생 내외 일행이었다. 두 시간의 크루즈를 마치고 부두에 내리니 현지 민속공연단이 요란한 북소리와 민속춤으로 작별을 아쉬워했다.

잠베지 강 크루즈… 미국 친구들

4

내전 없는 잠비아^{Zambia}

-리빙스턴 33년 탐험 종착지-

'한국은 우리보다 못살았다'
리빙스턴이 최후를 맞은 곳
내전 없는 평화의 나라
로디지아 니아살랜드 연방

'한국은 우리보다 못살았다'

1990년 한국과 수교하고 14년 후인 2014년 서울에 부임한 초대 주한 잠비아 대사. 부임 후 우리 기자와 첫 인터뷰한 내용 중에 기억에 남는 내용이 있다. 1964년 영국으로부터 독립하였을 당시 잠비아는 한국과 경제수준이 큰 차이가 없었으며 오히려 잠비아가 좀 나은 형편이었다고 회고한 것이다.

사실 그의 말은 맞는 말이었다. 당시 한국은 아프리카의 신생국과 비슷한 수준의 가난한 나라였었다. 그리고 그는 50년이 지난 지금 한국의 경제발전을 언급하며 가히 기적을 이룬 나라라고 표현하였다. 도착

소감을 밝힌 그는 경제전문가인 자신을 한국에 대사로 파견하여 한국 경제 발전의 노하우를 배워 오라는 잠비아 대통령의 당부가 있었다고 말했다. 이번 아프리카 여행을 하면서 잠비아라는 나라를 살펴보면서 새삼 가슴 저린 얘기로 기억되었다.

잠비아 공화국은 바다가 없는 중남부 아프리카 중심부 내륙국으로 해발 900m~1,500m의 고원지대에 있다. 열대성 사바나 기후로 우기와 건기가 뚜렷하다. 한반도 3.4배 되는 넉넉한 땅에 인구는 1,500만 정도 사는 비교적 주거환경이 좋은 나라이다. 인구의 90% 이상이 반투어군의 종족으로 대부분이 기독교인들이다. 잠비아라는 국명은 이 나라 남부를 지나는 잠베지Zambezi 강에서 딴 것이다. 잠베지 강의 상류 짐바브웨와 국경에 빅토리아 폭포가 있어 바다가 없는 자연을 다소 보상한다. 1인당 국민소득은 1,700달러 정도로 그리 잘사는 나라는 아니다. 구리와 같은 광물자원이 풍부한 나라다.

잠비아 사람들

리빙스턴이 최후를 맞은 곳

잠비아는 탐험가 리빙스턴이 최후를 맞은 곳이다. 28세에 아프리카에 발을 들여 놓은 그는 모두 세 차례에 걸쳐 33년간 아프리카 탐험에 일생을 보냈다. 마지막 여정에서 말라리아에 걸려 사경을 헤맸을 때 스탠리에 의해 탕가니카 호변에서 구출되었었다. 고국으로 돌아가자는 스

리빙스턴의 최후 치탐보 마을 기념비

탠리의 요청을 마다하고 다시 탐험길에 나선 지 2년이 못 되어 1873년 5월 1일 그는 이곳 **치탐보** 마을에서 생을 마감했다. 리빙스턴의 심장을 묻었던 곳에는 지금 그의 추모비가 세워져 있다. 유해는 영국으로 옮겨졌다.

내전 없는 평화의 나라

세계평화지수GPI, Global Peace Index에 따르면 잠비아는 아프리카에서 가장 평화로운 나라 중 하나다. 아프리카 여러 나라들이 독립 후 내전들을 치르며 많은 희생자를 내고 혼란을 겪었지만 이 나라는 그런 분쟁이 없이 비교적 평온하게 자립의 길을 걸어왔다.

1990년 이후 일당 독재를 불식하고 복수정당제 민주주의가 탄생하여 민주주의의 길을 걷기 시작하였다. 대통령들은 평화적으로 민주적 방식의 선거에 의해 선출되었으며 정치적으로도 안정을 누리고 있다. 서구식, 미국식의 민주주의와 똑같은 수준의 민주주의는 아니더라도

다당제에 의회가 있고 임기가 되면 국민들은 자유로운 선거로 그들의 의사를 반영하고 지도자를 뽑는다.

잠비아는 한때 세계 최대 구리銅 생산국이었다. 잠비아 외화소득의 65%를 차지하는 중요한 자원이었다. 2010년대 초부터 발생한 구리 가격의 하락은 잠비아 경제에 큰 타격을 입혔다. 국제가격이 하락했음에도 구리 생산, 수출은 지속적으로 이루어지고 있으며 이 나라 경제를 지탱하고 있다.

비산유국인 잠비아는 원유를 구입하기 위해 더 많은 재정지출이 필요했다. 구리 의존도를 줄이기 위해 농업투자를 늘려 식량 자급자족을 이루고 잉여량은 수출로 돌렸다. 농업은 잠비아 산업의 21%를 차지하는 중요 산업이 되었다. 서비스업이 43%, 제조업 35%로 구리, 코발

잠비아 빅토리아 폭포

트, 담배 등을 수출한다. 빅토리아 폭포와 여러 폭포들을 거쳐 내려오는 잠베지 강 수자원을 이용하여 수력에너지를 개발하고 관광 산업 육성에 힘썼다.

빅토리아 폭포는 세계 유수의 관광자원이다. 폭포의 60% 정도는 잠비아 땅에 있다. 짐바브웨 쪽에서 사열하듯 걸으면서 맞은편 경치를 보는 게 장관이다. 잠비아 쪽에서는 계곡 멀리 제한된 시야로 들여다볼 수 있다. 브라질 이구아수 폭포 구경 방법과 같다.

로디지아 니아살랜드 연방

잠비아의 식민사는 이웃 짐바브웨와 묶어서 볼 수 있다. 두 나라가 같은 시기에 한 지역으로 영국의 지배를 받았기 때문이다. 현 잠비아와 짐바브웨는 영국의 탐험가 리빙스턴Livingstone이 빅토리아 폭포를 발견하고 잠베지 강을 따라 동진하면서 영국과 현지인들의 접촉이 시작되었다.

1870년 현지 은데벨레족의 지배자왕가 영국 남아프리카 회사와 계약을 맺고 지역 내 광업권을 내주면서 영국의 영향 아래 들어가게 되었다. 영국은 대가로 무기를 대주면서 1891년 이 지역을 보호령으로 만들어 로디지아라는 지명이 생겼고 1911년에는 남, 북 로디지아로 분리하였으며 1923년 자치정부를 가진 영국의 식민지로 백인정부가 들어섰다. 오늘의 짐바브웨를 남 로디지아로, 잠비아를 북 로디지아로 하여 두 지역을 함께 관할하였다.

1920년대부터 북 로디지아의 구리 자원을 탐낸 남 로디지아의 백인

정권이 연방결성을 주장하여 1953년 남부 니아살랜드오늘의 말라위까지 합하여 **로디지아 니아살랜드 연방**Rhodesia Nyasaland으로 통합해서 다스렸다. 연방 성립 후 남 로디지아의 솔즈베리를 연방수도로 정하고 철도건설, 항공사업 등 교통망을 건설하고 1959년 잠베지 강 중류에 60만kW, 세계 굴지의 카리바Kariba 댐 수력 발전소를 완공하였다. 댐으로 생긴 협곡의 카리바 호는 길이 220km, 폭 40km, 담수 면적 5,580 평방km로 아프리카에서는 큰 호수 중 하나다.

이 발전소는 오늘날 잠비아와 짐바브웨 국경 경계선에 위치하는데 발전시설은 짐바브웨 측에 있다. 건설 당시 사정을 생각하면 아프리카 내륙 오지에 그렇게 큰 댐을 건설한 것은 실로 놀랍기만 하다. 두 나라가 독립 후 호수의 귀속과 전력배분 문제로 분쟁이 있었으나 현재는 두 나라가 공동으로 전력을 공급받고 있다.

연방 결속을 시도한 영국의 선심성 대규모 건설공사에도 불구하고 연방의회 59석 중 47석을 백인들이 차지하여 아프리카인들의 불만이

카리바 댐

커지고 폭동이 일어나면서 연방은 1963년 해체되었다. 이듬해 북 로디지아는 잠비아로, 남 로디지아는 로디지아로, 그리고 니아살랜드는 말라위Malawi로 분리되었다.

북 로디지아는 1964년 독립하여 흑인정권이 들어섰으나 로디지아는 흑인 독립단체들이 분열과 대립하는 와중에 이언 스미스 백인정권이 독립을 선언하고 출범하였다. 이후 로디지아는 흑인국가를 건설하려는 로버트 무가베 좌경 급진파의 게릴라전으로 백인정부와 대립했으며 국제적 비난을 받은 백인정권은 일시 흑백공동정권의 과도기를 거쳐 1980년 총선으로 흑인정권이 들어서고 국명을 짐바브웨로 출범하게 되었다.

신생 독립국들이 새로 출범할 때는 그 나라를 상징하는 국기를 창안하여 만든다. 국기에는 그 나라의 역사와 미래로 지향하는 가치관들이 그려져 있다. 잠비아 국기에는 천연자원, 국민, 자유를 위한 투쟁, 풍부한 광물자원을 나타내는 네 개의 색깔이 있다.

5

부시맨의 나라 보츠와나^{Botswana}

-주먹만 한 다이아몬드가 나오는 나라-

'The Gods must be crazy'… 부시맨

부시맨^{Bushman}

정치 안정국

세기의 로맨스

초베^{Chobe} 국립공원 사파리 투어

주먹만 한 다이아몬드 원석 또 발견

'The Gods must be crazy'… 부시맨

아프리카를 소재로 한 영화들 중 기억에 남아 있는 영화로 '아웃 오브 아프리카^{Out of Africa, 1986년}'와 또 하나 '부시맨'이 있다. 1980년에 제작된 영화 부시맨은 세상 사람들에게 아프리카를 알리는 데 크게 기여했다. 원제는 'The Gods must be crazy'이다. 보츠와나 남아프리카공화국 합작으로 제작한 이 영화는 보츠와나, 남아공 사막에 사는 부시맨의 삶을 재미있게 희화戲畵한 영화다.

칼라하리 사막에 사는 부시맨 족 마을에 어느 날 지나가던 비행기 조종사가 버린 코카콜라 병이 떨어졌다. 난생처음 보는 신기한 물건에 부시맨들은 신이 보낸 물건이라 생각하고 평화롭던 마을이 시끄러워진다. 부시맨 족 자이주인공는 평화의 마을을 깨트리는 콜라병을 세상의 끝에 가져가 신에게 돌려주려 여행을 떠난다. 여행 중 백인 동물학자와 여기자를 만나면서 바깥세상의 문명인들을 처음 접하게 되고 아프리카 정부군과 반군의 충돌을 보면서 좌충우돌하는 소동이 벌어진다.

부시맨(영화)

영화는 몇 편 속편으로 이어지면서 순수한 부시맨 족 자이의 눈에 비치는 물질만능주의 현대문명을 해학적 시각으로 풍자한 코미디 작품으로 실제 부시맨 족 니카우1943~2003가 주연을 맡았다. 니카우는 나미비아 코이산족 사람인데 처음 300달러를 받고 출연했지만 후속편에서는 우리 돈 7천만 원의 출연료를 받았다. 그는 출연료로 가족들을 위해 전기와 수도가 설치된 벽돌집을 지었다. 일시 영화배우로 활약한 그는 은퇴 후에도 농사를 짓고 가축을 기르며 살았다. 60세에 폐결핵으로 사망했다.

부시맨Bushman

부시맨은 특정 종족이나 부족의 이름이 아니라 현대식 생활방식을 멀리하고 그들만의 전통방식을 고수하며 사는 산족들을 가리킨다. 남아공 보어인들이 사막 수풀 덤불에서 산다고 부시맨이라 불렀다고 한다. 반투족 등 다수파 부족에게 밀리고 보어인남아공에 정착한 네덜란드인들의 후예 등 서양인들에게 쫓기면서 지금은 10만 정도만 남아 칼라하리 사막에 살고 있다. 종족적으로는 코이코이인, 바스테르인 등에 속하는데 보츠와나55,000, 나미비아27,000, 남아공10,000, 앙골라5,000 등에 분포되어 있다.

칼라하리Kalahari 사막은 보츠와나 남서부, 남아공 서북부, 나미비아 남동부에 걸쳐있는 사막인데 모래사막이 아니라 다소의 풀이나 관목, 야자나무가 산재하며 삼림도 부분적으로 있는 해발 820~1,200km의 초원지대이다. 1849년 영국의 탐험가 리빙스턴이 처음 횡단하였으며 1878년 남아공의 보어인들이 영국에 밀려 300대의 우차를 끌고 횡단하여 앙골라 쪽으로 정착했다.

부시맨들은 사회적, 정치적 성향이 없어 20~30명 또는 40~50명의 집단으로 지역 영내를 이동하면서 살고 있다. 평균 150cm 단신의 부시맨들은 작고 간소한 집에서 가족별로 산다. 나무나 돌로 만든 간단한 도구류의 가재가 있을 뿐이다. 남자들은 사냥, 여자들은 식물채집으로 생계를 유지한다. 사냥은 활이나 올가미로 영양, 여우 등을 잡는데, 쇠로 된 화살촉은 주요 교역품이다. 집단의 구성원은 평등하며 수렵물은 균등하게 분배한다. 달과 별을 숭상하는 신앙이 있다.

보츠와나 정부는 칼라하리 사막에 살고 있는 2천 명 산족들을 바깥세상으로 끌어내어 정착촌에 살게 했지만 삶의 뿌리가 뽑힌 산족들은 알코올 중독자가 되거나 에이즈에 감염되어 뿔뿔이 흩어져 버렸다. 239명의 부시맨들이 정부에 소송을 내어 법원은 부시맨들이 칼라하리 사막 보호구역에서 살 권리가 있으며 사냥허가를 내주지 않는 것은 그들에게 굶어 죽으라는 것과 같다며 그들의 전통적 생활방식을 보장해 줘야 한다고 판결했다.

이 판결은 원주민의 권리가 인정되지 않았던 아프리카에서 매우 예외적인 것으로 그 의미가 컸었다. 부시맨들이 사는 칼라하리 사막에서 다이아몬드가 발견되면서 보츠와나 정부가 그들을 쫓아내려 했다는 설이 있다.

정치 안정국

남쪽으로 남아공과 국경을 한 남부 아프리카의 내륙국 보츠와나는 아프리카에서 비교적 안정된 나라로 꼽힌다. 원래 이름은 베추아날란드Bechuanaland였다. 땅은 한반도 두 배가 넘지만 인구는 2백여 만으로 대부분 츠와나 한 종족의 기독교 나라이니 분쟁의 요소가 별로 없다. 900m의 고원지대로 건조하지만 목축 농업국으로 금, 다이아몬드, 니켈 같은 광물자원도 있어 국민소득 1만 달러 정도 되는 안정된 나라이다.

많은 나라들이 종족분쟁을 했지만 이 나라는 예외이다. 식민 강국들이 국경선을 그을 때 여러 종족으로 갈라놓지 않은 영향이 크다. 역사적으로 같은 영국의 지배를 받은 남아공과는 우호적이며 지금도 많은 보츠와나 사람들이 남아공에 가서 일하고 있다. 무역이 크지는 않지만 바다가 없으니 철로 편으로 남아공의 항구를 이용한다. 이 나라는 아프리카에서 에이즈 감염률이 가장 높은 나라로 평균 수명이 38세 정도로 나타났다.

19세기 초 영국 탐험가들과 선교사들이 처음 발을 들여놓은 이후 1867년 금맥이 발견되자 케이프 식민지남아공의 보어인네덜란드계 백인들들과 영국이 몰려와 세력다툼이 있었으며 남아공에서 보어 전쟁으로 보어인들이 영국에 밀리자 1895년 영국의 베추아날란드 보호령으로 일부는 영국 케이프 식민지에 편입되었다.

케이프 식민지가 1910년 영국으로부터 독립하여 백인정부 남아연방 South Africa Union이 되어 이들을 병합하고자 했으나 영국이 반대하여 무산되었으며 1966년 보츠와나로 독립할 때까지 영국 식민지로 남아 있었다. 남아연방이 1961년 영국으로부터 독립한 시기와 비슷하게 독립하였다.

세기의 로맨스
식민지 시절 영국은 토착 베추아날란드의 대 추장의 후계인 세레체 카마1921~1980를 영국 옥스퍼드에 유학시켜 독립 후 지도자로 점지하였다. 그는 유학 생활 중 평범한 가정의 영국 여인 루스 윌리암과 결혼하고 귀국하여 독립운동을 하였다. 그들 흑백의 결혼은 영국이나 본국에서 인종차별 문제로 반대에 부딪혔었으나 둘은 결혼을 강행하고 귀국하였으며 독립 보츠와나의 초대 대통령이 되어 선정善政하였다.

그들의 결혼은 2016년 '오직 사랑뿐The United Kingdom'이라는 영화로

세레체 카마 초대 대통령 가족

만들어져 인종차별 문제를 사랑으로 승화시킨 세기의 로맨스로 미화되었다. 그도 그럴 것이 아프리카의 왕자가 세계를 지배한 대영제국의 명문대학에 유학하여 백인 영국 처녀와 결혼하고 아프리카 땅에 데려와서 왕이 된 일은 거의 없었기 때문이다. 마치 독일 하이델베르크에서 유학한 왕자의 사랑을 그린 '황태자의 첫사랑' 정도로 생각할 수 있다.

영화 제목도 재미있다. 가난한 한 아프리카 나라 흑인 왕자가 유럽 선진국에 유학하여 백인 처녀를 만나 결혼한 것도 예사는 아니다. 정치적, 인종적 이유로 주변의 반대에도 불구하고 당사자들은 뜻을 굽히지 않고 사랑을 이루었으며 금의환향하였다. 그리고 자신이 유학했던 영국으로부터 독립운동을 하여 신생 독립국의 왕대통령이 되었으니 그야말로 흑백의 결합이 이룬 인종적 통일왕국이라는 'United Kingdom'은 의미가 있다.

더더구나 이들 흑백 부부가 다스린 보츠와나가 다른 나라와 달리 평화롭고 분쟁이 없는 나라로 번영하도록 선정을 베풀었으니 금상첨화

다. 그를 이은 역대 지도자들은 평
화적 정권교체를 이루어 아프리카
정치에 모범국이 되었다. 종족분쟁
과 독재자 부정으로 얼룩진 여러
다른 나라들과는 많이 다르다. 가
정적으로도 부부애가 두터웠고 아
들딸 잘 낳아 모범가정을 이루었으
며 그의 아들은 4대 대통령이 되었
다. 그는 한국을 방문하여 박근혜
대통령과 정상회담도 가졌었다. 그

영화 '오직 사랑뿐'

들의 이야기는 충분히 영화로 만들어질 만한 소재가 되고도 남았다.
그가 살아 있으면 금년 100세이다.

초베Chobe 국립공원 사파리 투어

빅토리아 폭포를 보고 하루 일정의 보츠와나 초베 국립공원 투어에
나섰다. 현지 여행사 차로 짐바브웨 국경을 넘어 목적지 보츠와나 초베
국립공원까지는 출입국 절차를 포함하여 두 시간 정도 거리였다. 일행
은 10명 정도. 멀리 우크라이나에서 온 젊은이들과 함께한 하루는 즐
거웠다. 배낭 멘 노년의 동양 신사가 러시아 말을 할 줄은 꿈에도 생각
지 못했단다.

보츠와나 북부 초원과 늪지대에 있는 초베 국립공원은 세계에서 가
장 큰 코끼리 서식지이다. 12만 마리 정도가 산다고 한다. 국경을 통과
하여 초베 강변 나루터에 도착하여 배를 타고 이동하며 늪지 야생동
물들을 관찰하고 다시 초원에 올라 사파리 짚에 다섯 명씩 분승하여

사파리 짚. 우크라이나 젊은이들

맹수들을 구경했다. 가젤 무리, 고고한 기린 가족, 오수를 즐기는 사자…. 그러나 이곳에서 최고의 구경거리는 역시 코끼리 무리였다. 모녀 코끼리의 목욕 잠수 물놀이와 사파리 짚 앞을 가로지르며 길을 건너는 어미 코끼리가 어린 새끼 코끼리를 감싸는 모성애는 감동적이었다. 강변에서 물을 먹고 다시 초원으로 돌아가는 백여 마리의 무리 떼는 장관이었다.

주먹만 한 다이아몬드 원석 또 발견

보츠와나는 아프리카 유수의 자원국이다. 2021년 6월 1일 이 나라에서 엄청 큰 다이아몬드 원석이 발견되었다. 뎁스와나Debswana 회사 즈와넹 광산에서 발견된 이 원석은 길이 73mm, 너비 52mm, 두께 27mm… 1,098캐럿…. 웬만한 아이 주먹 크기다. 세계에서 발견된 다이아몬드 중 세 번째로 큰 것이다.

가장 큰 원석은 1905년 남아공에서 발견된 3,106캐럿짜리였으며 두 번째는 역시 지난 2015년 이곳 보츠와나에서 발견된 1,109캐럿짜리로 5,300만 달러 604억 원에 팔린 바 있다. 이 다이아몬드는 영국 회사가 매입, 세공하여 영국 왕실 왕관 보석

2021년 6월 발견 원석을 보이는 대통령

으로 쓰였다. 보츠와나 정부는 판매 수익의 80%를 징수할 예정이어서 코로나 사태로 어려운 정국에 수천만 달러의 재정 수익을 얻게 되었다. 모크위치 마시시 대통령은 공개 기념행사를 개최하고 젊은 광부들의 노고를 치하했다. 보츠와나 정부 회사인 뎁스와나 회사는 캐나다 채굴 회사 루카라와 합작회사이다.

보츠와나. 초원과 사막과 강이 있는 나라. 금, 다이아몬드, 구리, 니켈 등 자원이 있는 나라. 게다가 종족분쟁이 없는 적은 인구의 나라. 지도자들이 비교적 바르게 정치를 하는 나라. 에이즈 감염 나라라는 오명만 벗을 수 있다면 아마 아프리카에서 안정된 1등 국가로 손꼽힐 수 있을 것이다.

6

대서양 연안 사막 나미비아^{Namibia}

-사막, 초원, 해양… 관광자원 고루 갖춰-

독일 지배 향수
남아공엔 날 세워
스릴 만점 사막 드라이브
물개섬 크루즈

나미비아 사막

나미비아는 아프리카 남서해안 사막의 나라이다. 남으로 남아공, 북
으로는 앙골라, 동으로는 보츠와나와 접하고 있다. 땅은 한반도 4배에
가깝지만 인구는 강원도보다 조금 많은 210만이다. 내륙에 수도 빈트
후크Windhoek가 있고 대서양 해안에 독일이 건설한 몇 개의 도시가 있
다. 나라 전체가 대서양에 연한 사막지역이며 북부는 야생동물들이 사
는 초원지대로 에토샤Etosha 국립공원이 있다.

1884년부터 1915년까지 독일령 남서 아프리카South West Africa 식민지
로 불리며 자원을 수탈당하고 이후 남아공의 지배를 받다가 1990년 독
립하였다. 남서 아프리카라는 국명은 1968년 나미비아로 개칭하였다.

독일 지배 향수
나미비아는 독일 식민지로 31년, 남아공 식민지로 70여 년을 지냈다.
현지에 도착해서 여기저기를 보며 느낀 것은 나미비아가 독일에도 크게
당했지만 남아공 식민지 시절이 더 어려웠다고 현지인들이 인식한다는
것이었다. 독일과는 20세기 초 식민지 대학살의 역사가 있다. 1904년
독일의 수탈에 반기를 들고 일어선 나미비아 헤레로Herero족이 독일인
123명을 살해한 대가를 치른 것이다. 현지 독일 점령군 사령관로타르 폰
트로타은 보복으로 헤레로족 몰살을 지시했고 헤레로족은 물론 봉기에
동참한 나마족까지 약 10만 명이 무참히 학살되었다. 1908년까지 계속
된 학살로 8만 명이었던 헤레로족은 1만 5천 명으로 줄었다. 독일의 나
미비아 대학살은 끔찍한 역사로 남아 있다.

수도 빈트후크의 역사박물관을 둘러보며 독일의 대학살 기록과 남
아공에 대항하여 독립운동을 한 투쟁의 역사를 보며 현지인들의 생각

독일의 헤레로족 학살

을 읽을 수 있었다. 독일에 대해서는 그래도 포용적인 정서를 읽을 수 있었지만 남아공에 대해서는 아직도 앙금이 남아 있는 정서를 감지할 수 있었다.

독일의 나미비아 식민지배 흔적은 대서양 해안의 작은 도시 스바코프문트Swakopmund에서 피부에 닿게 느껴졌다. 인구 1만 6천 명, 1892년 독일이 건설한 작은 도시다. 독일풍 건물과 주택들, 거리 이름, 회사 이름이며 가게 이름들이 독일어로 되어있다. 해변가 요지에 독일 식민지 역사관이 있다. 독일 식민지 시절의 역사자료와 사진들,

나미비아 원주민

독일제국의 문장과 당시 독일군 장교의 복장, 무장 그리고 식민지 시절 독일 황제 빌헬름 2세의 사진과 가족사진까지 전시해 놓았다.

독일 정부의 지원으로 지었다고는 하지만 독일 식민지 시절을 지우려는 정서는 읽을 수 없었다. 독일이 옛 식민지배 시절의 과오를 사과하고 많은 지원을 해 주고 있다고는 하지만 낙후된 이 나라가 선진국을 보는 현실적 현상인 듯하다. 그런 정서를 아는 듯 독일인 관광객들은 마음 편하게 많이 찾아온다. 우리 국립박물관에 일본 히로히토 사진을 걸어 놓고 일본 관광객이 드나드는 격이다.

남아공엔 날 세워

나미비아는 20세기 말까지 남아공의 극심한 인종차별을 받으며 독립 투쟁을 했던 역사가 있다. 남아공은 다이아몬드, 우라늄 등 자원이 풍부한 나미비아를 1915년 무력으로 침공하였으며 1946년 신설된 유엔의 반대에도 불구하고 남아연방의 다섯 번째 주로 편입시켰다. 1966년부터 나미비아의 본격적 독립운동은 원주민 독립단체 남서 아프리카 인민기구SWAPO와 남아공 간의 대립이었다.

이웃 앙골라와 잠비아, 앙골라에 주둔한 쿠바군 등 공산주의 국가들

나미비아의 대 남아공 독립투쟁

의 지원을 받는 SWAPO는 중무기로 세력을 확대하였으나 미국의 지원을 받는 남아공에는 열세였다. 미국은 인종차별의 인권적 문제보다 반공을 이념으로 삼는 남아공을 지원하고 있었으나 동서냉전이 종식되자 이념 문제보다 인권 문제로 회귀하였다. 소련도 공산권 아프리카 나라들에 대한 지원을 중단하자 결국 남아공은 새로운 국면에 처하게 되었으며 나미비아는 유엔의 적극 중재로 1990년 독립하게 되었다. 아프리카에서는 최근 독립국이 된 나라이다.

나미비아 사막

스릴 만점 사막 드라이브

스바코프문트에서 한 시간 남쪽에 왈비스 베이Walvis Bay라는 인구 65,000의 항구도시가 있다. 1487년 포르투갈 탐험가가 처음 발견한 천연항구이다. 전략적 요충지로 여겨져서 남아공은 1990년 나미비아 독립 후에도 계속 지배하다가 1994년에야 돌려주었다. 이곳은 사막체험, 해양관광 등 나미비아의 관광중심지이다. 북동쪽 초원지대에는 야생동물관광자원도 있다. 사막체험은 사륜구동 짚차에 3~4명의 관광객을

나미비아 사막 드라이브. 폴란드 친구들과

태우고 사구砂丘, Dune, 사막의 언덕를 오르내리며 질주한다. 45도 경사를
내려 달릴 때는 비명을 지르고 스릴 만점이었다.

물개섬 크루즈

항구에서 30~40명이 배를 타고 먼 바다로 나가 물개 서식지를 돌아
보는 물개섬 크루즈는 일품이었다. 크루즈 배가 항구를 떠나 전속력으
로 질주할 즈음 어디선가 물개 한 마리가 전속력으로 배를 따라붙었
다. 물개는 기어이 배 위로 점프해 올라오더니 이리저리 손님들 사이를
헤집고 다니며 가이드가 던져 주는 먹이를 받아먹고 사진도 함께 찍게
포즈를 취한다. 우연히 따라왔었는지 훈련된 녀석이었는지 모르겠지만
친 인간 물개는 단연 인기였다.

부리가 기다란 펠리컨들도 달리는 배 위를 맴돌다가 손님들 틈에 내

물개섬 크루즈

려앉아 눈치를 살피며 먹이를 구한다. 역시 사람과 친한 녀석들이었다. 배는 물개 떼로 까맣게 덮인 물개섬 연안에 멈추어 요란한 울음소리를 내는 수만 마리의 물개 떼를 구경했다. 아프리카에서는 예상치 못한 바다 풍경의 장관이었다.

7

킬리만자로 탄자니아^{Tanzania}

-야생동물의 왕국 사파리 투어-

스와힐리의 중심 탄자니아
킬리만자로의 눈^雪
야생동물의 왕국 사파리 투어
동아프리카 교통의 요충 다르에스살람

스와힐리의 중심 탄자니아

탄자니아 최대 도시이며 정치, 경제의 중심인 항구도시 다르에스살람
Dar es Salam에서 경비행기 편으로 탄자니아 자연관광의 중심 아루샤
Arusha까지 한 시간 정도 비행했다. 창밖으로 내려다보이는 탄자니아의
초원은 여기가 아프리카인가 의심할 정도의 옥토로 보였다. 아루샤는
킬리만자로 서쪽 80km, 메루산^{4,565m} 기슭 1,350m 고원에 있는 인구
5만 정도 도시다. 킬리만자로와 초원 사파리 투어의 출발지이다.

탄자니아…. 아프리카 중동부 인도양을 끼고 있는 나라. 여행객에게
비교적 안전한 나라이며 킬리만자로, 세렝게티, 응고롱고로, 빅토리아

킬리만자로

호수, 마사이족 등 평소에 관심을 가졌던 아프리카 대자연들과 풍물들을 고루 가진 관광국이다. 한반도 4.3배 땅에 5,600만2018, 월드뱅크 인구가 사는 이 나라는 1885년부터 독일 보호령이었으며 1차 대전 중인 1916년 영국이 점령하여 1961년까지 45년간 식민지배를 받았다. 식민지 시절에는 탕가니카Tanganyika였으며 독립하면서 잔지바르Zanzibar와 합병하여 탄자니아Tanzania로 나라 이름을 바꿨다.

언어는 영어와 반투Bantu어군의 스와힐리Swahili어이다. 스와힐리는 탄자니아, 케냐, 모잠비크 등 남동 아프리카 해안 일대에 사는 사람들인데 이들이 쓰는 언어를 스와힐리어라고 한다. 탄자니아, 케냐, 우간다 등 동아프리가 지역에서 널리 쓰이는 언어이다. 500만 동부 아프리카인들이 첫 번째로 쓰는 언어이며 5천만 인구가 두 번째 언어로 쓰고 있다.

반투족은 반투어군의 아프리카 흑인들이다. 해안지방은 열대성으로 고온 다습하지만 내륙은 고원지대여서 아프리카답지 않게 1년 내내 기후가 좋아 머무는 동안 전혀 불편이 없었다. 이슬람, 기독교, 토속종교가 1/3 정도씩 균등한 이 나라는 마사이족 등 129개 종족들이 함께 살지만 종족 간 분쟁 없이 평온하게 산다. 인구는 거의가 흑인이다.

탄자니아 미인

자치주 섬나라 잔지바르 주민들의 경제적 불균형에서 오는 불만으로 탄자니아 정부와 마찰이 있지만 워낙 작은 섬이라 크게 신경을 쓰지는 않는 것 같다. 1965년 니에레레 대통령 이래 현재까지 무리 없는 정권교체가 평화적으로 이어지고 있다. 1인당 국민소득 936달러의 저소득 국가이지만 IMF 등 국제금융기구의 권고를 수용하여 외국인 투자를 적극 수용하여 시장경제 기조를 이어가고 있다. 광물, 농산물 등 원자재 수출에 의존하고 인플레이션과 극심한 무역적자, 외채, 외국원조에 의존하는 경제구조, 관료주의 등이 경제발전에 장애가 되고 있다. 넓은 국토를 관리하는 통신, 도로 등 인프라가 아직 열악하다.

킬리만자로의 눈雪

죽음을 앞두고 잃어버린 사랑과 모험으로 가득 찼던 자신의 삶을 되돌아보는 기자 출신 미국 소설가 헤리 스트리트… 아프리카 오지로 사냥여행을 떠났다가 킬리만자로 산기슭 중턱에서 패혈증에 걸려 죽음의 고비에 이른다. 구원을 기대할 수 없는 빈사 상태에서 정상에 쌓인 눈을 바라보며 그는 지난날들을 회상한다.

반성과 회한으로 다가오는 과거들…. 미국, 파리, 스페인에서 보낸 아름다운 기억들과 함께 아프리카 초원에서의 맹수 사냥, 깨진 첫사랑의 아픔, 자기 소설의 모델인 신디아와의 사랑, 신디아를 닮은 미망인 헬렌과의 결혼…. 갖가지 추억들이 고열에 신음하는 그의 뇌리를 스쳐 간다. 사경을 헤매던 그는 기적적으로 회생하여 살아난다.

그레고리 펙, 에바 가드너, 수잔 헤이워드가 열연한 1937년 영화 '킬리만자로의 눈The Snow of Kilimanjaro'. 헤밍웨이 작품이다.

아프리카 최고봉인 5,895m 킬리만자로가 이 나라에 있다. 적도 부근에 있지만 만년설을 이고 있다. 서울에서 출발하기 전부터 아프리카의 킬리만자로를 보리라는 기대가 컸었다. 북쪽 케냐와의 국경 부근에 있어서 어느 쪽에서나 잘 보이지만 산에 오르려면 탄자니아로 들어가는 게 일반적이다.

높기도 하지만 산정까지 등정은 단단한 준비가 필요해서 멀리서라도 뚜렷하게 볼 수 있기를 바라며 아루샤에서 하루 쉬고 킬리만자로의 관문, 오시Oshi로 향했다. 택시로도 갈 수 있었지만 경험도 해 볼 겸 아프리카 현지인들이 타는 로컬 버스로 이동했다. 오시는 자그마한 산 아래 동네인데 킬리만자로로 오르는 세계인들이 모여드는 곳이다. 낮에는

오시에서 보이는 킬리만자로

구름에 가려 산정이 보이질 않고 이른 아침에야 모습을 드러낸다.

　오시의 아늑한 호텔에서 편히 쉬고 설레는 마음으로 아침 일찍 시내 고지대의 시야가 좋은 곳에 이르니 말로만 듣던 킬리만자로가 멀리 눈앞에 우뚝 섰다. 만년설의 웅장한 정상에서 양쪽으로 능선이 길게 뻗어있다. 한동안 눈을 떼지 못하고 한자리에 오래 머물렀다.

　멀리서 킬리만자로의 위용을 보았으니 아침에 택시를 대절하여 산속 마을 마랑구Marangu로 올라갔다. 이 마을은 여섯 개의 등산로 중 등산객들이 가장 많이 찾는 관문으로 해발 1,879m에 있는 산간마을이다. 여기서 정상까지 34km를 5~6일 왕복해야 한다. 유럽 등반객들이 주로 많은데 셰르파들이 짐을 지고 7~8명씩 그룹으로 오른다. 도중에 야영을 하면서 가야 하니 텐트며 취사도구, 음식물까지 짐은 꽤 무거워 보였다. 그러나 입구에서 셰르파들의 짐은 정량을 초과하지 않도록 계량이 된다. 셰르파들과 함께 등정에 오르는 패기의 젊은이들을 바라보노라니 부럽기만 했다.

킬리만자로 마랑구 관문   등산 준비에 바쁜 셰르파들

마랑구 마을의 어린이들. 하학길

　마랑구 관문 구경을 마치고 마을 커피농장에 들르려고 내려가는 길
에 마침 학교에서 하학하는 어린이들이 맞은편 멀리서 다가오기에 창
밖으로 손을 흔들었더니 열심히 손을 흔들며 차를 세웠다. 귀엽기도
하여 차를 세워 카메라를 들었더니 모두 모여 재롱을 피우는 것이었
다. 몇 컷을 찍게 하더니 손을 흔들며 빠이빠이 하며 멀리 사라졌다.

낯선 동양인 어른이 신기하게 보였던 게다. 이번 아프리카 여행에서 가장 뇌리에 남는 기억이 되었다.

야생동물의 왕국 사파리 투어

우리 눈에 많이 익은 동물의 왕국 프로들. 철 따라 대 이동하는 수만 마리 누Gnu 떼들과 굶주린 사자들의 쫓고 쫓기는 추격… 강물에 뛰어들어 필사적으로 헤엄쳐 건너는 누 떼들을 덮치는 악어 무리들…. 이런 장관을 기대하고 아프리카의 초원을 찾는다면 대개의 경우는 실망하게 될 것이다. 그런 광경은 TV에서나 볼 수 있다. 프로정신을 가지고 기다려 촬영해야 하고 때와 장소가 맞아야 하며 기동성과 접근성이 있어야 한다.

이번 아프리카 여행에서 잡히고 먹히는 긴박한 장면은 아니었지만 그래도 근사한 야생동물 무리들을 가까이서 볼 수 있었던 기회는 여러 번 있었다. 아프리카 야생동물 중 사자, 표범, 코뿔소, 버팔로, 코끼리는 다섯 맹수라고 하여 Big 5로 불리는데 사파리 투어를 할 때는 이들 중 몇이나 볼 수 있는지가 관광객들의 관심사가 된다. 초원의 야생동물을 보려면 사파리 투어Safari Tour를 한다. 탄자니아에서는 아루샤Arusha가 그 전초 기지이다. 사파리 투어가 출발하는 기지도시이며 원래 마사이족의 마을이었다.

여기서 사파리 투어는 두 가지 선택이 있었다. 하나는 서쪽 깊숙이 세렝게티Serengeti 초원으로 멀리 가서 3~4일간 텐트 야영을 하며 야생동물들을 찾아다니는 일정인데 기대하는 감동적 관찰을 보장할 수 없다는 문제가 있다. 현지에서는 이를 '사파리 게임'이라 한다. 다른 하

응고롱고로 화산분지

나는 같은 서쪽의 응고롱고로Ngorongoro 분지 투어이다. 아침 일찍 새 벽에 떠나서 저녁 늦게 돌아오는 하루 일정인데 초원과 화산분지를 함 께 구경하는 일정이다. 세계에서 가장 큰 화산분지를 한눈에 조망할 수 있고 분지 속으로 내려가서 야생동물들을 볼 수 있는 일정이다.

응고롱고로는 화산분화구이다. 백두산 천지쯤으로 생각했지만 사방 이 산으로 둘러싸인, 지름이 20km나 되는 넓은 초원분지였다. 해발 2,300m 관망대에서 해발 1,800m의 넓은 평원분지를 내려다보면 이곳 이 화산분화구인가 싶다. 하지만 이곳은 함몰 칼데라Caldera라는 화산 분화구이다. 물이 차 있는 분화구도 있다.

마사이족 마을을 지나 20분 정도 분지로 내려가니 엄청나게 넓다. 초원과 물과 선선한 기후는 야생동물의 천국이다. 들소와 가젤 얼룩말들이 무리지어 풀을 뜯고 하이에나 사자들이 곳곳에 앉아 있다. 서로들 지근거리에 있지만 배들이 불러서인지 조용히 바라만 보고 있다.

사자 두 마리가 우리 짚 차로 어슬렁거리며 오더니 내 발밑 바퀴 옆에 눕는다. 시장기가 올 무렵 수십 대의 사파리 짚 차들이 약속이나 한 듯 능선 산 밑 나무그늘로 모여서 현지 여행사가 준비한 도시락을 먹으며 환담을 나누었다. 관광객은 대부분 유럽 사람들이었다. 응고롱고로는 야생동물이 살기에 최상의 요건을 갖춘 서식처이다.

동물의 왕국 응고롱고로 분지

동아프리카 교통의 요충 다르에스살람

다르에스살람Dar es Salam은 케냐의 몸바사 항과 함께 동아프리카 인도양 양대 무역항 중 하나다. 탄자니아 최대 도시이며 무역항구로 이 나라 해운의 80%를 취급하고 있다. 인구 280만의 이 도시는 탕가니카 탄자니아의 수도였다. 지금도 수도 역할을 하고 있다.

내륙 고원지대에 인구 20만의 작은 수도 도도마Dodoma가 따로 있지만 한국 대사관과 각국 대사관, EU 등 국제기구들과 여러 나라 무역관 상사주재원들이 상주하고 있다. 1862년 잔지바르 술탄이 축항했다. 1891년 독일이 일시 점령하였었으나 1차 대전 후 영국 통치하 탕가니카의 수도였었다.

내륙지방 탕가니카 호수와 빅토리아 호수까지 연결하는 철도가 있어 해양과 내륙을 연결하는 아프리카 횡단교통으로서 중요한 역할을 한다. 국제공항은 물론 잔지바르를 왕래하는 여객선이 있어 선착장은 분주했다. 보따리 상인들이 많이 이용한다. 해변이 가까운 외국 공관 무역관 거리는 마치 싱가포르의 한 블록을 걷는 듯 조용하고 한적한 분위기였다. 여기서 사 먹은 맥도날드 햄버거의 맛은 지금도 잊을 수 없다.

8

이슬람 노예무역 거점 잔지바르^{Zanzibar}

-역사와 휴양이 함께하는 동아프리카의 명소 섬나라-

아랍 오만제국의 노예무역 기지
아랍 몰아낸 이슬람 흑인나라
향신료농장 투어
후추, 계피, 고추냉이^{와사비} 마력

아랍 오만제국의 노예무역 기지

탄자니아 본토에서 가시거리에 있는 잔지바르는 페르시아인들이 건설하여 아랍 상인들이 드나들며 무역 중계지로 삼았던 인도양 섬이다. 페르시아어 잔지Zanzi, 흑인, 바르Bar, 해안의 복합어이다. 중세 때 인도인, 페르시아인, 아랍인들이 오가며 이슬람이 전파되었다.

1498년 희망봉을 돌아 인도로 가는 항로를 개척한 포르투갈 바스코 다 가마Vasco da Gama가 이곳에 들르면서 유럽에도 알려졌다. 1503년부터 포르투갈의 지배를 오래 받아왔다. 17세기 말 1698년 사우디아라비아 반도 남단의 해양강국 이슬람 오만Oman제국이 포르투갈을 몰아

오만제국 술탄 요새

내고 노예무역 기지로 삼았다.

특히 19세기에는 노예무역이 번성
했던 곳으로 케냐, 탄자니아, 모잠비
크 등 인도양 연안 나라들과 내륙지
방에서 팔려온 흑인 노예들이 이곳에
서 집산集散되어 중동 아랍 국가들로
팔려 나갔으며 아랍 상인들은 큰돈을
벌었다. 영국 통치하 노예무역이 금지
될 때까지 이곳 잔지바르는 동아프리
카 인도양 노예무역의 거점이었다. 오

술탄 사히드

만제국의 식민지였지만 오만 본토보다도 부와 영화가 집중되었던 곳이
다. 1739년에는 한때 오만의 수도 역할도 했다.

잔지바르 스톤타운 Stone Town에는 아랍인들이 흑인 노예를 사고팔고 가두었던 노예시장이 있다. 노예무역이 금지된 후 영국 성공회 에드워드 주교

노예시장 지하 노예 감금실

는 상징적으로 그 자리에 교회를 짓고 자신도 그 안에 묻혔다. 대항해 시대 아메리카 대륙으로 가는 서아프리카 대서양 노예무역에 못지않은 동아프리카 인도양 아랍권의 노예무역 기지였다.

스톤타운 북으로 약 40분 거리 해변 숲속에 망갑와니 슬레이브 챔버Slave Chamber가 있다. 노예들을 가두어 두었던 지하 벙커이다. 1873년 노예무역이 금지된 후에도 노

노예시장터.진지한 표정들 (출처: 네이버)

예밀매는 계속되었는데 해변 가까운 이곳 숲속에 잡아들인 노예들을 임시로 가두었다가 야밤에 배로 실어 반출하는 곳이었다. 반지하 벙커는 7~80명을 수용할 수 있는 두 개의 공간이 있다. 백여 미터 되는 숲속을 헤쳐 해변에 이르니 옛 자취는 볼 수 없고 유리알같이 맑은 모래 사장 비치가 아름답게 펼쳐져 있다.

아랍 몰아낸 이슬람 흑인나라

잔지바르는 1856년부터 영국 지배하에 들어갔으며 1873년에는 노예무역이 금지되었다. 1963년 아랍인들의 잔지바르 술탄국으로 독립했으나 여러 차례 선거결과에 불만을 가진 흑인들이 1964년 군사쿠데타를 일으켜 아랍인들과 인도인들을 추방하고 흑인정부가 들어섰다. 흑인정부는 대륙의 탕가니카 니에레레 대통령과 협상을 벌여 탕가니카의 자치주로 편입을 확정하고 새로운 나라 이름 탄자니아로 개명하여 그 자치주로 통합되어 오늘에 이르고 있다. 반투족 중심이고 흑인 인구가 80%이다.

1964년 추방당한 사람들 중에는 후일 가수로 성공한 프레디 머큐리 Freddie Mercury가 있다. 그는 인도계 이민자의 자손으로 1946년 이곳에서 태어났으며 흑인정권에 쫓겨 영국으로 이민하여 퀸 보컬그룹의 록가수로 크게 성공한 사람이다. 많은 유럽 팬들이 그의 고향 잔지바르를 찾아오자 프레디 머큐리의 존재도 몰랐던 잔지바르 사람들은 서둘러 그의 생가를 복원하고 관리하여 지금은 관광명소가 되었다.

프레디 머큐리 하우스

프레디 머큐리

잔지바르는 탄자니아 공화국에 통합되어 자치주가 되었지만 독자적으로 자치정부를 운영하며 출입국관리도 따로 하고 있다. 제주도1,845평방km, 인구 69만보다 조금 작은 섬나라1,650평방km, 인구 89

골목 안 이슬람 학교 앞

만지만 자연경관이 아름답고 아프리카의 이슬람 나라라 관광객이 많이 찾는 명소이다. 주민의 90%가 무슬림이며 문화적으로나 생활면에서나 이슬람 색채가 강하게 남아 있다.

잔지바르 해변 스톤타운

섬의 중심 스톤타운Stone Town에는 아프리카, 아랍, 유럽문화가 섞여 있는 독특한 유적들이 많다. 아랍풍의 건물들 사이로 좁고 꾸불꾸불한 골목길이며 노예시장과 술탄 왕궁의 궁전, 오만제국의 요새, 이슬람 사원, 신교 성공회 교회, 구교 가톨릭 성당, 영국 탐험가 리빙스턴의 집 등이 남아있어 유네스코 세계문화유산으로 지정되어 있다.

아프리카 대륙과 25km의 지근거리에 있는 섬임에도 불구하고 이러한 외세 아랍문화가 깊은 자국을 낸 걸 보면 그들의 지배력이 얼마나 컸었는지를 짐작게 한다. 해양 세력에게는 본토 흑인들의 접근을 쉽게 허락지 않는 바다가 훌륭한 해자垓字였을 것이다.

향신료농장 투어

대항해시대 유럽의 항해가들이 인도로 가기 위해 대서양을 건너 서인도제도를 발견하고 아프리카 대륙을 돌아서 인도와 동양의 섬들을 찾은 이유가 모두 향신료와 비단 때문이었다고 기록하고 있다. 서양 사람들에겐 그만큼 향신료가 큰 관심이었다.

세계 여러 곳을 여행하면서 향신료는 많이 보아왔다. 이집트 같은 아랍권 나라들과 인도의 골목시장, 그리고 내가 공관장으로 있었던 중앙아시아의 우즈베키스탄에서 많이 보았다. 모두가 가공되어 시장 매대에 진열된 알록달록한 상품들이었다. 늘 이런 향신료들이 어떤 식물에서 열리는지 궁금하던 차에 아프리카 여행 중 이곳 잔지바르 섬에서 그 산지를 둘러볼 수 있는 향신료농장 투어가 있어 둘러볼 기회가 있었다.

가지각색의 향신료···. 잔지바르 섬의 향신료농장은 스톤타운 교외에 대부분 모여 있는데 멀리 아시아에서 씨앗을 들여다 퍼뜨린 것이다. 이름 모를 갖가지 향신료 나무들이 열매로, 뿌리로 넓은 농장에 퍼져 있다. 농장 곳곳에 가공된 원색의 향신료들이 상품화되어 매대에 진열되어 있다. 서양 사람들에게는 낯선 볼거리이다.

후추, 계피, 고추냉이와사비 마력

향신료香辛料, Spice는 음식
에 맛을 더하기 위해 쓰이는
식물성 재료이다. Spice라
는 어원은 라틴어의 '약품'이
란 뜻에서 유래한다. 오늘날
에는 식품뿐 아니라 화장품,
약품의 원료로도 널리 쓰인
다. 미국이나 서양 나라들의
식당 테이블에 빠지지 않고
오르는 게 소금, 후추이다.
계피 또한 식자재로 제과, 제

농장 향신료들

빵, 초콜릿에 들어가는 인기 있는 향신료다. 생선회는 와사비가 있어야
제맛이다.

향신료는 세계적 관점에서 보았을 때 우리의 상상 이상으로 중요성
을 가진다. 콜럼버스도 바스코 다 가마도 마젤란도 모두 향신료를 찾
아 떠났던 사람들이다. 유럽인들이 향신료를 사용하기 시작한 것은 로
마가 이집트를 정복하면서부터였으며 그 당시 로마인들을 자극한 것은
인도산 후추와 계피였다. 인도양을 건너 아라비아 홍해를 북상하여 이
집트에 도달한 것이다.

중세에 들어와서는 중동의 아랍 이슬람교가 팽창하면서 아랍 상인들

의 손을 거치지 않으면 이러한 향신료들은 구할 수가 없게 되었다. 인도네시아의 몰루카 섬이 원산지여서 먼 항로를 운반했기 때문에 아랍 상인들은 관세에 더하여 비싼 값에 팔게 되었다. 이집트의 알렉산드리아 항에서 베네치아 상인들이 지중해를 경유하여 베네치아로 운반하고 유럽 각지로 판매되었다.

향신료가 유럽에서 수요가 급증한 이유는 냉장고가 없던 시절 유럽 음식은 소금에 절인 저장육과 건어물이 주식이었고, 맛이 없어서 음식 맛을 내게 하는 양념이 필요했기 때문이다. 또한 약품으로 효과가 있다고 믿었기 때문이었다. 런던에 콜레라가 유행했던 때에 집에 후추를 태워서 소독을 했다고 전해진다. 실제로 현재 한방에서 약재로도 사용되기도 한다.

이런 비싼 향신료가 이슬람권 아랍의 독점하에 있었기 때문에 에스파냐와 포르투갈은 향신료를 찾아 동방의 인도로 원양항해에 나선 것이다. 그 이전 마르코 폴로도 베네치아 상인답게 향신료의 산지에 관한 기록을 동방견문록에 남겼다. 동방으로 항해한 포르투갈이 서방으로 항해한 에스파냐를 제치고 무역권을 독점하게 되었다.

향신료 경쟁은 신대륙 발견 이후 현지에서 고추, 바닐라, 올스파이스 같은 새로운 향신료가 발견되고 재배되면서 완화되었다. 게다가 엽차, 커피 같은 기호품들이 생겨나 전통 향신료에 대한 의존도가 줄게 되었다.

9

이념내전의 모잠비크Mozambique

-두 나라의 영부인 된 그라사 마셸-

비동맹 좌경 중립국가
소련 지원 받은 이념내전
평화협정 체결… 사회주의 포기
분쟁의 불씨는 남아 있어

비동맹 좌경 중립국가

모잠비크는 아프리카 남동쪽 인도양 연안 국가로 비교적 좋은 지리적 여건에 있다. 일찍이 해안을 중심으로 아랍과 교류가 있었으나 유럽에 알려진 것은 포르투갈 항해가인 바스코 다 가마가 1498년 인도로 항해하는 길에 기항한 이후이다. 그 후 1505년 포르투갈 세력하에 들어가 인도양 항해의 중간기지로 쓰이며 식민지가 되었으나 식민 통치조직을 가지지는 못했다. 1911년 한때 자치식민지가 되었으나 1951년 포르투갈의 주와 동격의 해외령이 되었다. 1960년대부터 모잠비크해방전선FRELIMO을 중심으로 독립운동이 격화되어 1975년 독립하였다.

한반도 세 배가 넘는 땅에 2,500만 인구가 살아 아프리카에서는 비교적 큰 나라이다. 1975년 유엔, 비동맹 회의에 가입하였고 영국의 식민지가 아니었음에도 영연방-British Commonwealth에 가입한 나라이며 비동맹 좌경 중립노선을 걷고 있다.

소련 지원 받은 이념내전

모잠비크는 냉전시대 동서 이념분쟁의 배경을 안고 내전을 겪은 또 하나의 나라이다. 앙골라 내전과 흡사한 아프리카 대륙의 두 이념내전 중 하나다. 시기적으로도 오랜 포르투갈의 식민지배에서 벗어난 후 1975년부터 시작되었으며 앙골라는 27년간, 모잠비크는 17년간 계속된 내전이다. 앙골라 내전에는 소련과 현지에 파견된 쿠바군이 정부군을 지원하였으며 반군은 미국과 현지에 파견된 남아공군의 지원을 받았었다.

모잠비크는 독립 후 좌파 모잠비크해방전선이 집권하여 지도자 사모라 마셸Machel, 1933~1986이 대통령이 되면서 일당제를 취하고 사회주의국가 건설을 목표로 국유화 정책을 취하였다. 마셸은 이웃 로디지아현 짐바브웨의 영국 백인정권에 맞서 싸우는 로버트 무가베 흑인반군 게릴라를 지원하였다. 로디지아 백인정권은 이에 대항하기 위해 모잠비크 내 반정부 게릴라들을 흡

모잠비크해방전선, 사모라 마셸

수하여 모잠비크국민저항RENAMO을 조직하여 마셀에 맞서 반정부투쟁에 나섰다. 로디지아 백인정권이 1980년 흑인정권으로 바뀐 후에도 RENAMO의 투쟁은 계속되었다.

마셀이 이끄는 집권 공산정권은 구소련의 지원을 받았으며 우파 세력은 아프리카 내 자유진영인 남아프리카 공화국의 지원을 받았다. 이로 인해 이웃인 남아공과는 반목관계가 되었다.

1980년대 초부터 무장투쟁을 시작한 반정부 RENAMO는 주요 철도, 교량, 도로, 송전선을 파괴하고 저유시설을 마비시켜 모잠비크의 인프라를 무력화하여 경제에 큰 타격을 가했다. 마을을 공격하여 주민을 학살하여 1980년대 후반 10만 명의 주민이 희생되었으며 100만 명 이상의 난민이 발생했다.

이런 가운데 내전기간 중 1986년 마셀 대통령이 비행기 추락사고로 사망하는 사고가 발생했다. 이 의문의 사고를 모잠비크 측은 남아공의 소행이라고 주장했다. 당시 남아공은 모잠비크 반군을 지원하고 있었고 비행기는 잠비아 방문 후 귀국길에 순로를 이탈하여 남아공 상공에서 추락하였다.

평화협정 체결… 사회주의 포기
마셀이 사망하고 뒤를 이은 온건파 시사누Chissano는 미소냉전의 종식 분위기와 함께 사회주의를 포기, 복수정당제, 대통령 직선제를 택하고 국명도 모잠비크 인민공화국에서 모잠비크공화국으로 바꿨다. 민주화 시장경제의 길로 들어선 것이다.

정부군과 반군의 내전은 1992년 10월 평화협상을 체결하고 17년 만에 끝났다. 1994년 독립 이후 최초의 자유총선거가 있었으며 집권여당 FRELIMO가 승리하고 RENAMO는 제1야당이 되었다. 시사누는 1994년 1999년 재선되었고 2004년 대선에 불출마를 선언하여 2005년까지 19년간 통치했다. 아르만두 게부자Armando Guebuza가 그의 뒤를 이어 2005년부터 2015년까지 대통령으로 재임했다.

1992년 체결된 평화협정이 곧 평화정착으로 이어지지는 못했다. 만년 집권여당 FRELIMO에 대한 야당 RENAMO의 요구가 관철되지 않으면서 2013년부터 저강도 분쟁Low Level Insurgency이 지속되었다. 1959년생 필립 뉴시Filipe Nyusi 대통령이 이끄는 144석 집권당 FRELIMO에 대한 국민들의 불만이 커지고 있음에도 89석의 제1야당인 RENAMO의 정권교체 시도는 번번이 실패해 왔다.

야당의 선거법 개정, 석탄, 천연가스 개발이익의 분배 등 정치적, 경제적 요구가 관철되지 않고 권력배분에 합의했던 FRELIMO가 국가권력 독점을 계속하였으며 반정부 세력의 무장해제가 이행되지 않은 상태에서 RENAMO가 다시 반기를 든 것이다. 모잠비크는 1975년 마셀 초대 이후 시사누2대, 아르만두 게부

대선 선거운동 계부자 대통령

자3대, 그리고 2015년 이후 필리프 뉴시4대 대통령에 이르기까지 46년간 FRELIMO의 장기 집권이 계속되고 있다.

분쟁의 불씨는 남아 있어

모잠비크는 지속적인 경제성장에도 불구하고 내전과 분쟁으로 크게 발전을 못 했다. 국민소득은 1인당 500달러 수준으로 아프리카에서도 하위권이다. 세계은행 자료에 따르면 모잠비크는 인구의 15%만이 전기를 사용할 수 있으며 이는 사하라 이남 블랙 아프리카 국가들의 평균 34.6%에 비해 낮은 수준이다. 모잠비크의 자원개발과 그에 따른 경제성장으로 얻는 이익이 국민들에게 제대로 분배되지 않고 있음을 시사한다. 근간에는 북부지역 카보 델가도Cabo Delgado를 중심으로 이슬람 무장단체 알루순나 왈자마ASWJ가 새로운 위협으로 2017년 이후 활동하고 있다.

양측은 2019년 8월 1일 5개국 정상이 지켜보는 가운데 다시 평화협정과 화해협력을 체결하고 권력배분, 반군 무장해제에 합의하였다. 뉴시 대통령FRELIMO과 모마드RENAMO의 이 평화협정 체결은 17년간의 내전을 끝낸 1992년 평화협정 이후 정쟁 27년 만에 체결된 정치적 평화협정이다.

평화협정 뉴시 대통령과 모마드

이 협정 직후인 2019년 9월
이 나라를 방문한 프란치스코
교황은 뉴시 대통령과 야당지
도자가 참석한 자리에서 양측
이 맺은 평화협정 체결을 치하
하고 획기적인 사건이라고 평
가했다. 세계평화의 상징적 인

프란치스코 교황과 뉴시 대통령

물인 교황의 국빈방문은 이 나라에 항구적 평화를 정착시키려는 국제
사회의 시선을 모아 주었다.

평화협정은 언제라도 깨질 수 있다는 위기감이 상존하고 있으며 갈
등은 재발할 소지가 있다. 모잠비크 국기에는 AK소총이 그려져 있다.
나라를 지키는 투쟁이어야 할 무기가 내란에 쓰여서는 안 될 것이다.
모잠비크가 사회주의국가에서 전향한, 아프리카의 민주화 시장경제 개
혁이 성공하는 나라로 발전하기를 기원한다.

마셀의 미망인 그라사 마셀1945~은 1998년 남아공 대통령 만델라의
세 번째 부인이 되었다. 그녀는 남편 정권에서 오랫동안 교육부장관을
지냈었다. 남편 사망 후 인권운동을 하던 그녀는 역시 남아공 인권 운
동가였던 만델라와 자주 만났었다. 두 번째 부인 위니아와 이혼 후 혼
자 지내던 만델라에게 연인으로 다가온 것이다. 그녀는 두 나라 대통령
의 영부인이 된 유일한 여성이다.

10

'아웃 오브 아프리카' 케냐^{Kenya}

- 카리부! 하쿠나 마타타! -

케냐는…
Out of Africa
버락 오바마의 뿌리 나라
선정善政과 악정惡政
미 대사관 폭탄테러… 9·11의 시동
백주 노상 떼강도… 하쿠나 마타타…
이웃 소말리아에 긴장
관능적 민속춤
마사이족 이야기
남의 아내에게 품앗이 봉사
용맹한 마사이족 전사 모란

케냐는…

동아프리카에서는 탄자니아, 케냐가 볼륨 있는 나라이며 전통적인
아프리카 흑인들의 나라이다. 우리에겐 '아웃 오브 아프리카Out of Africa'

의 무대 나라로 널리 알려져 저자 **카렌 블릭센**Karen Blixen의 문학세계도 들여다볼 수 있는 서정적 나라이기도 하다.

케냐는 세계 마라톤을 제패한 마라톤 왕국이다. 엘리우드 킵초게37세는 2016년 리우 올림픽에서 2시간 01분 39초의 세계신기록을 수립하였으며 2020년 도쿄 올림픽2021년 8월 개최에서도 자신의 기록에는 못 미쳤지만 2시간 08분 38초로 2연패에 성공했다.

케냐는 58만평방km에 4,765만 명2017년이 사는 나라다. 키쿠유족Kikuyu, 22% 등 여러 종족이 사는 기독교 흑인나라로 탄자니아보다 조금 작고 또 인구도 적은 나라다. 1인당 국민소득 1,507달러2017, 월드뱅크로 수입이 수출보다 세 배나 큰 무역적자 국가이다.

적도권에 있는 이 나라의 기후나 지세는 이웃 탄자니아와 비슷하다. 적도 아래 아프리카 제2봉 케냐 산5,199m이 있고 남쪽 국경 너머 탄자니아에 킬리만자로가 있다. 해안지대는 고온 다습하지만 이 나라 최대 도시인 인구 439만의 수도 나이로비Nairobi는 1,676m의 고원지대여서 살기 좋다. 영국의 지배를 받은 역사도 탄자니아와 비슷하다. 1906년 이래 영국의 식민지배에서 벗어나 1963년 독립하였다.

여행 출발 전 몇 군데 여행사의 자료를 수집해 보니 모두들 케냐는 여행객들에게 안전상 문제가 있어 경로에서 제외한다는 것이었다. 그러나 영화 '아웃 오브 아프리카'의 현장을 느껴보고 싶은 강한 호기심으로 '조심하면 되지…' 하는 마음으로 일정에 넣게 되었다.

Out of Africa. 끝없는 초원 위를 칙칙폭폭 달리는 기차의 조감원경
鳥瞰遠景. 홍학 떼가 비상하는 빅토리아 호수 위를 나는 카렌과 데니스
두 연인의 환상적인 비행기 데이트… 그리고 그 명장면들을 돋보이게
해 주는 웅장하고 멋진 배경음악들이 귓전에 맴돌아 자못 큰 기대를
가지고 떠나게 되었다.

Out of Africa

덴마크에 사는 재산가 카렌은 아프리카 생활을 꿈꾸며 친구 블
릭센 남작과 깊이 생각해 보지 않은 채 결혼을 약속한다. 케냐에
서 결혼식을 올린 그들은 커피 재배를 문제로 말다툼을 벌이고
자유분방하게 떠도는 남편 블릭센 뒤에 카렌은 늘 혼자 남는다.

블릭센이 영국과 독일 전장으로 떠난 후 어느 날 카렌은 초원
에 나갔다가 사자의 공격을 받을 뻔 하는데 순간 데니스라는 남
자의 도움으로 위기를 벗어난다. 이들은 가까워졌고 연인이 되
었으며 블릭센과 이혼한 카렌에게 데니스는 인생의 나침판이 된
남자였다.

데니스 도움으로 사자 공격을 모면한 카렌(영화)

카렌은 그와 결혼을 바라지만 데니스는 속박을 싫어하여 친구로 지내기를 원한다. 그러던 어느 날 커피농장에 큰불이 나고 그녀는 파산한다. 그녀는 아프리카를 떠나기로 마음먹는다. 마지막 작별을 앞두고 데니스마저 비행기 사고로 숨지고 그의 무덤에서 하관을 지켜본다. 재산도 사랑도 모두 잃고 카렌은 쓸쓸히 아프리카를 떠난다. Out of Africa….

카렌 블릭센1885~1962은 1931년 덴마크로 귀국하여 소설을 쓰며 여생을 보냈다. 1935년 아프리카 14년간 커피농장 생활을 회상한 소설 '아웃 오브 아프리카'를 출간하여 1985년 영화로도 제작되었다. 장엄한 아프리카 대륙의 장관과 사랑 이야기, 그리고 아프리카 현지인들과의 교우를 그린 영화는 메릴 스트립과 로버트 레드포드가 열연하였다.

케냐 나이로비 교외 넓은 땅에 자리 잡은 카렌 블릭센 하우스는 인근에 커피농장을 경영하며 그녀가 살던 집이다. 실제 영화 촬영의 배경

카렌 블릭센 하우스

이었던 이 나지막하고 넓은 집
은 현재 박물관으로 보존되어
일반에게 공개되고 있다. 그
녀가 여러 식솔들을 거느리고
초원을 누비며 두 남자와 사
랑을 나누던 집이다.

카렌 블릭센 하우스 로비 기록 전시

버락 오바마의 뿌리 나라

케냐는 오바마 대통령의 아버지 고향이기도 하다. 1961년 미국 하
와이 마노아 대학으로 공부하러 간 케냐 유학생 버락 오바마 시니어
1936~1982와 캔자스 주 백인 여성 스탠리 앤 던햄 사이에 오바마가 태
어났다. 오바마의 풀네임은 **버락 후세인 오바마 2세**이다. 버락은 '신
의 축복을 받은 자'라는 스와힐리어이다. 후세인은 무슬림인 조부의 이
름에서 온 것이며 오바마라는 이름은 케냐 루오족 남자의 이름이다.
루오족은 케냐에서 세 번째로 많은 종족이다.

오바마 대통령의 이름에서 그의 뿌리를 찾아볼 수 있다. 오바마 대통
령은 그의 조상이 케냐 무슬림 루오족이었다고 천명하고 이슬람을 찬

오바마 케냐 방문

양하는 연설을 서슴지 않은 초유의 미국 대통령이었다. 오바마 대통령은 재임 중인 2015년 아버지의 고향을 찾아 이복 여동생들을 만나기도 했다. 그의 아버지는 경제학자였다.

선정善政과 악정惡政

아프리카에 많은 독재자들이 있었는데 케냐에도 **대니얼 아랍 모이**1924~2020가 있다. 그는 24년간 권좌에 있으면서 부정부패로 케냐를 경제빈국으로 전락시킨 독재자로 불린다. 정적 제거는 물론 외국서 빌린 돈과 국민 세금까지 개인 치부에 썼으며 스위스 은행계좌를 가지고 뉴욕 부동산 매입, 호주 목장 구입 등에 축재했다.

야당연합이 당선되면서 권좌에서 물러나 세계 10대 부호로 꼽힐 만한 부자가 되었다. 그는 2020년 2월 6일 죽었는데 마침 그때 나는 나이로비에 체재 중이었다. 독재의 오명에도 불구하고 그를 애도하는 나이로비 시민들의 긴 행렬로 시내는 북적거렸다. 우리 정서와는 사뭇 다른 데가 있었다.

그런가 하면 그의 전임자 **조모 케냐타**1897~1978는 케냐의 국부로 추앙받고 있다. 영국 식민지 시절 런던대학에서 인류학을 전공하고 1963년 독립하자 아프리카 국립연합당을 창당하여 초대 총리를 거쳐 이듬해 대통령이 되어 14년간 집권했다. 그는 종신대통령이 되어 일당독재가 되었지만 연평균 6%의 경제성장을 이루어 국민적 존경을 받았다. 수도 나이로비의 국제공항도 그의 이름을 따서 조모 케냐타 국제공항으로 명명되었다.

미 대사관 폭탄테러… 9·11의 시동

1998년 8월 7일 나이로비 주재 미국 대사관에 알 카에다의 폭탄테러가 나서 218명이 희생되었다. 미국 대사관은 파괴되어 없어지고 그 자리는 지금 추모공원으로 조성되어 시민들의 휴식공간이 되었다. 2015년 나이로비를 방문한 오바마도 이 현장을 둘러보았다. 이 테러의 범인은 파키스탄 자살테러단체의 일원으로 알 카에다 조직임이 밝혀졌다.

이 사건이 터지기 얼마 전인 1998년 2월 오사마 빈 라덴은 이슬람 종교재판을 열고 세계 전역의 미국인을 죽이는 게 이슬람교도의 의무라고 선언했었으며 이 나이로비 폭탄테러는 알 카에다의 그 첫 시도였다. 이 테러와 같은 시기에 탄자니아 다르에스살람에서도 미국 대사관에 폭탄테러가 났다. 11명이 사망하고 8명이 다쳤으며 대사관 건물의 2/3가 붕괴되었다. 미국을 대상으로 한 테러가 시동을 건 것이었다. 아프리카에서 일어난 이 테러들은 얼마 후 2001년 미국 뉴욕의 9·11사태로 발전하게 된 시효가 되었다.

백주 노상 떼강도… 하쿠나 마타타…

스와힐리어가 널리 쓰이는 동아프리카 나라들에서 많이 듣는 말이 "하쿠나 마타타Hakuna Matata!"였다. '문제없다'는 낙천적 인사다. 번화가에서 길이 막혀 채근하는 손님에게 택시기사가 하쿠나 마타타라고 응답한다면 제격이다. 'No Problem, Don't Worry!'라는 뜻이다. 여유와 낙천적인 표현이다. "카리부환영합니다!"와 함께 많이 듣는 인사말이다.

미 대사관 폭탄테러 추모공원을 보고 나서서 오후 4시경 번화가로 들어선 지 10분 정도 지났을 때 나는 일단의 젊은이들에게 뒤로부터

백주 노상 떼강도 날뛰는 중심가

기습적으로 공격을 받아 목이 조이고 순식간에 금목걸이를 뜯겼다. 거기는 사람들이 북적거리는 나이로비 시내 중심 번화가 대로변 인도였다. 함께 동행한 보디가드 존은 추모공원을 나서면서 무슨 낌새를 챘는지 내게 들고 있는 아이패드를 손가방 속에 넣으라고 했다. 아니나 다를까? 세 녀석이 갑자기 뒤에서 달려들어 둘은 내 양팔을 잡고 한 녀석이 내 목을 뒤에서 조르고 목걸이를 더듬어 순식간에 떼어 냈다.

나는 아이패드가 든 손가방만 움켜잡고 소리를 질렀으나 주변 행인들은 바라보기만 할 뿐이었고 보디가드 존도 소리만 지르고 어쩌지를 못했다. 불과 1분도 안 되어 그들은 내 목걸이를 뜯어서 뒤따르던 두세 명과 함께 괴성을 내며 대로 한가운데 차량들 사이로 모두 달아났다.

나는 손등에 가벼운 찰과상을 입어 피가 좀 났지만 큰 화를 입지는 않았다. 몇몇 행인들이 다가와서 괜찮으냐고 딱한 표정으로 바라보았다. 정신을 차리고 나니 아이패드는 무사했고 허리에 찬 주머니의 여권과 비상금도 안전했다. 아이패드에는 그동안 찍은 귀한 아프리카 사진 2천여 장이 들어 있었다. 보디가드 존은 얼굴이 하얗게 질렸고 나를 보호하지 못했다며 어쩔 줄 몰라 했다.

잠시 정신을 가다듬고 택시에 올라 호텔로 귀환했다. 나는 몸이라도 다쳤으면 어쩔 뻔했을까 하는 마음에 그만하길 다행이라 생각하고 걱정하는 존을 위로했다. 나도 모르게 "하쿠나 마타타"라는 말이 튀어나왔다. '괜찮아 걱정 마…' 존은 내 위로가 고마웠던지 그 시간 이후 내게 정성을 다했다. 1년이 지난 요즘도 안부를 물어 온다. 잘 있느냐고… 한 번더 오라고…. 목걸이는 아내가 70회 생일에 선물해 준 열 돈짜리 순금 목걸이였지만 그만하길 다행이라 생각하고 잊어버리기로 했다.

보디가드 존

서울을 떠날 때 여행사에서 치안에 문제가 있는 나라라고 알려줬음에도 누런 금목걸이를 차고 시내 번화가를 누빈 나의 불찰이 컸다. 보디가드를 너무 믿었던 탓이기도 했다. 이제는 아프리카 여행이 남긴 큰 추억이 되었다.

이웃 소말리아에 긴장

케냐는 무정부 상태의 소말리아와 이웃하며 유엔 결의로 평화유지군을 파견하였다. 2020년 국경 부근에서 케냐 버스가 소말리아 반군의 총격을 받아 사상자를 냈다. 에티오피아도 소말리아와 국경을 같이하고 있지만 케냐의 치안이 허술하여 일어난 소말리아 테러이다.

소말리아는 19세기부터 영국의 통치를 받아오다가 1960년 독립하였으며 한반도 2.6배에 인구는 1천만 정도 사는 이슬람 나라이다. 아프리카 북동부에 뿔처럼 뾰족하게 돌출하여 아라비아 반도 남단 예멘과 마주보고 있으며 인도양 아라비아 해와 연해 있어 페르시아 만으로 드나드는 유조선들을 상대로 해적행위를 하는 나라로 많이 알려져 있다.

1960년 독립 이후 군부가 쿠데타로 집권하여 22년간 사회주의 독재를 했다. 1991년 이후 아이디드, 모하메드, 오스만 아토Osman Ato 3파 군벌내전이 시작되어 무정부 상태가 되었으며 극심한 가뭄으로 수백만 명 난민이 발생하고 수십만 명이 아사했다. 3만 5천 유엔 평화유지군 파병도 무위로 끝났다. 미군 포로 시신을 차에 매달아 끌고 다니는 동영상이 공개되자 클린턴 행정부가 경악하고 미군을 철수한 일은 생생하다. 2004년 과도정부가 출범, 2009년 미국의 무기 지원을 받고 군벌들과 대립하고 있으나 아직도 통일정부가 없는 무정부 상태로 반군들과 대립하고 있다.

소말리아 해적들이 인도양에서 유조선들을 납치하여 반군들의 자금줄이 되고 있다. 한국도 2006년, 2007년 우리 선원들이 피랍되어 곤혹을 치렀으며 2009년부터 우리 해군 청해부대를 파견하여 호위임무를 수행하고 있다.

관능적 민속춤

케냐에 머무는 동안 아프리카 종족들의 민속춤을 구경할 수 있는 기회가 있었다. 6개 대표종족의 민속춤 공연, 야생동물 바비큐를 먹으며 민속공연을 관람하는 사파리 호텔의 디너쇼, 그리고 나이로비 국립공원에서의 마사이 족 민속춤. 모두 흥미로운 문화체험이었다. 흑인들의 춤은 매우 관능적이었다. 그 큰 히프를 요란한 북소리에 맞추어 흔드는 동작은 가히 뇌살적이었다. 그들의 춤과 의상을 보면 어느 종족인지를 알 수 있다고 한다.

사파리 호텔 디너쇼

아프리카에 3천여 수많은 종족이 있지만 특이한 종족도 있다. 현대 문명을 멀리하고 목축을 하면서 토속신앙과 원시적 풍속을 지키며 살고 있는 마사이Masai족이다. 35만 정도의 이들은 케냐와 탄자니아의 평원에 흩어져 산다. 이번 여행 중 탄자니아의 킬리만자로 부근 아루샤, 응고롱고로 분지, 그리고 케냐 나이로비에서 그들을 볼 수 있었다.

마사이족 이야기

1870년 이래 마사이족은 쇠퇴의 길을 걸어 오늘날 소수 종족으로 전락했다. 같은 종족 간의 싸움과 전염병으로 많은 인명이 손실되었으며 많은 마사이족들이 정부로부터 분할 받은 땅을 매각하고 부족을 떠나 도시로, 해외로 나갔다. 나이로비는 마사이 말로 '찬물이 나오는 곳'이라는 뜻이며 탄자니아 사파리 공원 응고롱고로는 '소의 목에 달린 방울 소리'라는 뜻이다. 이런 지명으로 미루어 보아 그들은 킬리만자로를 중심으로 남북으로는 케냐 전역과 탄자니아 중원까지 그리고 서부의 빅토리아 호수까지 넓은 지역에 퍼져 살아왔다.

마사이 마을

지금의 마사이족들은 초원마을에서 초막집을 짓고 가축을 기르며 살거나 도시 인근에서 관광객을 상대로 민속춤을 추거나 시장에서 토산품을 팔기도 한다. 그들은 소와 양과 염소를 기르며 사는데 특히 소는 그들에게 최고의 재산이며 가치이다.

그들에게는 구전되어 오는 신화가 있다. 이들은 태고시절 하늘나라에 살았다. 하느님이 곧 아버지였는데 그들 말로 응가이 Ngai라고 부르는 신이었다. 아이들은 아름답게 보이는 지상으로 내려가기를 간청하여 응가이는 조건을 걸고 허락하였다. 조건은 지상에 내려가면 동물을 잡아먹어선 안 된다는 엄명이었다. 내가 소와 양과 염소를 줄 테니 그 젖을 먹고 살아야 한다는 것이었다. 밧줄을 타고 하늘을 내려온 마사이 아이들은 며칠이 안 되어 사슴 한 마리를 잡아먹고 말았다. 하늘나라에서 지켜보던 아버지 응가이는 노하여 다시는 하늘나라로 돌아오지 못할 것이라고 했다.

아이들은 잘못했으니 용서해 주시고 밧줄을 내려 주셔서 다시 하늘나라로 갈 수 있게 해달라고 애원하였다. 응가이의 분노는 가라앉지 않았지만 너희들이 내려갈 때 내가 함께 내려보낸 소와 양과 염소를 열심히 길러 만족할 만큼 그 숫자가 늘어났을 때 밧줄을 내려 다시 하늘나라로 올라오도록 할 것이라고 하였다. 이렇게 하여 오늘의 마사이족은 신이 남긴 마지막 한마디를 이루기 위해 열심히 소와 양과 염소를 기르며 그 숫자를 늘려 밧줄이 다시 내려오길 기다리며 살고 있는 것이다.

마사이족은 인접 부족들과 빈번한 갈등과 마찰을 겪으며 살아왔다. 타 부족 농경 정착민과 전투를 벌였으며 혼혈로 인해 전통문화와 고유 풍습을 보존하기가 어려워졌다. 순수 마사이 부족을 찾기 어렵다는 현실적 인식이 있고 유사 마사이족이 많다고 한다. 그럼에도 마사이족의 문화와 풍습은 그 줄기를 잃지 않고 이어지고 있다.

붉은색을 좋아하는 이들의 의상, 창과 방패를 들고 국부만 가린 채 알몸으로 높이 뛰어오르며 춤추는 청년전사靑年戰士 모란Moran들, 귓불을 뚫어 무거운 금속을 달아 길게 늘어져야 미남 미녀로 여기는 풍습, 머리 삭발, 청년전사들만 머리를 길게 기르는 점 등은 그들 고유 풍습이다.

남의 아내에게 품앗이 봉사

그들은 우유가 주식이다. 발효시켜 치즈처럼 먹는다. 환자는 소의 피를 내서 먹는다. 기르는 소를 잡아먹지 않고 사고로 죽거나 병으로 죽으면 먹는다. 귀한 손님이 오거나 축제 때는 양을 잡아 구워서 여럿이 함께 먹는다. 소와 가축을 방목하기 때문에 물을 찾아 유목 생활을 한다. 한번 떠난 장소로 다시 돌아오려면 3~4년은 걸린다. 쇠똥은 그들에게 중요하다. 집을 지을 때 벽과 천장 재료로 쓰고 불을 피워 음식을 만들고 추위를 피한다.

마사이족과 함께

소를 많이 늘리려면 사람 손이 늘어야 한다. 아이를 많이 낳아야 한다. 그래서 여자를 많이 거느리는 일부다처제이다. 젊은이들은 가축과 함께 장기간 집을 비우게 된다. 오랜만에 귀가하면 여러 부인들이 기다리고 있다. 남자가 여러 부인을 감당하지 못할 경우 친한 친구에게 부탁을 한다. 다음번에 상황이 바뀌면 품앗이로 갚아 준다. 이들의 부부관계는 즐기는 섹스라기보다 아이를 생산하는 활동이 더 큰 뜻을 가진다.

용맹한 마사이족 전사 모란

5~12세의 소년그룹을 지나 12세가 되면 성인이 되는 할례식을 거쳐 27~ 28세까지 청년그룹으로 전사 모란이 된다. 모란은 병사촌인 마니아타Manyata에 들어가 합숙훈련을 하며 전사가 되어 집단훈련을 받는다. 소를 방목하는 방법, 수렵, 야생동물 잡는 법을 배운다. 그리고 칼로 동물의 멱을 따서 피를 마시며 용맹성을 기른다. 그리고 "우리는 용감한 마사이 전사다!" 소리치며 둥근 원을 그리고 함께 춤을 춘다. 1m

용맹한 마사이 전사 모란

가량 높이 뛰어오르며 서로가 부들부들 떨며 의식을 잃는 최면상태로 들어간다.

모란은 병사촌에서 일상생활과 전투, 그리고 약탈행위를 함께하며 결속을 다진다. 동료들 간의 우의, 충성심을 기르고 이것이 전사들의 신조가 된다. 마사이 전사들이 전투에 임할 때 부르는 노래 내용은 이렇다. '독수리야 나를 따라와라. 적이 나를 죽이지 못하면 내가 적을 죽인다. 독수리야 너는 어쨌든 고기밥을 챙길 게다.' 전사들은 소녀들이나 과부들과 성 접촉이 가능하지만 27세까지 전사로서 임무를 마치기 전까지는 결혼을 할 수 없다. 이는 일부다처의 원인이 된다.

마을을 지키기 위해 다른 부족과 싸우고 특히 사자와 같은 맹수와 싸워 이기는 모란은 그날 밤 마니아타로 몰려드는 소녀들 중 아름다운 여인을 골라잡는 특권을 누린다.

모란은 축제 때 화려한 차림으로 그들의 독특한 춤을 추며 노래를 불러 분위기를 고조시키고 아직 미혼의 앳된 소녀들이 병사촌을 찾아오면 그들과 정사가 허락된다. 이런 어린 소녀들의 병사촌 방

마사이 처녀

문은 할례 이후에만 허용된다. 결혼하게 되면 남편을 섬기고 자녀를 낳

아 길러야 된다. 먼 길을 떠난 모란이 친구 집에 들어가서 친구의 아내와 동침하면 남편이 귀가하여 집 앞에 꽂힌 창을 보고 피해준다.

마사이족은 동족 간에 처음 만났을 때 상대방의 얼굴에 침을 뱉는다. 상대에게 수분을 발라주는 배려인 것이다. 마사이 여자들은 서서 소변을 본다. 할례 이후 남녀는 악수를 하지만 그 이전의 어린이는 머리를 내민다. 이때 인사를 받는 사람은 가볍게 머리를 쓰다듬어 준다. 이러한 진기한 풍습의 마사이족들도 이제는 문명의 물결에 견디지 못하고 차츰 개방되어 가고 있다.

전통의상을 벗고 영어를 배우고 현대교육을 받으러 도시로 나가는가 하면 귓불에 구멍을 뚫는 젊은이도 찾아보기 힘들다. 현대문명을 등지고 전통 마사이족으로 살아가는 모습도 사라져 가고 있다. 관광객을 상대로 여행사의 전화를 받으면 일시 모여서 춤을 추고 팁을 받아 살아가는 마사이족 마을들이 남아있을 뿐이다.

11

아프리카 아닌 아프리카 마다가스카르^{Madagascar}

- 논농사 짓는 말레이 후예들 -

세계 네 번째 큰 섬, 불어^{佛語} 써…
동남아 나라에 온 듯
메리나 왕국의 섬 통일
교외 암보히망가 왕실 언덕과 시내 여왕궁
마다가스카르의 자연

세계 네 번째 큰 섬, 불어^{佛語} 써…

아프리카 대륙으로부터 450km 동쪽으로 떨어져 있는 인도양 섬나라 마다가스카르. 그린란드, 뉴기니, 보르네오에 이어 세계 네 번째로 큰 섬이며 섬 전체가 하나의 독립국가이다. 에티오피아 아디스아바바에서 4시간 비행하여 잔지바르 상공을 지나 인도양 마다가스카르에 들어섰다. 해안선을 가로질러 붉은 점토의 구릉을 지나 내륙 고원지대에 위치한 수도 안타나나리보^{Antananarivo}에 접근했다. 인근에 골프장도 내려다보여 우선 기분이 괜찮았다. 그렇게 오지 나라가 아니구나 생각되었다.

공항에 마중 나온 뿌조 호텔 택시로 시내로 들어서니 거리 주변 풍경은 생각과 달랐다. 마다가스카르라는 어감에서 오는 정경과는 달리 많이 후졌다. 그래도 호텔은 시내 구왕궁이 가까운 언덕 위에 1926년 프랑스 식민시절에 지은 아담한 프랑스풍 고택을 개조한 붉은 벽돌집으로 운치가 있었다. 수도 안타나나리보는 1,420m 내륙 고원지대에 있어 기후가 좋았다. 해변은 역시 고온 다습하다.

마다가스카르 사람

동남아 나라에 온 듯

여장을 풀고 시내구경에 나서니 거리 풍광이 생각과는 많이 달랐다. 작은 체구에 까무잡잡한 동남아 사람들이 거리를 메웠다. 그도 그럴 것이 이 나라는 역사로 보나 현장에서 보나 말레이인들이 선점하여 일구고 살아온 동양인의 나라이기 때문이다. 통념적 아프리카가 아니다. 논 갈아 벼 심고 쌀을 주식으로 먹는다. 마다가스카르 사람들은 쌀밥을 꼭 먹어야 한다. 쌀이 부족하여 죽처럼 먹기도 하고 숭늉도 있다. 밥은 반찬과 함께 먹고 매운 음식을 좋아한다고 한다.

역사의 여러 부족들은 동양인 왕들이 지배했었다. 인구 150만 수도 안타나나리보에 있는 3일 동안 아프리카 흑인들은 보기 어려웠다. 인구의 약 25%가 인도네시아와 같은 동남아 지역에서 건너온 메리나Merina

바오밥 나무와 논농사

족이다. 아프리카 동해안에서 반투 흑인들이 일부 건너왔고 해안의 메리나족과 섞였으나 역시 인도네시아계 언어를 쓰고 있다. 잔지바르 스와힐리 지역에서 무역을 하던 아랍인들이 건너와 이슬람을 전파하였다. 남쪽 해안지방으로나 가야 아프리카 흑인들을 볼 수 있다.

이 섬나라에 선주한 말레이계 인종들이 2천여 년 전 그 오랜 옛날에 나침판도 없이 어떻게 8천km 인도양을 건넜는지는 미스터리이다. 조류를 타고 왔을 거라고 추측한다. 실제 카누를 타고 시속 5노트로 달려 30일 만에 도착했다는 실험결과 있다고 한다.

언어도 인도네시아어, 말레이어, 타갈로그어, 하와이어와 비슷한 말라가시Malagasy어가 국어이다. 아시아의 인도네시아, 말레이, 보르네오, 필리핀, 타일랜드 언어가 이에 속한다. 말라가시어는 아프리카 남부 일대에서 널리 쓰이는 반투어족과는 달리 아프리카 유일의 동남아시아 오스트로네시아Austronesia어족에 속한다. 근세에 식민지배를 받았던

인도네시아, 말레이 얼굴들(호텔 직원)

프랑스어가 공용어로 널리 쓰인다.

메리나 왕국의 섬 통일

여러 작은 부족왕국으로 난립해 살던 이 섬에 1504년 이래 중앙 고원지대의 작은 왕국으로 출발한 메리나Merina 왕국이 주도하여 1787년 18개 부족을 통일하고 **메리나 왕조**가 출범했다. 기독교를 박해도 하고 영국 성공회를 받아들이기도 하면서 친유럽, 반유럽을 되풀이하던 이 왕조는 1895년 프랑스 무력에 굴복하고 65년간 그들의 식민지가 되었다.

2차 세계대전이 끝나자 1947년 독립운동 봉기가 일어났으나 프랑스의 잔혹한 진압으로 9만 명이 사망했다. 베트남, 캄보디아 등 아시아의 인도차이나 여러 프랑스 식민지들이 독립하자 이 나라도 1960년 독립을 선포했다. 1972년 사회주의 정권이 들어섰으나 경제악화로 민주화 요구가 일어나 1992년 신헌법을 제정하고 마다가스카르 공화국이 되었다.

1974년생 DJ 출신 안드리 라조엘리나Andry Rajoelina가 2009년 35세에 대통령이 되어 현재까지 두 차례 재임 중이다. 젊은 사람이 나라를 이끌어 간다니 우선 신선한 감이 든다. 경제는 어렵다. 농업국이며 바닐라 생산국인 이 나라는 코카콜라 경제라고 불린다. 코카콜라의 바닐라

35세에 대통령이 된 라조엘리나

함량에 따라 경제가 흔들리기 때문이다. 수입이 수출보다 3배나 된다. 2,500만 인구의 1인당 국민소득은 953달러이다. 주민의 52%가 토착종교이며 기독교가 41%, 이슬람이 7% 정도 된다.

교외 암보히망가 왕실 언덕과 시내 여왕궁

마다가스카르에는 이름난 자연경관이 몇 군데 있지만 그리 크게 볼만한 역사유적은 별로 없다. 수도 동쪽 24km에 **암보히망가** Ambohimanga 왕실 언덕에 유네스코 세계문화유산 역사유적이 있다. 1787년 시작하여 110년간 존속했던 통일 메리나 왕조의 초기 궁이다. 1788년경 지어진 것으로 추정되는 작은 목조건물로 왕궁이라기보다 소박하게 지은 별장 같았다.

암보히망가 왕궁

왕궁의 언덕에서 보면 사방으로 백성들의 마을이 내려다보여 왕이 민생을 살필 수 있었겠구나 짐작되었다. 왕은 안타나나리보를 점령하여 수도를 옮기고 좌정했지만 여기는 통일 메리나 왕조가 시작한 곳이고 왕들의 묘가 인근에 있어 성지로 여겨져 많은 순례객들이 찾는 곳이다.

안타나나리보 메리나 여왕궁

안타나나리보 시내에는 어디서나 보이는 시내 중심 언덕 위에 여왕의 궁Queen's Palace 로바가 있다. 화재로 수리 중이었지만 세 명의 여왕들이 살던 궁이다. 이 여왕들은 1864년 30년간 총리대신을 지낸 라이닐라이아리보니Rainilaiarivony 의 보필을 받았다. 그는 여왕의 궁에서 가까운 요지에 그의 관저를 지었는데 왕궁보다 더 크고 화려하여 여왕들 위에 군림한 실세가 아니었나 하는 생각이 들었다.

아프리카 여행길이었지만 대륙에서 뚝 떨어져 있는 섬나라… 쉽게 가기 어려운 마다가스카르를 찾아간 것은 아프리카로 인식했던 이 나라에 어떤 사람들이 사는지 그 면모를 확인해 보고 싶었고 어떻게 동양인들이 그 먼 곳에 가서 오늘날까지 정착해 왔는지, 그리고 이 섬나라는 누가 지배했었는지 궁금한 게 많아서였다.

마다가스카르는 아프리카연합African Union 55개 회원국의 일원이면서도 아프리카 나라가 아닌 나라…. 멀리 있으면서도 가깝게 느껴지는 동양인의 나라였다.

마다가스카르의 자연
마다가스카르 하면 떠오르는 게 바오밥 나무Baobab Tree이다. 어린 시절 화가가 꿈이었던 한 조종사가 비행기 고장으로 사하라 사막에 불시착해서 만나는 한 작은 소행성에서 온 어린왕자의 이야기… 프랑스 작가 생텍쥐페리의 고전소설 '어린왕자'에 이 바오밥 나무가 나온다.

바오밥 나무는 이 섬의 여러 곳에 분포하지만 안타나나리보 북쪽 모론다바에 군락하는 바오밥 나무는 마다가스카르의 상징이다. 바오밥 나무 8개 종 중에 6개 종이 이 섬에 서식하고 있다고 한다. 천 년을 산다는 2~30m 높이의 이 나무는 건조한 지역에 적응한 종種일수록 줄기가 굵고 퉁퉁하다. 나무는 높고 굵은 기둥에, 많지 않은 잎장상복엽이 달린 몇 개의 가지만 뻗어 있어 모양이 특이하다. 꽃도 피고 열매가 달린다. 석양의 노을을 배경으로 바오밥 나무를 카메라에 담으려는 사진 작가들이 많이 찾는 곳이다.

여우 원숭이

희귀 동물로 여우원숭이도 있다. 실러캔스Coelacanth는 심해에서 서식하며 바다생물에서 육상생물로 진화하여 육지에 사는 네발 동물의 조상으로 여겨져 왔다. 이 섬은 자연 생태계의 보고이다. 생태계에 따르면 전 세계에 사는 생물 25만 종 중 75%는 이곳에서만 볼 수 있다고 한다. 동양 사람이 사는 아프리카 나라에다가 자연 생태계의 보고라니 마다가스카르에 대한 인식이 새로워졌다.

12

'솔로몬의 후예 에티오피아Ethiopia'

- 한국전쟁에 전투부대 파병 -

아프리카의 역사적 강국

솔로몬 왕의 후예

제2의 예루살렘 랄리벨라

속국 에리트레아Eritrea와의 분쟁

메넬리크 2세와 하일레 셀라시에

이탈리아의 2차 침공과 한국전쟁 파병

제국과 황제의 종말… 공화제로

아프리카의 역사적 강국

에티오피아는 역사적으로 아프리카의 강국이었다. 시바 여왕과 솔로몬 왕의 후손임을 자처하는 이들의 역사는 3천 년이라고 한다. 고대에는 시바Shiba 왕국, 중세에는 자그웨Zagwe 왕국, 근대에는 에티오피아 제국으로 주변국들에 군림하며 지내왔다.

근대 에티오피아를 45년간 통치한 하일레 셀라시에Haile Selassie,

1892~1975는 왕이 아니
라 황제로 호칭되었다.
이 나라는 1936년부터
1941년까지 잠시 이탈
리아에 강점당한 기간
외에는 외국의 식민지
배를 받은 일이 없다.
한반도 5배의 땅에 1인

에티오피아 사람들

당 GDP 1,159달러, 아프리카에서 인구 1억이 넘는 두 번째 나라이다.
아프리카 55개국의 국제기구인 아프리카연합African Union 본부가 에티
오피아 아디스아바바에 있다. 그만큼 아프리카에서 정치적 위상이 높
다는 의미이다. 아프리카 흑인과 아랍인들의 면모가 섞인 그들에게는
다른 아프리카 나라들과는 달리 흥미 있는 역사 이야기가 있다.

솔로몬 왕의 후예

구약성서 〈열왕기서〉 상上에
시바의 여왕이 등장한다. BC
1000년경 아라비아 남 서단
예멘에 살던 시바족의 여왕
이다. 그녀는 유다왕국 솔로
몬의 명성을 듣고 많은 금과
옥, 향료 등 선물을 가지고
예루살렘으로 방문하여 솔

트리니티 교회 시바의 여왕과 솔로몬 왕

로몬을 만났다. 솔로몬의 지혜와 영화를 확인한 여왕은 그에게 선물을
주고 귀국하여 아들 메넬리크를 낳았는데 그 아들이 에티오피아를 건

설했다는 전설이 있다.

이스라엘 왕국의 3대 왕 솔로몬BC 10세기과 시바의 여왕 마케다 사이의 아들은 메넬리크 1세가 되어 에티오피아 북부 악숨Axum에 왕국을 건설하고 에티오피아의 시조가 되었다. 에티오피아에서는 시바 왕국을 그들 역사의 시작으로 보고 있다.

시바 왕국은 쿠란에 나오는 왕국으로 구약성서에도 등장한다. 시바 왕국에 대해서는 그 존재의 시대성에 대해 논란이 있다. 이스라엘 사람들은 시바 왕국이 기원전 8세기 이후 번영했으며 기원전 솔로몬과는 시대가 맞지 않는 아랍 상인들의 이야기일 뿐이라고 일축한다.

시바 왕국은 아라비아 홍해 연안의 나라였으나 홍해를 건너 에티오피아로 이주한 사람들이 많아 오늘날의 에티오피아 북부 악숨에 제국을 건설하고 문자까지 만들어 낼 정도로 발흥하였다. 시바의 여왕이 예루살렘을 방문한 것도 에티오피아에서 출발했던 것이라고 역사가들은 주장한다. 악숨에는 시바 왕국의 오벨리스크, 시바 여왕의 목욕탕이라고 하는 유적들이 있다.

기독교 악숨 왕국은 이후 이슬람 발흥으로 쇠퇴하였다. 10세기 전후 들어오기 시작한 이슬람은 동부 하라르를 중심으로 번성하면서 기독교를 탄압하였다. 이슬람 눈을 피해 교회들이 지어졌으며 그 흔적은 악숨 일대 북부 고원지대에 남아있다. 랄리벨라Lalibela에 암굴교회 유적들이 고스란히 남아있다. 현재 이 나라는 기독교 국가이다. 에티오피아 정교43%, 개신교19%, 이슬람34%이 공존하고 있다.

제2의 예루살렘 랄리벨라

랄리벨라는 흥미로운 역사가 있는 곳이다. 이 마을은 아디스아바바에서 1시간 남짓 북부 고원지대로 비행하면 해발 2,400m의 고원마을에 있다. 여기에는 이슬람이 들어와 기독교인들의 예루살렘 순례를 금하자 제2의 예루살렘으로 건설한 11개의 암굴교회가 있다. 북부 자그웨 왕국900~1270시대 랄리벨라 왕1181~1221이 축조한 것인데 암반을 파고 깎아 내려가면서 연장으로 조각한 대형 조각건축물 암각교회이다. 멀리서 눈에 띄지 않게 하기 위해 지하로 파고 내려가 숨겨진 교회라는 것이다.

랄리벨라 기오르기스 암각교회

사람들이 가장 많이 찾는 기오르기스St. George 교회는 공중에서 보면 십자표지 암반 아래로 건물 4~5층 높이 정도 되는데 암반 표면에서 내려다보니 엄청 깊고 규모도 컸다. 통로를 따라 내려가 안으로 들어가면 3세기 말 영국 순교자 성인 세인트 조지의 화상이 그려져 있다.

기오르기스 암각교회

베테 가브리엘−라파엘Biete Gabriel-Rafael · 임마누엘Amanuel 교회 등이
인접해 있다. 오늘날 에티오피아 정교 교인들의 성지순례지로 때가 되
면 많은 신자들이 곳이다. 유네스코 세계문화유산이다.

속국 에리트레아Eritrea와의 분쟁

에티오피아 근대 역사를 살펴보려면 이웃 에리트레아를 함께 보아
야 한다. 에티오피아 북부에 있는 이 작은 홍해 연안국은 현재 에티오
피아를 내륙국으로 가두고 있는 나라다. 우리에겐 다소 생소한 이름의
나라인데 원래는 작은 부족들의 땅이었다. 남한보다 조금 넓은 땅에
인구는 600만 정도 산다.

1869년 수에즈 운하가 개통되어 지중해−홍해−인도양 항로가 중요시
되자 마침 1881년 프랑스의 아프리카 튀니지 획득에 고무된 이탈리아

는 1882년 홍해 에티오피아 연안에 눈을 돌려 현지 토후土侯로부터 땅을 사들여 해외영토 확장의 야심을 드러냈다.

이탈리아는 이 토후국들의 이웃 강국 에티오피아 메넬리크 2세 국왕의 등극을 도와주고 1889년 우치알리Ucciali 조약을 체결하여 케렌, 아스마라, 마렙 등 홍해 연안 토후국들을 에리트레아홍해라는 라틴어로 통칭하여 그 영유권을 인정받았다. 현재 에티오피아와 에리트레아 양국의 국경도 그때 그어졌다. 이탈리아는 이 조약을 악용하여 에티오피아까지 식민지화하려 침공했으나 1896년 아두와Adwa 전투에서 참패하여 뜻을 이루지 못하였다.

이탈리아는 에티오피아를 다시 침략할 준비를 계속하였으며 무솔리니는 1935년 2차로 침공하여 아디스아바바를 점령하였다. 그러나 2차 세계대전이 발발하자 이탈리아는 물러나고 1941년부터 1952년까지 에리트레아는 영국이 점령 통치하였으며 1952년 이후는 에티오피아의 연방에 편입하였다. 수단 등에 망명했던 분리 독립운동가들이 귀국하여 에리트레아 해방전선을 결성하여 에티오피아로부터 독립운동을 전개하고 1972년~1974년간 개혁파와 내전을 치렀다.

1974년에 들어선 에티오피아 멩기스투 사회주의 군사 정권이 1991년에 붕괴하자 에리트레아는 독자정부를 수립하고 2년 뒤 1993년 국민투표로 독립을 선포하였다.

에티오피아-에리트레아 평화협정

에티오피아로부터 독립 후에도 1998~2000년 국경분쟁으로 두 나라는 2년 반 동안 10만 명의 사망자를 낸 대규모 전쟁을 했으며 2018년 에티오피아 아흐메드 총리의 결단으로 평화협정을 체결하고 현재는 안정을 찾고 있다.

메넬리크 2세와 하일레 셀라시에

에티오피아의 근대사는 메넬리크 2세 22년과 셀라시에 45년 통치를 간과할 수 없다. 이 두 사람은 같은 혈통으로 에티오피아를 외세의 침략으로부터 막아내고 독립국가의 지위를 확보한 인물들이다. 한때 혼란에 빠진 에티오피아 정국에 이탈리아의 도움으로 즉위한 메넬리크 2세Menelik, 재위 1889~

메넬리크 2세

1910는 에티오피아를 속국으로 만들기 위해 침공한 이탈리아를 패퇴시켰다. 1895년 2만 대 8만이라는 수적 열세의 이탈리아군은 아두와 전투Battle of Adwa에서 패주했다. 쌍방이 큰 손실을 냈지만 이탈리아군은 전사, 부상, 포로 등 반 이상의 병력손실을 보고 패퇴하였다.

메넬리크 2세는 이듬해 아디스아바바 조약을 체결, 에티오피아의 국제적 지위를 확보하여 독립국의 위상을 높였다. 그는 영국, 프랑스 등 유럽 강국과도 조약을 맺고 인접국들과 국경을 그어 영토를 확정했다.

메넬리크 2세는 에티오피아를 근대국가로 만드는 기초를 든든히 하였으며 아디스아바바를 수도로 정하였다.

셀라시에는 1892년 남부지방에서 태어났다. 그의 아버지는 메넬리크 2세와 사촌 간이었다. 1910년 메넬리크 2세가 죽자 그를 승계한 딸 자우디투 재위 기간 중 섭정하였으며 1930년 셀라시에는 황제에 올랐다.

그는 1923년 왕족으로 유럽을 방문하여 유엔의 전신 국제연맹國際聯盟에 가입하여 세계무대에 에티오피아를 등장시켰다. 그의 재위 중 가장 큰 업적은 2차 이탈리아의 침공을 격퇴하고 국제사회에 뛰어들어 에티오피아의 위상을 세계에 알린 것이다. 에티오피아 최초의 성문헌법을 제정하였다.

이탈리아의 2차 침공과 한국전쟁 파병

에티오피아는 한국전쟁 참전국이다. 어려서부터 들어오긴 했지만 어떻게 아프리카 대륙 가난한 후진국이 아시아 대륙의 맨 끝자락에 있는 작은 약소국 전쟁에 파병을 했을까? 그것도 잘 훈련되고 수준 높은 지상 전투부대를⋯. 이러한 의문은 한국에 대한 에티오피아의 특별한 배려나 양자적인 관계에서 그 이유를 찾기보다 에티오피아의 역사에서 그 배경을 찾을 수 있다.

한국전쟁 참전을 결심한 셀라시에 황제는 그의 재임 간 이탈리아 무솔리니의 침략을 받은 일이 있으며 국제사회의 협력으로 나라를 구한 경험이 있다. 이탈리아는 에티오피아의 한 주였던 북부 홍해연안의 에리트레아Eritrea와 동부 소말리아Somalia를 식민지배 중이었는데 국경에서 에티오피아군과 자주 부딪치자 40년 전 1차 침공에 실패한 아두와 전투의 보복을 내걸고 1935년 10월 다시 침공해 왔다.

빈약하고 훈련되지 않은 에티오피아군은 패주하여 7개월 만에 아디스아바바까지 내주었다. 셀라시에는 영국으로 망명하고 이탈리아는 괴뢰정부를 수립하여 본국의 왕이 에티오피아 황제를 겸임하며 5년간 통치했다. 셀라시에는 유엔에 참석하여 이탈리아 침공을 규탄하고 국제사회의 협력을 요청하였다.

1941년 영국과 유엔은 에티오피아에서 이탈리아군을 내몰고 하일레 셀라시에를 복위시켰다. 1945년 2차 세계대전이 끝나고 그간 자신이 집단안보체제의 중요성을 호소했던 신념에 입각하여 그는 선뜻 한국전쟁 참전을 결심한 것이다.

부산항에 도착한 카이뇨 대대원들

셀라시에 황제는 1950년 공산주의의 침략전쟁인 한국전쟁이 일어나자 유엔군 참전을 결의한 유엔 결정을 존중하고 파병을 결심하였다. 한국전 참전 에티오피아군은 지상군 전투부대로 왕실근위대를 중심으로 잘 훈련된 정예 전투부대 **카이뇨**Kagnew, '칵뉴'의 현지인 발음 **대대**였다. 한국전쟁이 반격을 개시하여 중부전선 일대에서 중공군과 접전을 벌이던 시기인 1951년 5월 6일 카이뇨 대대는 부산항에 도착하여 미 7사단

32연대에 배속되어 춘천 일대 중부전선에 투입되었다.

적근산 전투, 철의 삼각지 전투 등에서 혁혁한 전과를 거둔 카이뇨 대대는 5차에 걸쳐 6,023명을 파견하였으며 부상 536명, 전사 122명의 희생자를 냈지만 포로는 한 명도 없었다. 1965년 철수할 때까지 전쟁고아를 보살피는 등 전후 한국을 도왔다. 참전용사 중에는 올림픽 두 차례 마라톤 금메달의 주인공 맨발의 아베베도 있다.

셀라시에 황제의 방한

1968년 셀라시에 황제는 박정희 대통령 초청으로 한국을 방문하여 국민적 환영을 받았다. 참전 노병들이 2019년 서울에 초청되어 감회를 나누기도 했다. 춘천에 에티오피아 참전 기념관이 세워졌지만 아디스아바바 시내에도 한국전 참전 기념공원이 세워져 기록들이 잘 보관되어 있다. 참전용사 아들의 안내를 받아 자세히 살펴볼 수 있었다.

아디스아바바 시내 한국전 참전 기념관

수도 아디스아바바 시내에 아프리카 건물답지 않게 서구식 고딕양식의 삼위일체 트리니티 교회가 있다. 에티오피아 정교의 본산이라고 할 수 있는 이 교회 안에는 구약과 신약성서 인물들이 성화로 그려져 있다. 아담과 이브, 모세와 십계, 그리고 솔로몬과 시바의 여왕이 만나는 장면들이 흥미롭게 그려져 있다. 1931년 이 교회를 지은 셀라시에 황제의 관이 안치되어 있다.

이 성당 뒤쪽의 지하실 건물에는 한국전 참전 122명 전사자들의 위패位牌가 모셔져 있다. 여러 참전국들이 있지만 이역만리 아프리카 땅에서 와서 약소국 한국을 도와주었던 가난한 에티오피아가 얼마나 고마운 나라인지 눈시울이 뜨겁도록 마음에 와닿았다. 한국은 국력에 걸맞게 신세 진 나라들에 고마움을 베풀 여유를 가져야 한다.

제국과 황제의 종말… 공화제로

셀라시에 황제의 45년 통치는 1974년 군사 쿠데타로 종말을 맞았다. 국제사회에 에티오피아를 널리 알리고 아프리카 대륙에서도 아프리카연합African Union 의장을 맡는 등 큰 역할을 한 그도 오랜 통치의 벽을 넘지 못했다. 부유층의 부패로 경제가 주름지고 민생은 곤경에 빠져들어 세계 최빈국 신세를 벗어나지 못했던 것이다. 1970년부터 극심한 기근, 수에즈 운하 폐쇄로 유가 상승에 따른 인플레이션에다가 농촌에서는 아사자가 증가하고 도시에서는 파업과 시위가 빈번히 발생하였으며 에리트레아 내전이 발생하여 정국은 불안해져 갔다.

1974년 멩기스투 소령이 군부 쿠데타로 셀라시에 황제를 퇴위시키고 권력을 잡았다. 셀라시에 황제는 이듬해 갑작스레 사망했다. 병사했다는 설과 독살되었다는 주장이 나왔지만 83년 그의 인생은 그렇게 마감되었다.

에티오피아는 멩기스투 사회주의 군사정권이 출범하여 주요 산업, 금융, 토지가 국유화되었다. 1977년 미국 군사고문단이 철수하고 소련, 쿠바 등의 군사원조가 시작되었으며 친공정권과 반란군의 내전은 1991년까지 지속되어 수십만의 사망자를 냈다. 1952년 에티오피아에 복속되어 속주가 되었었던 에리트레아도 1993년 독립해 떨어져 나갔다.

1995년 총선을 통해 에티오피아연방 민주공화국이 출범하였으나 정당 간의 권력투쟁, 종족 간의 분쟁으로 정국은 혼란을 거듭하였다. 2018년 집권여당EPRDF 당수인 1976년생의 젊은 아흐메드가 총리에 취임하여 안정을 이루며 오늘에 이르고 있다. 그는 1993년 독립해 떨어져 나간 에리트레아와의 2년여에 걸친 국경분쟁에 종지부를 찍고 2018년 평화협정을 체결하였다. 이는 젊은 아흐메드 총리의 결단력 때문이었다는 평가를 받았으며 그는 이 공로로 노벨 평화상을 수상했다.

수도 아디스아바바

에티오피아는 아직도 경제빈국이다. 2,300m 해발의 수도 아디스아바바는 공해로 숨쉬기도 어렵다. 아프리카연합^AU 본부가 있는 아프리카 대륙의 지도국으로서 점차 정치적 안정을 이루어 가고는 있지만 2020년 최근에는 북부 티그라이 지역에서 종족분쟁이 일어나 수천 명이 목숨을 잃고 5만 명 이상이 수단으로 피난하는 사태도 발생했다.

나일 강청나일의 발원지로 최근에는 서부지역 수단과의 국경 부근에 댐을 건설하여 수자원도 관리하여 경제에 도움이 될 것이다. 커피의 원산지인 이 나라가 3천 년 역사의 솔로몬 후예로 잠재력을 발휘해 아프리카의 선진국으로 일어나기를 간절히 바랐다.

13

종교내전, 남북으로 갈라진 수단^{Sudan}

-오마르 바시르의 폭정과 다르푸르 학살-

나일 강 70%가 흐르는 나라

고대 이집트 땅, 영국 86년 식민지

아랍권 북부와 비아랍 남부의 종교내전

다르푸르^{Darfur} 내전

오마르 알 바시르 독재 30년

남수단 내전

이태석 신부님

    수단을 보는 관점은 이 나라가 이집트와 나일 강을 공유하며 오랫동안 한 영역으로 있었으며 그 영향으로 북부지역은 일찍이 이슬람화되었고 근대에는 영국의 식민지배에서 벗어나 남부 농경 기독교 토착지역과 갈등으로 오랜 내전이 있었다는 점이다. 결국은 남부지역이 독립하여 남수단으로 분리되었고 남수단과는 별개로 수단 서부지역의 다르푸르 지역 반란으로 카르툼 중앙정부의 진압과정에서 반인륜적 잔학행위가 있었으며 그 중심에 30년 독재자 **오마르 바시르 대통령**이 있었다. 그가 유엔의 ICC국제사법재판소에 제소되어 그 절차가 진행 중이라는 점과 독립한 남수단의 권력투쟁과 기근, 빈곤도 큰 관심사다.

나일 강 70%가 흐르는 나라

수단은 이집트 내륙 남부와 접경하는 나일 강 중상류 분지에 위치하며 서쪽은 건조하여 사람이 살지 않고 나일 강 동쪽으로 문명이 발달하였으며 에티오피아, 홍해와 접해있다. 인구 4,500만의 아프리카 북동부 나라다. 땅은 사우디아라비아와 비슷하게 크다.

세계 최장의 나일 강은 남쪽의 우간다에서 발원하여 수단을 거쳐 북쪽의 이집트로 흘러 지중해로 들

나일 강이 흐르는 수단

어가는데 가운데 수단에서 가장 길게 흐른다. 우간다에서 발원한 나일 강은 백나일White Nile, 에티오피아에서 발원한 나일은 청나일Blue Nile이며 두 나일이 수단의 수도 카르툼Khartoum에서 합류하여 이집트로 북상한다.

나일 강은 우기에 그 수량이 대단하여 홍수가 잦으며 농업용수, 에너

지 자원 등 수자원 이해관계로 관련국들 간 분쟁의 소지를 안고 왔다. 에티오피아는 2011년 수단과 국경 부근 아드 다마진Ad Damazin 청나일에 대규모 댐을 시공하여 담수하였는데 아스완 댐을 가진 하류의 이집트와 전쟁을 불사하는 외교전을 폈었다. 이 댐에서 나는 전력은 이웃 수단에도 공급된다.

고대 이집트 땅, 영국 86년 식민지

수단의 역사는 이집트와 에티오피아와 밀접히 연관되어 있다. 고대부터 오랜 시간을 이집트가 정복했었으며 에티오피아 유목민의 침략을 받기도 했다. 7세기 중반부터 아랍인의 유입이 시작되어 이슬람교를 신봉하고 아랍어를 사용하는 아랍권이었다. 1870년 이집트를 장악한 영국의 통치를 받다가 1899년 영국과 이집트의 공동통치령으로 관할되어 왔으며 1956년 독립하여 수단공화국이 되었다.

수단은 종교적 요인과 풍토적 영향으로 남과 북이 갈등을 빚어 왔다. 지리적으로 북부는 아랍권에 가까워 이슬람이며 남부는 비아랍계 기독교 주민이 산다. 문화적으로 차이가 있어 주민 간 대립이 심하여 영국으로부터 독립 후 50년 가까이 내전을 겪어 왔다.

아랍권 북부와 비아랍 남부의 종교내전

아프리카 흑인 함족인 기독교계와 토속 주민들로 이루어져 있는 남부는 북부 이슬람 원리주의 카르툼 중앙정부에 맞서 내전이 시작되었다. 남부는 수단인민해방군SPLA을 결성하여 남부지역 자치권 확대를 내세우고 무장투쟁에 나서 1955년부터 1972년까지 1차 내전, 그리고 1983년부터 2005년까지 2차 내전이 지속되었다.

1983년 시작된 내전은 20년 넘게 계속되었으며 초기 종교전 양상은 역사적 갈등과 자원쟁탈전으로 번졌다. 이슬람 아랍인들의 북부 중앙정부는 토착 기독교의 남부와 이질적이기는 하지만 원유생산지인 남부의 이탈을 방관할 수 없었다.

2002년 양측은 케냐에서 협상을 시작하여 남부의 독립에 관한 주민투표, 남부 석유생산의 분배, 청나일 남부지역 관할권 등에 합의하고 일단 내전은 끝내기로 했다. 그러나 협상이 진행되던 기간 중에도 수단 서부 다르푸르 지방에서 분쟁이 발생하여 2003년부터 2010년까지 수십만 무고한 주민이 학살되었다. 중앙정부가 다르푸르 분쟁을 겪는 와중에 남부는 분리 독립을 묻는 주민투표에서 압도적 찬성으로 독립을 원했고 2011년 **남수단**으로 독립하였으며 북수단은 **수단공화국**으로 남았다.

다르푸르Darfur 내전

수단공화국의 서부에 있는 다르푸르는 원래 독립왕국이었다. 19세기 말 수단에 병합되었지만 고유의 영토의식이 잠재해 있는 지역이다. 가뭄과 사막화로 인하여 가축을 몰

다르푸르 내전

고 물을 찾아 남으로 이동하는 북부 유목민이 남부 농경 정착민 지역으로 들어가면서 분쟁이 시작되었다. 수단 정부의 아랍화 정책에 저항하는 다르푸르 지역 아프리카계 푸르Pur족 들은 수단해방군SLA, 정의

평등운동JEM 등 무장투쟁 조직의 지원을 받아 전투에 들어갔다.

악명 높은 잔자위드Janjaweed가 이끄는 북부 유목민 아랍 민병대는 오마르 알 바시르의 카르툼 수단 정부의 지원을 받아 다르푸르 정착민을 공격하여 폭력, 약탈, 강간을 무자비하게 저질렀으며 약 20만 명이 희생되고 250만 명의 난민이 이웃 차드와 중앙아프리카 난민 캠프로 피신했다.

아프리카연합AU 평화유지군이 파견되고 국제기구의 조정으로 2006년 평화조약이 체결되었으나 다르푸르 분쟁은 불안한 정국이 계속되었다. 유엔은 다르푸르에서 잔학하게 인명을 학살한 오마르 알 바시르를 전범으로 규정하고 2009년 ICC국제사법재판소에 회부하였다. 그는 2019년 군부 쿠데타로 축출되었다. 다르푸르 사태는 세계 10대 주요 분쟁으로 CNN이 보도하기도 했다.

오마르 알 바시르 독재 30년

수단이 아프리카의 오지로 인식되고 내전과 쿠데타의 나라로 국가발전의 저해요인이 된 것은 30년 독재 오마르 알 바시르가 그 중심에 있었기 때문이다. 1989년 쿠데타로 집권한 그는 헌법을 정지하고 국회와 정당을 해산하였으며 1991년 남부 세 개 주를 제외하고 전국에 이슬람 율법 샤리아를 시행하여 이슬람 국가 건설을 목표로 새로운 정치 체제를 채택하였다.

집권 이래 온갖 부정선거로 대통령직을 유지하면서 2003~2010년간 다르푸르 분쟁에서 민병대를 동원하여 잔학한 학살을 자행하였다. 남부 수단과의 분쟁으로 190만의 사망자와 4백만 명의 난민을 내고 결국 2011년 남수단이 떨어져 나가게 했다. 과도정부는 코로나-19로 그에 대한 재판을 연기했다. ICC는 그를 재판정에 속히 세울 것을 요구하고 있다. 오마르 알 바시르는 세계 최악의 독재자로 꼽히고 있다.

오마르 알 바시르 대통령

남수단 내전

남수단은 2011년 북부 이슬람 정권으로부터 독립은 하였지만 새로운 권력투쟁으로 내전이 일어났다. 오마르 알 바시르 수단 중앙정권에 맞서 싸웠던 독립투쟁단체 수단인민해방군SPLA의 두 지도자들이 대통령과 부통령으로 1, 2인자가 되면서 세력다툼을 했다. 키르 대통령은 남수단 최대 부족 딩카족15% 출신이었고, 마차르 부통령은 두 번째로 큰 누에르 족10% 출신이었다.

남수단 정적의 악수. 키르(우)와 마차르(좌)

두 세력이 정부군, 반군 세력을 조종하면서 인종 학살 등 내란으로 번져 2014년 휴전협정을 체결하고 여러 차례 평화협정에 서명했지만 번번이 이행되지 않았다. 지난 2018년 9월 최종 평화협정으로 단일정부 구성에 합의하여 3년간 과도정부체제로 권력을 공유한다는 데 합의하여 점차 안정되어 가고 있다. 유엔은 평화유지군을 파견하여 협정의 이행을 감시하고 있지만 정부의 배타적 태도로 어려움을 겪고 있다. 한국도 한빛부대를 파견하여 도왔다.

남수단은 오랜 내전과 가뭄으로 인구의 60%가 넘는 700만 명이 심각한 기근을 겪고 이웃 DR콩고에서 에볼라 바이러스가 확산되어 곤경에 처했다. 유엔은 2018년 소말리아에 이어 두 번째로 남수단에 기근을 선포하였다.

남수단 주민들

이태석 신부님
아프리카에서 봉사한 사람들이 여럿 있지만 한국의 이태석 신부를 빼놓을 수 없다. 그분은 바로 이 나라 수단에서 내전 시기에 봉사했던 분이다. 1962년에 출생하여 2010년 선종할 때까지 짧은 생애 중 7년 2001~2008을 험지에서 봉사하면서 큰 족적을 남겼다.

부산 출생의 이태석 신부는 의과대학을 졸업하고 신학을 공부하여 선교 봉사활동에 필요한 자질을 쌓았다. 2001년 아프리카 남부 수단 오지 톤즈Tonj 마을에서 도착하여 선교활동을 폈으며 말라리아, 콜레라로 죽어가는 환자들을 치료해 주고 나병 환자들을 돌보기 위해 토담 벽에 짚풀로 지붕을 덮어 병원을 지었다.

내전으로 폐허가 된 이 지역은 주민들이 살길을 찾아 흩어져 황폐한 지역이었다. 병원에 오기 어려운 사람들을 위해 척박한 오지 마을을 찾아 순회진료를 했다. 주민들이 오염된 톤즈 강물을 마시고 콜레라가 번지자 우물을 파서 식수난을 해결하였다.

농경지를 일구어 농사짓는 법을 가르치고 학교를 세워 원주민 계몽

이태석 신부님

에 나섰다. 전쟁의 후유증을 치유하기 위해 브라스밴드를 만들어 정부 행사에도 초청받아 연주하고 남부 수단에서 널리 알려지게 되었다. 이러한 다양한 분야에 걸친 1인 다역 봉사활동은 종교적 신념에서 비롯한 사회봉사 여러 분야에 대한 인식과 자기개발 노력의 학습을 통하여 체득한 능력으로 가능한 것이었다.

그는 평생에 걸쳐 이러한 봉사를 할 생각이었을 것이다. 백 년 전의 슈바이처처럼…. 그러나 그의 뜻은 이루어지지 못했다. 귀국해 휴가 중 대장암 4기 진단을 받고 투병 생활을 하면서도 임지로 되돌아가기를 염원하였지만 48세를 일기로 사망하였다. '울지마 톤즈Don't cry for me Sudan'는 그의 헌신적 봉사를 그린 영화로 2010년 9월 개봉되었다.

그의 짧은 생애는 슈바이처1875~1965의 생애와 비슷하다. 독일 알자스 로렌 지방 출신의 슈바이처는 신학교를 졸업한 신학전공자로 개신교 선교사였으며 철학박사, 의학박사, 의사였고, 파이프오르간 연주자였다. 모금활동을 위해 오르간 연주회를 열 정도의 음악가였다. 슈바이처는 적도 아프리카 람바레네Lambarene, 현 가봉공화국 지역에서 52년간 평생을 의료봉사로 보냈다. 노벨상 수상자이기도 한 그는 90세를 일기로 현지에서 사망하여 그가 봉사했던 병원 옆에 묻혔다.

14

정정 불안 산유국 나이지리아^{Nigeria}

-2억 인구 아프리카 경제대국-

100여 년간 영국의 지배 받아
종족 종교내전 비아프라 분쟁
쿠데타의 연속… 정정 불안
아프리카 재벌들의 나라

100여 년간 영국의 지배 받아

아프리카 나라들 중에서 나이지리아라고 하면 정정이 불안하고 여행객들도 가기를 꺼리는 나라로 인식이 되어 있다. 내전 분쟁의 와중에 현지 한국인들도 납치된 일이 있고 치안이 불안한 나라로 알려져 있기 때문이다. 아프리카에서 가장 인구가 많은 나라로 산유국이며 아프리카 전체 GDP의 26.2%를 차지하는 경제 대국임에도 불구하고 이런 인상을 남기는 것은 어찌 보면 사업가들에게는 기회의 땅인지도 모르겠다.

나이지리아는 초기 역사에 대한 기록은 없다. 13세기 아랍 이슬람이 북부 주민 사이에 침투했으며 11세기 초의 성벽城壁이 북부 카노^{Kano}에 남아있다. 15세기에 포르투갈인들이 들어와 노예무역에 종사했으며 17세기에는 영국도 끼어들었다. 1827년 영국은 페르난도포 섬에 해군 기지를 건설했으며 1849년 그곳에 영사관을 두어 나이저 강 삼각주 일대를 세력권하에 두었다. 영국은 세력권을 넓혀나가 1900년부터 직접 통치하다가 1914년 남부, 북부를 통합하여 식민지로 만들었다. 2차 세계대전 후 남부에서 민족주의운동이 일어나 북부에 파급되었고 1960년 10월 영연방의 일원으로 독립하였다.

종족 종교내전 비아프라 분쟁

나이지리아는 아프리카 중서부지역의 맹주국으로서 300여 개의 부족으로 이루어진 복잡한 종족으로 구성되어 있다. 아프리카 제1의 산유국이며 세계 9위의 천연가스 매장량을 보유해 발전 잠재력이 높은 나라이다. 아프리카에서도 중산층이 두터워 2억 인구의 내수시장이 큰데다가 경제인구가 젊어 생산성도 높다.

그러나 1960년 독립한 이래 종족 및 종교로 인한 지역부족 간의 갈등이 끊이지 않고 있다. 남서부는 **요루바**Yoruba, 4,100만족, 남동부는 **이보**Ibo, 3,400만족, 그리고 북서부는 **하우사**Hausa, 7,000만족이 다수를 차지하는데 이들은 종교적으로나 문화와 관습의 차이로 늘 분쟁의 잠재 요소를 안고 있었다.

독립 후 인구가 많은 이슬람 북부 주가 연방의회의 다수파가 되면서 중앙정부를 지배했고 동부, 서부 주의 심한 불만을 가져와 정정 불안요소가 되었다. 1966년 군사 쿠데타가 발생하여 연방총리 등 많은 정치인들이 죽고 북부 출신 야쿠부 고원 참모총장이 정권을 장악했다. 연방

제 폐지 복귀를 놓고 여러 차례 충돌 끝에 동부는 1967년 5월 나이지리아에서 분리하여 **비아프라**Biafra 독립국을 선언하였다. 이 동부지역은 나이지리아의 유일한 수출품인 석유산지로서 중앙정부는 결코 포기할 수 없는 요충지였다.

야쿠부 고원Yakubu Gowon, 재임 1966~1975 중앙 군부정권은 동부 비아프라를 즉각 공격하였다. 1970년 1월까지 30개월간 계속된 전쟁은 아프리카 내전 중 가장 참혹한 전쟁 중 하나가 되었다. 100만 명의 난민이 고향을 떠났고 100~300만 명이

비아프라 분쟁 비아프라군

다치거나 굶어 죽었다. 비아프라는 결국 항복했지만 전쟁의 앙금은 오늘까지 남아 있다. 이보족은 차별대우에 불만을 가지고 있어서 언제 다시 새로운 분쟁이 발생할지 알 수 없는 상태이다.

쿠데타의 연속… 정정 불안

영국으로부터 독립 이후 1963년 나이지리아 제1공화국이 출범하였으나 민정 3년으로 그쳤고 이후 군인들이 계속 정권을 잡아 제1 군사정부1966~1979 제2 군사정부1983~1999 시기를 거쳤다. 1966년 시작된 제1 군사정부 야쿠부 고원 때는 3년 가까운 비아프라 전쟁을 겪고 분리독립을 차단하였다. 비아프라 전쟁 이후 1999년까지 수많은 쿠데타와 민정이 교차하면서 곳곳에서 크고 작은 내전이 빈발하였다.

1998년 12월 3개 정당이 정식 등록되어 민정 대통령이 집권한 기간 중에도 기독교와 이슬람 간 교회·이슬람 사원 방화, 무슬림 살해, 무슬림의 보복 등 유혈 충돌로 1천여 명이 사망하는 전쟁 수준의 격돌이 있었다. 2007년, 2011년 선거기간 중에도 선거불복 등 폭동이 일어났으며 정정 불안이 계속되었다. 대통령의 종교에 따라 반대 종교의 불복 투쟁으로 대규모 유혈 충돌이 생기는 악순환의 연속이었다.

모하마두 부하리 대통령

군복을 입어보지 않은 사람은 정권을 잡을 수 없었고 대통령 자리는 수시로 바뀌었다. 현재는 무슬림 모하마두 부하리Muhammadu Buhari가 집권하고 있다. 1942년 부유한 상인의 23번째 아들로 태어난 그 역시 군 출신으로 군사령관, 석유장관 등을 역임했으며 1983년 쿠데타로 집권했었으나 다시 군부 쿠데타로 실각하여 투옥되는 수난을 거쳐 2015년 선거에서 30년 만에 권좌에 복귀했다.

북부지역에서는 가난과 차별에 대한 분노가 이슬람을 업고 이슬람 정치무장단체인 보코하람이 등장하여 중앙정부와 맞섰다. 남부에서는 무장반군이 지역 내에서 퍼올리는 석유수익금배분 인상, 지역경제 지원, 분리 독립을 주장하면서 원유생산시설을 공격하고 중앙정부에 맞서고 있다. 이들은 기니만 영해에서 선박 납치, 해적활동으로 자금을 조달하고 있다. 한국 선적의 배들이 가끔 해적에게 납치되는 해역이다.

아프리카 재벌들의 나라

정정 불안과 내전의 혼란 속에서도 나이지리아에는 재벌들이 많다. 나이지리아 출신 아프리카 최고 재벌이며 세계 최고 흑인 갑부 **알리코 단고테**Aliko Dangote, 1957~는 141억 달러 자산가 2020년이다. 미국 CNN 방

나이지리아 재벌 단고테 그룹 회장

송의 유수한 광고주이다. 북부 카노 출신으로 자수성가한 그는 시멘트, 석유, 철강, 제조업으로 막대한 부를 축적했으며 단고테 그룹을 이끌고 있다. 아프리카 14개국에서 원자재 제조업을 경영하고 있으며 미래를 이끌어 갈 핵심 산업으로 신재생 에너지 사업에 집중하기로 하고 미국, 유럽 지역에 60조 원의 통 큰 투자를 하기로 하였다.

단고테 그룹은 나이지리아의 시멘트사업을 아프리카 9개국으로 확장하고 2015년 하루 65만 배럴의 정유시설을 세웠으며 가스관 건설사업, 쌀, 설탕, 유제품 등 식량 안보사업에도 투자해 왔다. 2014년 포브스 Forbes지는 그를 세계 67위, 아프리카 1위의 부호로 올렸다. 그는 워런 버핏, 빌 게이츠 등과 함께 세계 6대 기부왕이기도 하다. 단고테 그룹은 잉글랜드 프리미어 리그의 아스날도 인수하겠다고 나섰다. 그는 정권을 등에 업고 부를 이룬 사람이다. 정정 불안과 혼란은 장사하는 사람들에겐 기회일 수 있다.

아프리카 두 번째 부자 마이크 아데누가53억 달러도 나이지리아 사람

이다. 여성 부자도 있다. 앙골라 전 대통령의 딸 이사벨 도스 산토스에 이어 두 번째 부자인 알라키자17억 달러도 나지리아 여인이다.

부자뿐 아니라 UN 국제기구의 지도자도 있다. 최근 164개 회원국 세계무역기구WTO가 창설 26년 만에 처음으로 나이지리아 출신 아프리카 여성을 수장사무총장으로 선출하였다. 선출된 응고지 오콘조이웨알라66세는 나이지리아 재무장관을 역임하고 20년 넘게 세계은행에서 근무한 경제전문가다. 트럼프 대통령의 반대에 부딪혀 오다가 다자주의를 지향하는 바이든 대통령이 취임하면서 공석 5개월 만에 추대의 매듭을 지었다.

15

미소 대리 이념내전 겪은 앙골라^{Angola}

- 말썽 없이 치부한 장기독재 부녀 -

자원부국 안정된 나라

미소^{美蘇} 지원 앙골라 이념내전

장기집권자의 조용한 치부

세계 100대 여인 이사벨라 산토스

    앙골라에 대한 이해의 초점은 이 나라가 오랜 포르투갈 식민지배에서 벗어나 동서냉전의 절정기에 소련과 미국의 지원을 받는 이념대결 장이었으며 자유진영의 남아공과 공산진영의 쿠바군이 파병하여 27년간 국제전 양상의 장기 내전을 겼었다는 점이다. 소련의 지원을 받은 앙골라 인민해방전선의 지도자 산토스가 38년간 집권하여 산유국 투자에 편승, 말썽 없이 치부하고 그의 딸은 세계 100대 영향력 있는 여인 명단에 올랐다. 아프리카에서 국민소득 6천 달러를 상회하는 나라다.

   자원부국 안정된 나라

    아프리카 서해안의 앙골라는 1483년 포르투갈 항해사 디오고 캉

Diogo Can이 처음 북부 해안에 도착하여 콩고 왕국을 방문하면서 유럽에 처음 알려졌고 1540년에는 선교사들이, 그리고 1575년에는 포르투갈 군대가 주둔하면서 해안가를 중심으로 정착하였다. 이 시기에는 포르투갈의 인도무역 중간기지로 활용되었고 또한 남미 브라질 식민지에 노예를 공급하는 기지로 활용되었으며 17~19세기 주요 노예무역 중심지로 오랫동안 그들의 식민지였다.

1975년 독립 이후 내전을 겪으며 석유, 다이아몬드, 금 등 풍부한 자원을 수출하여 경제개발을 이루었다. 앙골라는 큰 나라이다. 한반도 5.6배의 큰 땅에 인구 1,800만, 1인당 GDP가 6,100달러이니 아프리카에서는 부자나라이다. 자원 때문이다.

아프리카 서해안 대서양을 끼고 있어 자연환경은 물론 해양무역에도 이점이 큰 나라이다. 사하라 사막 이남의 아프리카에서 나이지리아에 이어 두 번째 산유국이며 역시 산유국인 인접 콩고민주공화국과 우호협력관계를 유지하여 아프리카 최대 산유국으로 부상하려는 움직임을 보여 왔다.

미소美蘇 지원 앙골라 이념내전

앙골라는 오랜 내전을 겪은 나라이다. 냉전시대 이념내전으로, 미국과 소련의 대리전이었다. 1975년 포르투갈 식민지로부터 독립하면서 이념의 차이와 권력쟁탈로 시작된 이 내전은 27년간 아프리카 최장의 내전으로 2002년 유엔 감독하에 반군이 무장해제하면서 끝났다. 내전의 주역들은 독립투쟁 단체들인 앙골라 해방인민운동MPLA, People's Movement for the Liberation of Angola과 앙골라 완전독립민족운동UNITA,

National Union for the Total Independence of Angola이었다. 이들은 1956년 포르투갈 지배 시부터 결성된 독립운동 단체로 각각 소련과 미국의 지원을 받고 있었다.

독립 후 1976년 MPLA가 집권하여 사회주의정책을 추진하자 소련의 영향력 확대를 우려한 미국과 남아공이 UNITA, FNLA National Front for the Liberation of Angola를 지원하고 소련권의 쿠바까지 파병하면서 미·소 양 진영의 대리 국제전 양상으로 전개되었다.

동서냉전이 종식되자 쿠바군5만 명과 남아공군3천 명이 철수하였으며 1991년 MPLA와 UNITA는 평화협정을 체결하였으나 이듬해 대선에서 MPLA 측이 승리하자 이에 불복한 UNITA가 무력투쟁을 재개하여 내전이 재발되었으며 10년 가까이 40만이 희생되는 혼란을 겪었다. 쌍방의 접전은 2002년 UNITA 지도자 사빔비가 사망하고 휴전협정과 평화조약이 체결되어 UNITA군 8만 5천 명 중 5천 명은 정부군에 흡수되고 나머지는 민간인 신분으로 돌아갔다.

장기집권자의 조용한 치부

앙골라 내전의 중심에 호세 에두아르도 도스 산토스1942~가 있다. 젊은 시절 그는 MPLA에 가담하였으며 식민지 정부 탄압을 피해 콩고로 망명하였다. 소련 아제르바이잔 바쿠에 유학하여 석유화학 연구소에서 석유공

조용한 치부 산토스 대통령

학을 공부하고 현지 여인과 결혼하여 딸을 낳았다. 1970년 귀국하여 MPLA 간부로 지냈으며 1975년 앙골라가 포르투갈로부터 독립하자 일시 내전의 혼란 속에 독립투쟁 단체 앙골라 해방인민운동MPLA을 이끌었으며 1979년 아고스티뉴 대통령이 사망하자 뒤를 이어 2대 대통령이 되었다. 그의 나이 37세였다.

정부군, 반정부군 간의 장기간 내전에도 불구하고 그는 아프리카에서 보기 드물게 38년간 장기집권을 했다. 적도기니의 응게마 대통령보다 한 달 짧은 최장기 독재집권을 했으며 최장기 내전이라는 기록을 세웠다. 그는 소리 없이 치부에 몰두한 독재자로 소문났다. 그의 딸은 세계적 부호로 소문나 있다. 산토스는 2017년 퇴임했으며 로렌쑤1954년생 대통령의 새 정부는 2019년 산토스 일가의 재산을 동결했다. 산토스와 그의 딸 이사벨라의 영화는 막을 내렸다. 앙골라는 석유, 다이아몬드 등 자원수출로 아프리카에서 경제안정을 이룬 나라가 되었다. 정치적으로는 다당제, 의회제, 간선 대통령선출 등 공화제의 나라다.

세계 100대 여인 이사벨라 산토스

이사벨라 산토스1973~는 전 앙골라 대통령의 딸이다. 그녀는 아버지가 소련 아제르바이잔 바쿠에 유학하여 석유화학을 공부하던 시절 1973년 현지 러시아 여인과의 사이에서 태어났다. 어머니가 러시아 여성이어서 혼혈 미모이다. 아버지는 세 부인에게

이사벨라 산토스

서 여섯 자녀를 두었는데 이사벨라는 첫 부인의 자녀이다.

앙골라가 산유국으로 부상하고 광물자원이 개발되어 국제기업들이 몰려들면서 독재자 아버지의 후광으로 이사벨라는 엄청난 치부를 하게 되었다. 그녀는 포르투갈과 앙골라 국제회사들에 투자하고 자원수출로 벌어들이는 막대한 자금을 유용하였으며 외국 투자회사들로부터 뇌물을 받아 치부한 재산들은 해외로 빼돌렸다. 2015년 영국의 BBC는 15억 달러 재산의 그녀를 세계 100대 영향력 있는 여성으로 꼽았다.

앙골라 정부는 앙골라 국내에 있는 그녀의 재산을 몰수했으며 해외자산도 동결하였다. 그녀는 정치공세라고 일축하며 아랍에미리트UAE에 자리를 틀고 있다. 그녀의 남편은 두바이에서 교통사고로 죽었다. 앙골라와 러시아 국적을 가지고 있어 필요하면 러시아로 이주도 염두에 두고 있는 것으로 알려졌다.

16

아프리카 대명사 콩고^{Congo}

-카사부부, 루뭄바, 촘베, 모부투 열전^{列傳} -

두 콩고. 큰 콩고, 작은 콩고
큰 콩고, 콩고민주공화국^{DR콩고}
벨기에 레오폴드 2세의 약탈
독립과 모부투의 독재
내전, 내전, 내전…
작은 콩고, 콩고공화국

두 콩고. 큰 콩고, 작은 콩고

옛날에는 아프리카 하면 가장 먼저 떠오르는 나라가 콩고였다. 콩
고는 아프리카 대륙의 대명사였다. 아프리카에는 두 개의 콩고가 있
다. 하나는 큰 콩고, 다른 하나는 작은 콩고다. 큰 콩고는 **콩고민주공
화국**Democratic Republic of Congo, 작은 콩고는 **콩고공화국**Republic of
Congo이다. 모두 콩고라는 이름을 쓰니 혼돈되기 쉽다. 혼돈을 피하기
위해 수도 이름을 붙여 큰 콩고는 킨샤사Kinshasa 콩고, 작은 콩고는
브라자빌Brazzaville 콩고라고도 한다.

콩고 강

니라공고 화산 (출처: Sara Marques)

땅덩이나 인구로 볼 때 큰 콩고 콩고민주공화국DR콩고은 한반도와 일본을 합해도 이 나라의 1/4밖에 안 되는 대국으로 인구도 적지 않아 7,800만2016년이 산다. 사하라 이남 아프리카 대륙에서 가장 넓고 대륙의 중심부에 위치해 있다. 작은 콩고 콩고공화국은 큰 콩고의 1/7 땅에 인구 1/15인 512만2016년 정도 된다. 1인당 국민소득은 큰 콩고가 444달러, 작은 콩고가 1,528달러이다. 두 나라는 대서양 연안 쪽에서 인접해 있다. 큰 콩고의 수도 킨샤사구 Leopoldville와 작은 콩고의 수도 브라자빌은 콩고 강 하류에 강을 사이에 두고 마주보고 있다. 킨샤사는 인구 750만의 대도시이며 브라자빌은 94만이다. 두 나라는 원래 콩고 왕국에 속했으나 19세기 말 서방 제국주의 세력에 의해 콩고 강을 중심으로 서쪽은 프랑스, 동쪽은 영국 관할로 분리되었다.

큰 콩고, 콩고민주공화국DR콩고

적도지대에 있는 큰 콩고 DR콩고는 비가 많이 내리는 열대우림지역이다. 전형적인 아프리카의 자연풍광이 있는 나라다. 남쪽으로는 사바나 평원지대이고 북쪽은 울창한 목초지대, 동쪽은 빙하가 있는 고산지대로 2002년에 이어 최근2021년에도 폭발한 니라공고Nyiragongo, 3,470m 화산, 그리고 2006년 터진 니아무라지라Nyamuragira 화산이 있다. 모두 활화산이다. 국토를 가로지르는 4,370km의 콩고 강은 수량이 많고 격류가 있는 큰 강으로 잉가 댐Inga Dam 등 발전용 댐도 있다.

DR콩고는 산유국이다. 1970년~1980년대부터 개발이 시작되어 1976년 산유국이 되었다. 하루 25,000배럴이 콩고 강 하구 좁고 긴 해안지역에서 생산된다. 매장량 8,160만 배럴로 그리 큰 자원은 아니지만 현재 생산 중인 광구는 남대서양 해상 및 인근 육상에 분포하고 있으며 그 외 내륙지역은 잦은 내전으로 최근에야 내륙 중앙분지 17개 광구에 대한 탐사와 개발생산 작업이 진행 중이다. 벨기에, 영국, 남아공, 이탈리아, 프랑스 회사들이 참여하고 있다. 1만 7천b/d 능력의 정유공장이 있으나 1994년 이후 가동이 중단되었다.

벨기에 레오폴드 2세의 약탈

1878년 벨기에 국왕 레오폴드 2세재위 1865~1909가 이미 콩고 강 유역에 기지를 설치하여 국제콩고협회를 조직, 이곳을 통치하고 있었기 때문에 벨기에는 1884년 베를린 회담콩고분지 조약 조인에서 이 지역큰 콩고의 기득권을 얻어내고 콩고 강 이동 지역은 레오폴드 2세의 사유영지私有領地가 되었고 콩고 강 서쪽 지역작은 콩고은 프랑스 지배하에 들어갔다.

레오폴드 2세는 사유영지에서 상아, 고무, 야자유 등을 채취하는 일에 주민들을 혹사했으며 할당량을 채우지 못하면 손목을 자르는 등 가혹한 벌을 가하는 약탈을 자행했다. 그는 세기의 폭군으로 서방에도 널리 알려졌다. 국제적 비난이 높아지자 1908년 사유지 형식에서 식민지 벨기에령 콩고로 바꾸었다. 그는 재임 동안 한 번도 콩고를 방문한 적이 없다.

레오폴드 2세와 손목 잘린 아이들

1차 세계대전 시 독일의 침공으로 입지가 약화된 벨기에 본국 정부는 본토의 77배나 되는 이 식민지를 다스릴 능력이 부족하였으며 현지인들의 반식민지 운동에 부딪히게 되었다. 2차 세계대전 이후 영국, 프랑스가 인접 식민지들에 현지 주민들의 정치참여를 허용하여 자치 가능을 인정하였다. 벨기에도 1959년 반벨기에 폭동을 계기로 1960년 80여 년 통치를 종식했다.

독립과 모부투의 독재

독립 후 콩고는 자유선거에 의해 카사부부 대통령, 루뭄바 총리가 출범하면서 모부투1930~1997가 국방장관이 되었다. 준비가 되지 않은 정부에다가 정치적 자립경험이 부족하여 3년간 내란을 겪으며 권력투쟁을 했다. 총사령관 모부투 대령은 쿠데타로 루뭄바 총리를 처형하고 카사부부 대통령실각 후 병사, 촘베 총리실각 후 알제리서 병사를 몰아내고 정권을 장악했다. 그는 1965년부터 1997년 죽을 때까지 32년간 대통령을 지냈다.

모부투

그는 벨기에에서 유학하여 공부하고 신문기자 생활, 민족운동에 참여하며 정치에 눈을 떴다. 1971년 벨기에 통치 흔적을 지우기 위해 나라 이름도 **자이르**로, 수도 이름 레오폴드빌도 킨샤사로 고쳤다. 정권유지에 급급하여 국가발전에 소홀한 장기 독재자였다. 그는 각종 부정부패에 연루하며 8억 달러를 축재했다. 모부투 말기 카빌라 반군과 내전을 벌여 1997년 반군 세력 로랑 카빌라에 의해 축출되어 모로코로 망명하여 사망했다. 카빌라 정권은 국명을 다시 **콩고민주공화국**으로 복원하였다.

내전, 내전, 내전…

콩고는 모부투 축출 이후 1998년부터 2003년까지 큰 내전이 계속되었다. 내전의 발단은 집권한 카빌라가 그를 도와준 북동부지역 투치족들의 철수를 요구하면서 시작되었다. 르완다 내전으로 DR콩고 땅으로 넘어온 투치족 난민들이 반군을 결성하고 자신을 대상으로 쿠데타를 모의하였기 때문이다. 르완다 투치족은 민주주의를 위한 콩고인 모임 반군 세력에 합세하여 동부 일부 지역을 장악하고 반군지원에 나섰다. 그러자 국경지역 불안정 확산을 염려한 우간다는 DR콩고 지역의 1/3을 장악하고 콩고해방운동MLC이라는 반군 세력을 지원하면서 카빌라 정권 축출을 꾀하여 내전은 확산되었다.

내전은 아프리카 10개국이 진영을 나누어 참전하면서 국제전 양상으로 비화되었다. 1999년 잠비아 루사카에서 정전협정이 체결되었으나 잘 이행되지 못하고 5,500명의 유엔 평화유지군이 파견되어 휴전감시를 지원하였다.

진압군

2001년 르완다의 조정을 받은 경호원이 카빌라를 암살하고 그의 아들 조셉 카빌라가 대통령으로 선출되었다. 조셉 카빌라의 DR콩고 정부는 2002년 말 르완다 투치족 반군RDD, 우간다 투치족 반군MLC과 3자 합의를 이루어 내전은 종식되었고 2002년과 2003년 르완다와 우간다는 콩고 영내에서 철수하였다.

내전은 전쟁 속의 전쟁으로 저강도 분쟁들이 계속되었다. 독립 후 벨기에가 두고 떠난 농지와 금광자산을 두고 농업주민과 목축주민 간에 **이투리 분쟁**1999~2007이 일어났다. 뿐만 아니라 자원이 풍부한 키부 지역을 둘러싼 여러 이해 당사자들 간에 **키부**Kivu **분쟁**2004~2009이 일어났다. 주요 대치 세력은 DR콩고군과 르완다계 투치족 콩고인 은쿤다Nkunda의 반군조직CNDP 이었다. 은쿤다는 동부지역을 거점으로 자신만의 통치구역을 구축하고자 했다. 그러나 2009년 은쿤다가 체포됨으로써 분쟁은 끝났다.

그의 체포는 르완다 정부의 협조가 있었기 때문에 가능했다. 르완

난민 대열

다는 은쿤다를 체포하도록 도와주고 콩고 영내에서 활동하는 르완다 반정부 후투족 반군 세력FDLR을 소탕하기 위해 콩고 영내로 진입하는 길을 터준다는 조건이었다. DR콩고군과 르완다군의 집중공격으로 FDLR은 2014년 무장해제를 선언하였다.

이외에도 은쿤다의 잔존 세력인 M23의 반란 등 소요가 계속되어 DR콩고는 바람 잘 날이 없었다. 유엔 평화유지군이 반군 세력과 직접 교전을 하면서 소요사태를 진압하였다. 2019년까지 동부 키부 지역에서는 무장단체들이 여전히 약탈, 납치, 방화를 자행하였다.

DR콩고는 2001년부터 18년간 집권해 온 조셉 카빌라 전 대통령이 퇴임하고 치세케디Tshisekedi, 1963~가 2019년 평화적인 정권교체를 이루었다.

작은 콩고, 콩고공화국

콩고공화국은 몇 개의 소왕국으로 이루어진 왕국의 영토였으나 1885년부터 프랑스가 식민지로 다스리다가 1960년에 독립하였다. 1970년부터 공산주의를 표방하여 콩고 인민공화국으로 국호를 바꾸고 소련 동구권 국가들과 교류하였으나 냉전 종식과 함께 1991년 공산주의를 포기하고 원래의 국호로 환원하였다. 국토의 대서양 해안 일부가 앙골라의 월경지越境地, 타국 영토 안에 있는 자국 땅 카빈다 주를 끼고 있다. 인구 560만 정도로 경제적 안정 국가이다.

17

이스라엘 엔테베작전 신화 남긴 우간다^{Uganda}

-나일 강 발원지. 학살자 이디 아민의 나라 -

우간다는…
학살자 이디 아민
전광석화電光石火 엔테베 인질구출작전
4,000km 날아간 다섯 대의 항공기
'인질 한 명이 더 남아있다. 마저 찾아라!'

우간다는…

아프리카 중부 내륙에 있는 우간다는 한반도 크기만 한 나라에 3천만 인구가 사는, 아프리카에서는 작지 않은 나라이다. 서쪽으로 콩고민주공화국, 남쪽으로 탄자니아, 동쪽으로 케냐 그리고 북쪽으로 남수단과 접해 있다. 우리에겐 독재자 폭군 이디 아민의 나라, 그리고 1976년 이스라엘 특공대가 이스라엘 인질구출 엔테베작전을 폈던 나라로 기억되고 있다. 국토에 호수와 강이 많아 자연환경이 아름다운 나라이다. 특히 나일 강의 발원지 빅토리아 호수를 끼고 있어 우간다 땅으로 흘러들어 백나일 강이 되어 남수단을 거쳐 수단으로 북상, 이집트로 흘러간다.

우간다는 1894년 영국 보호령으로 있다가 1962년 독립하였다. 1968 년 군사령관이던 이디 아민Idi Amin, 1925~2003은 1971년 좌파 대통령 오보테 외유 중 쿠데타로 집권하고 9년간 학정과 폭정을 자행하여 국제사회의 비난을 받았다.

학살자 이디 아민

이디 아민은 수십만 명의 양민을 학살한 아프리카의 학살자로 불렸다. 집권 후 오보테를 추종하던 많은 지식인들, 장교들이 숙청되었으며 아콜리, 랑고족 등 반대파 양민을 대량 학살하였다. 1972년 경제 우간다화를 추진하여 상권을 쥔 5만 인도인 등 아시아인을 추방하고 반대파를 대량 학살하는 독재자로 군림하여 경제파탄을 초래했다. 1976년에는 종신대통령으로 선언

이디 아민

하였다. 1978년에는 국민 관심을 돌리기 위해 이웃 탄자니아를 침공했으나 패퇴하여 반대파인 우간다 국민해방전선에 쫓겨나 리비아로 망명, 1979년 사우디로 옮겨가 살다가 2003년 사망했다.

전광석화電光石火 엔테베 인질구출작전

이디 아민 집권 기간에 세계가 놀란 이스라엘의 엔테베 인질구출작전이 있었다. 1976년 6월 27일 이스라엘 승객을 태운 A300 에어 프랑스기가 이스라엘 텔아비브 로드 공항을 떠나 파리 드골 국제공항으로 향하던 중 중간기착지인 그리스 아테네 공항에서 56명을 더 태우고 모

두 254명의 승객을 태운 채 이륙한 지 3분 만에 팔레스타인 테러범들에게 납치되었다. 허술한 아테네 공항에서 테러범 4명이 탄 것이다. 적군파 독일인 2명과 팔레스타인 테러범 2명이었다.

납치기는 리비아 벵가지 공항을 경유, 재급유하고 놀랍게도 남으로 향하여 아프리카 우간다 엔테베 공항에 착륙했다. 테러범들은 무려 9시간이나 인질들을 기내에 억류하고 있다가 공항 구청사 승객 로비에 감금했다. 현지에서 팔레스타인 인민해방전선PLO 테러범 3명이 합류했다.

이디 아민은 우간다 공항 구청사에 모습을 드러내고 우간다 공군이 인질들을 보호할 것이라며 자신이 직접 테러범들과 협상할 것이라 했다. 그리고 이스라엘정부와 테러범들의 협상을 원치 않는다고 했다. 이튿날 테러범들은 서독, 프랑스, 스위스, 케냐 그리고 이스라엘에 투옥 중인 테러범 53명의 석방을 요구했다. 이 요구가 받아들여지지 않으면 7월 1일 14시에 인질들을 살해하겠다고 위협했다. 라빈 이스라엘 수상은 벼랑 끝에 몰렸다. 테러범들은 이스라엘 인질들을 제외하고 나머지 승객들은 풀어주었으며 풀려난 인질들은 이디 아민이 테러범들에 동조하고 있다는 사실을 알려주었다.

9년간 집권하면서 폭정을 한 이디 아민은 이슬람으로 개종하여 무슬림이 되면서 아랍권 국가들과 경제관계를 개선하고 이스라엘을 적대시하였으며 나치의 유대인 학살을 미화하고 유대인들을 추방한 인물이었다.

4,000km 날아간 다섯 대의 항공기
이스라엘 정보당국은 풀려난 인질들을 통해 현장 상황에 대한 정보를 소상히 파악하고 라빈 수상과 시몬 페레스 국방장관의 체제 아래 이스라엘 공군은 면밀한 작전계획을 수립하였다.

구출작전 부대는 이스라엘 정예 사이렛 매트칼 요원들로 보잉 707 기에 지휘요원들이 타고 현장 인근까지 함께 날아가 지휘했으며 4대의 C-130기에 분승한 100명의 특공대원들이 밤 11시 엔테베 공항에 도착, 시차적으로 착륙하여 빈틈없이 작전을 수행했다. 우간다와 적대관계의 케냐와 협상을 통하여 이스라엘 의료팀이 케냐에서 보잉 707기에 대기 중이었으며 특공대가 탄 C-130 수송기의 케냐 영공 통과도 허락받았다.

C-130 수송기는 미국 록히드사 제품으로 1954년도에 첫 비행을 한 수송기로 세계에서 가장 안전한 항공기로 알려졌다. 93명의 승객을 나를 수 있으며 베트남전쟁 때 한국과 베트남 간 우리 휴가 장병을 수송한 기종으로 허큘러스란 별명을 가졌다. 이들은 홍해와 케냐 상공을 거쳐 4,000km를 비행하여 엔테베 공항에 도달하였으며 항속거리 4,000km의 제원으로서는 빠듯한 비행이었다. 특공대는 테러범들이

이스라엘 공군 C-130 수송기

요구한 53명 투옥 테러범을 싣고 온 수송기라고 엔테베 공항 관제탑을 속여 착륙을 허가를 받고 11시에 엔테베 공항에 내렸다.

특공대원들이 탑승한 첫 C-130은 이디 아민의 검은 승용차와 똑같이 도색한 벤츠를 싣고 가서 우간다군 복장을 한 이디 아민 경호원으로 위장한 특공대원들이 타고 공항 공군부대에 접근했다. 이 중 한 명은 아프리카계 용모의 특공대원으로 이디 아민 복장을 하고 대통령으로 위장했다. 우간다 공군은 이들을 대통령의 방문으로 알고 부대 게이트를 열어주었으며 뒤따라온 특공대원들이 주기 중인 MIG-17기 11대와 관제시설을 파괴하여 인질 철수 시 추격위협을 차단했다.

구출조는 지체 없이 공항 건물로 들어가 납치범 전원과 공항 공군 경비병 20명을 사살하였다. 총격 과정에서 이스라엘 인질 3명과 구출대원 1명이 사망했다. 1명 사망자는 다름 아닌 척후 구출부대를 진두지휘한 요나탄 네타냐후 중령이었다. 촉망받던 그는 이스라엘군의 전통을 이은 귀감이 되었다. 이어 착륙한 2번기 3번기의 대원들이 장갑차에 타고 우간다군의 산발적 저항을 제압하고 대부분의 인질들을 구출했다.

구청사 인질을 구출하여 소개疏開하는 동안 신청사를 점령한 다른 팀은 연료탱크를 확보하고 재급유를 시작하고 있었다. 707 공중지휘통제기에서 긴급 전문이 왔다. 케냐 정부가 이스라엘군의 재급유 기착을 허락한다는 것이었다. 40분 이상 걸리는 현지 재급유를 중단하고 분초를 아껴야 할 시간을 절약할 수 있었다. 그리고 인질을 실은 수송기 한 대가 먼저 엔테베 공항을 이륙했다. 7월 3일 23시 52분이었다. 구출된 인질들은 이스라엘인 93명, 에어 프랑스 승무원 12명 모두 105명이었다.

'인질 한 명이 더 남아있다. 마저 찾아라!'

공중지휘통제기는 인질이 모두 106명이어야 한다며 나머지 1명을 더 찾으라고 지상의 숌론 장군에게 지시했다. 납치기 에어 프랑스 기내까지 샅샅이 수색했지만 남은 인원이 없다는 걸 확인 후 공항작전을 종료했다. 그 급박한 때에 마지막 한 명까지 찾아 데려가려는 이스라엘 민족성이 놀라울 뿐이다. 찾지 못한 그 나머지 한 명은 억류 간 치료를 위해 병원에 옮겨졌던 73세의 도라 블로크였는데 그녀는 다음날 이디 아민의 수하에 의해 보복 처형되었다.

구출군은 철수하면서 공항 요소에 타이머 폭약을 설치하여 우간다 군의 추격 의지를 꺾었다. 나머지 수송기 3대가 이륙한 시간은 7월 4일 0시 30분…. 최초 착륙 후 90분 만에 모두 퇴

무사히 귀환한 인질들

각 이륙을 할 수 있었다. 공항 기습작전에서 테러범 7명과 우간다군 45명이 사살되었다. 작전에 성공한 대원들은 인질들과 함께 의료팀이 있는 케냐 나이로비에 들러 일부 응급치료를 받고 무사히 귀환하였다.

엔테베작전은 이스라엘군의 정예성을 세계에 과시했다. 세계 각국은 이스라엘을 본받아 대테러 특수작전 부대를 창설하여 훈련하고 엔테베작전은 대테러작전의 대명사가 되었다.

18

후투 투치 종족내전 르완다/부룬디^{Rwanda/Burundi}

-세계 최대 인권유린 내전-

처절했던 르완다/부룬디 종족내전
아프리카 판 쉰들러 리스트 '호텔 르완다'

처절했던 르완다/부룬디 종족내전

르완다와 부룬디는 아프리카 중심에 있는 내륙 소국들이다. 두 나라 합해 우리나라 반 정도 되는 작은 땅에 자연환경이 좋아 인구도 1,300만 정도씩 살아 인구밀도가 높다. 북으로 우간다, 동으로 탄자니아, 남으로 콩고민주공화국구 자이르 등 비교적 큰 나라들에 둘러싸여 있다.

두 나라는 1차 세계대전 이후 함께 벨기에 식민 통치를 받다가 1962년 분리 독립하였는데 모두 종족 문제를 안고 있었다. **후투족**Hutu, **85%과 투치족**Tutsi, 14% 간의 정권장악 싸움이다. 인구는 후투족이 많지만 소수 투치족이 정권을 장악하는 경우가 많아 내전이 끊이지 않았다. 투치족은 용맹하기로 소문나 있었는데 15세기경 에티오피아 쪽에서 내려온 종족으로 다수 후투족을 통치해 왔다.

현지의 로마 가톨릭은 투치족이 후투족보다 우수하다면서 투치족을 우대하고 벨기에 식민정부도 투치족 추장들의 자녀를 가톨릭 학교에 보내 엘리트교육을 받게 하는 등 종족갈등을 부채질했다. 내전 시 가톨릭 성당으로 피신한 난민들이 많이 희생되어 비난을 받았으며 로마 가톨릭은 뒤늦게 사과했다.

독립 이후 두 종족은 내전으로 정권을 번갈아 잡으면서 대통령을 암살하고 쿠데타가 반복되며 게릴라전투가 여기저기서 일어났다. 1990년 정권을 잡은 후투족 정부가 투치족 수십만을 학살하고 피난민 대열이 이웃 우간다로 탈출하는 대혼란을 겪었다. 탈출 난민들은 투치족을 결집하여 르완다애국전선RPF을 결성하고 르완다를 공격하였다.

국경을 넘는 내전 난민들

우리 기억에 남아있는 르완다 대학살. 1994년 후투족 출신 대통령 쥐베날 하브자리마나가 탄 비행기가 투치 반군 소행으로 격추되어 사망하자 후투족은 이에 대한 보복으로 투치족과 온건파 후투족 등 80

만 명을 학살했다. 폴 카가메Paul Kagame, 1957~가 이끄는 르완다애국전선이 반격하여 수도를 함락하자 6만여 후투족이 보복을 두려워해 국경지대와 자이르DR콩고로 떠났다. 난민 300여만 명이 발생했고 극심한 식량난과 질병으로 많은 난민이 죽었다. 자이르로 떠난 난민들은 후일 DR콩고 내전의 수난을 겪었다. 카가메는 2003년 대통령에 선출되었고 내전을 종식시켰으며 2017년 3선으로 재임 중이다.

1990년부터 1994년까지 약 150만 명이 학살되고 240만 명이 난민이 되어 주변국을 배회하며 분산 수용되었다. 르완다 난민 대량 유입으로 주변 부룬디와 DR콩고도 내전에 휩쓸리면서 수십만이 학살되어 세계 최악의 인권유린이 자행되었다.

카가메와 오바마 대통령

아프리카 판 쉰들러 리스트 '호텔 르완다'
르완다 학살은 2006년도에 영화로도 제작될 만큼 세계의 이목을 집중시켰다. 영화 '호텔 르완다'는 르완다 학살이 자행되던 1994년 4월 르완다의 한 호텔 지배인 폴의 이야기이다.

그는 수도 키갈리의 밀 콜린스 호텔 지배인이었다. 후투족 대통령이 암살당하면서 평화협정이 깨지고 투치족에 대한 무차별 학살이 시작되자 폴은 투치족 아내와 함께 자신의 호텔로 피신한다. 폴은 호텔로 몰려드는 피난민을 차마 외면할 수 없었고 전 세계도 외면한 잔혹한 학살 속에서 가족과 그들을 보호해 주기 위해 힘겨운 싸움을 한다. 그는 1,268명의 이웃 투치인과 후투족을 보호해 주었다. 아프리카 판 '쉰들러 리스트'이다.

영화 '호텔 르완다'

사정은 이웃 부룬디에서도 마찬가지였다. 대통령 암살, 쿠데타, 상대 종족학살, 반군전투, 휴전협상, 협상파기…. 다수 후투족 25만 명이 학살되었으며 국제사회의 노력에도 불구하고 악순환의 고리가 2015년까지 지속되어 지금도 정정은 불안하다.

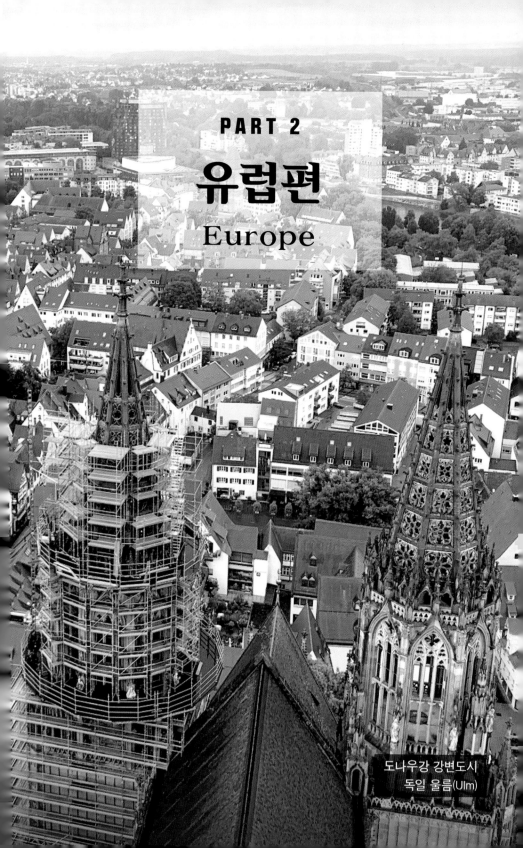

PART 2

유럽편
Europe

도나우강 강변도시
독일 울름(Ulm)

1

대항해시대와 콜럼버스

-콜럼버스의 공功과 과過-

콜럼버스의 동상들… 위대한 탐험가

크리스토퍼 콜럼버스

신대륙과 신세계

대항해시대의 발견자들

4차에 걸친 콜럼버스의 대서양 횡단

콜럼버스의 유산

콜럼버스의 동상들… 위대한 탐험가

세계 여러 나라의 도시들에 콜럼버스의 동상들이 있지만 내가 여행하면서 본 그의 여러 동상들 중 몇 군데 각별히 기억에 남고 그 뜻을 새길 수 있는 곳이 있었다. 이탈리아 북부 항구도시 제노바 역을 나서면 광장 왼쪽에 콜럼버스의 동상이 있다. 제노바가 그의 고향이고 그가 이탈리아 사람이라는 의미는 각별했다.

스페인에서는 두 개의 동상이 인상적이다. 하나는 바르셀로나 항구의 높은 기둥 위에 서서 먼바다를 내려다보는 그의 입상이며 다른 하나는 무릎을 굽히고 이사벨라 여왕의 교지를 받는 남부 그라나다의 동상이다. 1492년 남부 안달루시아 이슬람 세력을 마지막으로 몰아낸 시기와 같아서 그 기념으로 이슬람 알함브라 궁전 입구에 세워 놓은 것이다. 스페인에게 콜럼버스는 각별한 역사적 인물이다.

콜럼버스에겐 대서양 항로로 인도를 찾아가는 데 필요한 재정지원을 해 줄 후원자를 여기저기 찾다가 마침내 스페인의 이사벨라 여왕이 선뜻 후원에 나서 주었으니 고마웠을 것이지만 스페인 입장에서도 그가 발견한 모든 신대륙의 땅들이 스페인령이 되게 해서 수백 년 오랜 식민지 통치를 하도록 해 주었으며 그들의 언어가 중남미 대륙을 덮는 국어가 되었으니 어찌 고맙지 않으랴…. 스페인에 콜럼버스는 1등 공신이라 할 수 있다.

아르헨티나의 수도 부에노스아이레스 콜론 광장에도 그의 동상이 있다. 아르헨티나 독립 쟁취 혁명1810년 100주년을 맞아 이탈리아 출신 이민자들이 세운 것이다. 콜럼버스가 아르헨티나에 온 적은 없지만 그가 신대륙에서 발견한 모든 땅은 스페인 국왕에게 바쳐졌고 많은 유럽 이민자들이 이주해 정착했기 때문에 콜럼버스의 공이 지대하다 할 것이다. 그리고 대부분이 스페인 이주자들인 아르헨티나에서 이탈리아 이민자들의 존재감을 부각하는 데도 기여했을 것이다.

그의 동상은 신대륙 피정복지에도 있다. 멕시코시티에도, 그리고 콜럼버스가 직접 밟은 땅 아이티에도 있다. 원주민이 선주하고 있었던 땅들에 침략자로 나타나 박해를 받았음에도 그의 동상을 세워 기리는 걸 보면 콜럼버스에 대한 고마움을 가지는 국민정서로 이해된다.

미국에는 신대륙을 발견한 콜럼버스의 위업을 기리기 위해 콜럼버스의 날10월 둘째 월요일을 제정하고 콜럼버스 이름을 딴 도시들도 오하이오 콜럼버스 시티, 조지아 콜럼버스 시티, 인디애나 콜럼버스 시티 등 여럿이 있다. 콜럼버스가 유럽 이민의 길을 연 신대륙의 선구자라는 의미에서 미국인들도 콜럼버스를 위대한 인물로 여기고 있는 것이다.

크리스토퍼 콜럼버스

이탈리아 북부 항구도시 제노바에서 출생한 크리스토퍼 콜럼버스 Christopher Columbus, 1451~1506는 바다를 보고 자라며 일찍이 해상무역과 항해에 눈을 떴다. 마르코 폴로Marco Polo, 1254~1324의 동방견문록을 탐독한 그는 포르투갈 리스본에서 해상무역을 하는 부호의 사위가 되어 향신료를 찾아 인도와 중국으로 가는 길에 탐닉하고 있었으며 지도도 손수 만들어 낸 꽤 알려진 항해가였다. 인도나 중국으로 항해하는 것은 쉬운 일이 아니어서 영국, 포르투갈 등 여러 곳에서 재정지원을 해줄 후원자를 찾고 있었다.

그는 스페인의 이사벨라 여왕에게 재정지원을 청하여 마침 해양진출에 관심이 많았던 이사벨라 여왕의 환심을 사게 되었다. 그녀는 통일 스페인의 위상을 높이기 위해 기꺼이 콜럼버스의 제안을 받아들여 세 척의 배를 지원해 주고 재정지원을 아끼지 않았던 것이다. 당시 이베리아 반도에서 가장 큰 카스티야 왕국의 이사벨라 여왕은 이웃 아라곤 왕국의 페르난도 왕과 혼인하여 세력을 굳히고 남부 안달루시아 그라나다에 남아있던 이슬람 왕국을 마지막으로 몰아내고 해양강국 포르

콜럼버스와 산타 마리아호

투갈과 경쟁에 나섰다.

아프리카 희망봉을 돌아 동양의 인도로 항해하는 항로는 이미 항해술이 뛰어난 포르투갈이 선점했기 때문에 대서양을 건너는 미지의 항로는 유럽 항해사들의 관심사였다. 당시 로마 교황은 해양강국 포르투갈과 스페인의 항로를 가름해 주었다. 포르투갈은 아프리카 항로를, 스페인은 대서양 항로를 칙령으로 정해 주었다.

신대륙과 신세계

콜럼버스가 대서양 항로를 개척하여 인도와 중국으로 항해하여 두 달여 만에 닿은 육지는 인도가 아니라 카리브해의 여러 섬들이었다. 실크로드와 같은 육로로만 동양과 무역거래를 하던 시대에 보다 쉽게 해상무역로를 찾아 떠난 그는 그가 내린 곳이 인도인 줄 알았다. 그래서 그곳을 서인도제도West Indies라고 이름하였고 거기에 사는 원주민들을 인도사람으로 알고 인디오Indio라고 불렀다.

생각해 보면 현지 토착민들과 의사소통을 어떻게 했기에 그들을 인도사람이라고 생각했는지 이해가 되지 않는다. 배에는 통역하는 사람도 동승했다는데 인도에 대해 연구를 많이 했다면 언어나 용모, 식습관이나 주거환경을 보면 쉽사리 구별이 되었지 않았겠나 하는 생각이 든다. 콜럼버스는 이후에도 여러 번 같은 항해를 했고 죽을 때까지 거기를 인도로 알았다니 믿어지지 않는다. 사가史家들이 너무 쉽게 쓰고 지나간 것 같다.

콜럼버스의 대서양 횡단 항해 이후 세상은 신대륙의 발견이라는 말을 쓰게 되었다. 사실 신대륙이라 하면 미 대륙이 연상되지만 당시 유럽에서는 유라시아, 아프리카를 제외한 남북 아메리카, 오스트레일리아 같은 미지의 세계를 가리키는 말이었다.

콜럼버스는 카리브해의 수많은 섬들을 발견하고 일부 중남미 연안을 탐험했지만 오늘날 미 본토에 발을 들인 적은 없다. 유럽이나 미국에선 New World라고 하지 New Continent란 용어는 쓰지 않는다. 아메리카 대륙이란 중미를 포함한 남북 아메리카를 총칭하는 뜻이므로 콜럼버스가 오늘날 북미 아메리카 대륙에 발을 들이지는 못했으니 미국을 연상시키는 신대륙이란 표현보다는 신세계라는 개념이 적절할 듯하다.

대항해시대의 발견자들

유럽의 대항해시대Age of Discovery는 15세기 초중반 포르투갈과 스페인의 항해가들이 대서양 방면으로 해외진출하면서 시작되었다. 스페인 콜럼버스의 유럽-아메리카 항로개척 1492~1502, 포르투갈 **바스코 다 가마** Vasco da Gama, 1460~1524의 아프리카 남단을 통한 인도양 항로의 개척1498, 그리고 스페인 **페르디난드 마젤란** Ferdinand Magellan, 1480~1521의 대서양 횡단-남아메리카 남단-태평양 횡단 세계일주 항해1519~1522 등 15세기 말부터 16세기 초에 절정에 달했다.

바스코 다 가마

콜럼버스와 바스코 다 가마. 이 두 사람은 유럽인들에게 아메리카 대륙과 아시아를 알려주고 식민지배의 길을 튼 길잡이들이다. 두 사람 모두 유럽 사람들이 육로무역으로 비싸게 사야 했던 향신료를 찾아 인도로 떠난 항해가들이다.

페르디난드 마젤란

특히 마젤란 함대의 3년에 걸친 항로는 지구를 한 바퀴 돌아 '지구는 둥글다'는 사실을 입증했다. 다섯 척의 배에 선원 270명으로 출항했지만 항해 도중 필리핀 세부 섬에 기항했을 때는 마젤란이 현지인들이게 피살되었으며 선원들도 대부분 질병으로 사망하거나 실종되었다. 네 척의 배도 도중 귀항하거나 난파로 겨우 한 척에 선원 18명만 살아남아 돌아갔다.

거친 남아메리카 남단 마젤란 해협을 뚫고 나와 넓고 조용한 바다에 이르자 마젤란은 '고요한 바다'라는 뜻의 태평양Pacific Ocean이라고 이름을 지었다. 20여 년이 지난 1543년 코페르니쿠스가 지구를 중심으로 하늘이 돈다는 천동설天動說을 뒤집고 지구가 태양을 중심으로 돈다는 지동설地動說을 주장하여 천문학계에 큰 파장이 있었다.

뒤늦게 영국1600과 네덜란드1602, 프랑스1604가 동인도회사를 설립하고 본격적으로 대항해시대에 뛰어들었다. 1606년 **빌렘 얀스존**의 네덜란드 다프겐 호號가 호주 북부 카펜테리아에 도착, 호주대륙을 발견했고 1642년 네덜란드 **아벌 타스만**이 태즈메이니아와 뉴질랜드를 발견, 1648년 **세묜 데즈뇨프**의 베링 해협 최초 항해, 1770년 영국 **제임스 쿡**의 첫 호주 상륙, 이어서 1778년 하와이 발견 등 대항해시대가 이어졌다. 실로 신천지 발견의 시대Age of Discovery였다.

4차에 걸친 콜럼버스의 대서양 횡단

1492년 4월 17일 이사벨라 여왕과 체결한 신대륙 항해 계약은 흥미롭다. 자신과 후손에게 작위를 하사해 줄 것과 신대륙에 상륙하면 자신을 총독으로 임명하고 신대륙에서 얻는 경제적 이익의 10%를 할양해 준다는 것이었다. 생각해 보면 계약은 매우 상업적이고 정치적이며 식민지 개척과 수탈을 지향하는 내용들을 내포하고 있다. 이사벨라 여왕이나 콜럼버스는 모두 재물에 관심을 가져 쉽게 동양으로 가는 항로개척에 나선 것이다. 1492년부터 1504년까지 모두 네차례에 걸친 항해를 하였는데 대서양을 건너 인도로 향한 콜럼버스의 항적을 보면 흥미롭다.

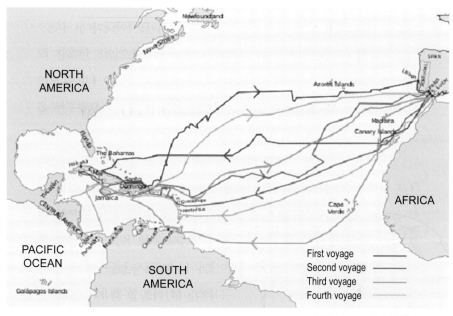

콜럼버스의 네 차례 항해

첫 항해는 1492년 8월 3일 3척산타마리아호 외 2척의 선박에 선원 90명이 타고 스페인 남쪽 팔로스 항을 출항했다. 대서양 카나리아 군도를 거쳐 생각보다 오랜 항해로 지친 선원들을 달래며 10월

콜럼버스의 신대륙 상륙

12일 마침내 바하마 과나하에 도착했다. 콜럼버스는 섬 이름을 구세주의 섬이라는 뜻으로 산살바도르San Salvador라 명명했다. 그는 쿠바 등지에 상륙, 오늘날 산토도밍고Santo Domingo가 있는 히스파니올라 섬현 도미니카와 아이티가 공유하고 있는 섬에 내렸다. 그는 이듬해 1493년 3월 선원

39명을 남겨 식민지 기반을 닦게 하고 원주민 6명과 진귀한 물건들을 싣고 귀국하여 스페인과 유럽에서 영웅 대접을 받았다.

2차 항해는 대 선단이었다. 1차 항해에 고무된 콜럼버스는 금맥의 희망을 품은 1,200명 선원들을 17척의 배에 싣고 1493년 11월 3일 출항, 동부 카리브 섬들을 거쳐 다시 히스파니올라로 향했다. 그러나 1차 항해 때와는 달리 도착해 보니 현지 상황은 심각했다. 남기고 갔던 선원 39명이 전원 몰살되었다. 약탈, 강간으로 원주민들이 들고일어났던 것이다. 콜럼버스는 크게 격했고 상륙하자마자 원주민 사냥이 시작되었다. 노예제도를 만들어 14세 이상 남자 원주민에게 석 달에 한 번씩 금을 바치게 했으며 미달 시에는 손목을 자르는 등 잔혹하게 다루었다.

원주민들은 동요했고 도망자는 학살했다. 게다가 유럽 질병 천연두가 퍼져 이후 50년간 수십만의 원주민이 사망했다. 1495년 초 타이노족

2차 항해에 실망하는 이사벨라 여왕

500명을 4척의 선박에 실어 보내 유럽에 노예로 팔아넘기기도 했다. 콜럼버스는 자메이카, 쿠바 남부 해안을 거쳐 많은 원주민을 노예로 사로잡아 1496년 귀국했으나 금은보화를 기대한 에스파냐 왕은 실망했다.

25만 현지 원주민 타이노Taino족은 2년 반 만에 절반으로 줄고 나머지는 노예로 대농장에서 혹사당했다. 콜럼버스가 첫 항해 상륙 시 조우했던 아메리카 원주민 타이노족은 100년 후 멸족하다시피 사라졌다. 이렇듯 역사가들은 콜럼버스의 두 번째 항해를 집단학살의 항해로 명명하였다.

3차 항해는 1498년 6척 선박으로 남아메리카의 베네수엘라 북부 해안을 거쳐 히스파니올라에 도착했다. 그러나 콜럼버스의 히스파니올라 식민지 개척은 성공하지 못하였다. 선원들의 내부반란에다 에스파냐 본국의 소환을 받고 쇠사슬에 묶여 귀환하였다. 기록을 보면 1501년 히스파니올라의 스페인 상인들은 사탕수수농장의 인력을 충당하기 위해 아프리카에서 첫 흑인 노예를 수입하였다.

4차 항해는 1502년 5월 4척의 배로 이루어졌으며 마지막 항해가 되었다. 콜럼버스는 남부 카리브해 트리니다드, 토바고 등 섬들과 중미 파나마, 온두라스 해안을 거쳐 자메이카 해안에서 고생 끝에 1504년 에스파냐로 돌아갔다. 3차, 4차 항해는 중남미의 여러 섬을 발견한 것 외에 큰 성과를 올리지 못했다. 1504년 후원자 이사벨라 여왕도 죽고 페르난도 왕의 관심도 식었다. 그는 1506년 55세로 사망했다. 에스파냐 정부에선 조문도 없었다. 1542년 추앙자들은 그의 유언대로 히스파니올라 산토도밍고 대성당에 시신을 옮겨 안장했다.

콜럼버스의 유산

콜럼버스는 유럽과 서방에는 위대한 발견자로 알려졌지만 서인도제도 현지인들에겐 약탈, 식민 통치, 잔혹한 정복자로 알려졌다. 그가 상륙한 섬들에 스페인 사람들이 줄이어 건너오면서 현지 원주민에 대한 약탈과 식민지 역사가 시작되었으며 종래에는 아프리카 흑인 노예들이 끌려와서 남북 아메리카 대륙으로 흩어지면서 오늘날 흑인들의 아픈 과거사의 한 장을 남기게 되었다. 콜럼버스가 아니었더라도 누군가가 대서양을 건너 신대륙에 당도하여 유럽에 이름을 남겼겠지만 지구가 둥글다는 사실이 믿어지지 않았던 그 시대에 두 달 넘게 어려운 항해 끝에 신대륙을 발견한 그는 위대한 항해가임이 틀림없다.

그의 내면적 인간성이 청교도적 인도주의자와는 거리가 먼, 모험과 금맥에 눈이 어두운 거친 상인의 욕심으로 가득 차 있었다면 오늘날 아메리카 대륙의 인종 문제를 불러온 원조로 인식되어도 이상할 게 없을 것이다. 2020년 미국 대선 시 **조지 플로이드 사건**으로 전국적인 흑인폭동이 일어나 콜럼버스의 동상이 화를 입은 것은 흑인 인종 문제와 콜럼버스가 무관치 않음을 나타내는 그들의 정서를 잘 읽을 수 있는 사건이었다.

콜럼버스의 항해 이후 유럽 열강들이 대항해시대를 맞으면서 본토에서 멀리 떨어진 세계 곳곳의 많은 땅을 차지하고 지금까지도 자치령으로 다스리는 나라들이 많다. 이는 나라가 작든 크든 국력 때문이다. 먼 바다로 항해할 수 있는 해양 세력을 가지고 대양을 항해하다가 섬이나 육지를 발견하여 상륙해 보니 주인 없는 무인도 땅이었거나 또 사람이 살더라도 미개한 토착 원주민들이어서 정복할 만한 땅들이 많았다. 게다가 정복자들은 해군과 지상군을 가지고 있어 현지인들의 저항이나 반란이 있으면 무력을 동원하여 제압할 수 있었으니 창과 활이 함포와 총기를 당할 수가 있었겠는가? 실로 평화적인 점유는 있을 수가 없었다.

17세기 이후 영국은 해가 지지 않는 나라라고 할 만큼 세계도처에 식민지를 만들었다. 1만 3천km 떨어져 있는 대서양 남단 아르헨티나 연안의 코앞에 포클랜드Falkland를 차지한 것이나 네덜란드가 8천km나 떨어진 카리브해 베네수엘라 연안의 아루바Aruba 섬을 점유하고 심지어는 1만km 밖의 본토보다 50배나 큰 아시아 인도네시아를 식민지로 삼았던 일 등은 미개의 소치이며, 역사 속의 이야기이기는 하지만 오늘의 시각으로 보면 쉽게 이해되지 않는다.

2

유럽의 종교전쟁

-십자가 퇴색시킨 약탈전쟁 -

종교전쟁은…

이슬람에 정복된 성지 예루살렘

이슬람 정복 십자군 원정Crusade

예루살렘의 수난 유대인 학살

아비뇽 유수幽囚와 교회의 분열

마르틴 루터의 종교개혁

95개 테제95 Theses, 95個條 意見書

프로테스탄트 개신교의 출현

신교 구교 30년 전쟁

종교전쟁은…

종교전쟁은 이교도간의 전쟁과, 같은 종교라도 종파 간의 전쟁으로 나눌 수 있다. 인간에게 믿음이라는 정신세계 지배요소인 종교가 생긴 이래 믿는 자들 간에는 서로 간에 늘 알력이 있어왔다. 자기가 믿는 절대자에 대한 손상, 모독, 박해를 받거나 교세 확장을 위해 경쟁을 하다

보면 충돌을 하게 될 경우가 많다.

유럽에서는 그리스도교가 전파된 이래 많은 종교 간 분쟁이 있었다. 중세에는 그리스도교와 이슬람교 간의 갈등으로 십자군전쟁이 있었으며 근세에는 루터의 종교개혁으로 구교와 신교 간에 여러 분쟁이 있었다. 큰 전쟁으로 번지지는 않아도 종교 간의 갈등은 민족분쟁에 못지않게 큰 인명 피해와 상처를 남긴 경우가 많았다. 최근세의 아일랜드 분쟁, 유고연방 해체와 보스니아 분쟁 같은 경우가 그것이다.

이슬람에 정복된 성지 예루살렘
예수 그리스도의 탄생지 예루살렘은 서기 70년 로마 티투스 장군에 의해 그 성전은 파괴되고 한쪽 벽만 남겨서 로마군의 위력을 과시하려 했다. 331년 콘스탄틴 황제가 기독교를 종교로 인정하여 박해를 풀고 638년 아랍인이 예루살렘을 점령할 때까지 이교도 유대인은 예루살렘에 들어갈 수 없었다. 비잔틴 시대에 와서 1년에 한 번 방문이 허락되었다. 유대인들은 성전파괴와 방랑하는 유대인들로 인해 벽 앞에서 통곡

예루살렘 통곡의 벽

하였으므로 통곡의 벽이라 불린다. 이슬람 아랍인들은 솔로몬 성전 자리에 이슬람 사원을 세우고 1099년 유럽 기독교 국가들의 십자군 원정 때까지 400여 년간 예루살렘을 통치했다.

이슬람 정복 십자군 원정Crusade

유럽 기독교 나라들이 이슬람에 정복된 예루살렘 성지를 탈환하기 위해 1095년부터 1291년까지 근 2백 년간 10차에 걸쳐 원정한 십자군 전쟁이 있다. 명분은 성지회복이었다. 7세기 중반 아랍 일대의 이슬람이 팽창하여 638년 성도 예루살렘이 정복되었고 서아시아와 북아프리카 남유럽까지 이슬람화되어 기독교 영역이 지속적으로 줄어들었다.

비잔틴제국의 동로마제국까지 셀주쿠Seljuk 터키 이슬람 세력의 위협을 받게 되자 서로마의 교황에게 도움을 요청하였으며 로마 교황은 동로마 교회에 대한 우위적 입장을 견지하고 교권을 강화하기 위해 서유럽 나라들에 예루살렘 원정을 독려하여 성지회복에 나섰다.

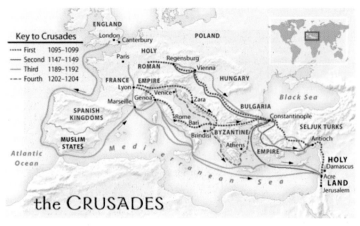

십자군 원정로

2백 년간 예루살렘의 상황에 따라 산발적으로 원정이 이루어졌지만 성지회복의 명분은 점점 퇴색하고 침략군으로 변모되어 출정이 거듭될수록 약탈과 만행으로 그리스도의 십자가Crusade를 퇴색시켰다. 신성로마제국의 **하인리히 4세** 때인 1096년부터 1099년까지 3년에 걸친 1차 원정은 비교적 명분에 충실하여 성공적이었다. 프랑스 왕실군, 시칠리

십자군 출정

아 왕국군 등이 콘스탄티노플을 거쳐 소아시아 반도의 여러 곳에서 이슬람 튀르크 군을 물리치고 **레반트** 지역시리아, 레바논, 요르단 지역을 지나 예루살렘에 입성하였다. 지나는 지역에는 원정군들이 십자군 소국들을 만들어 다스렸다.

예루살렘의 수난 유대인 학살

1차 원정 십자군은 예루살렘 성을 함락하고 많은 이슬람교도들과 유대인을 학살하였다. 십자군은 유대인들이 예수를 박해하고 이슬람을 도왔다는 이유로 가차 없이 처단하였으며 그들의 건물과 재산은 소각되었다. 예루살렘 시가지에서는 인적을 볼 수가 없었다고 한다.

십자군은 남부 레반트 지역과 예루살렘의 이슬람을 쫓아내고 원정군 프랑스 출신 **고드프루아**Godefroy를 초대 왕으로 하여 기독교 라틴 **예루살렘 왕국**을 건설하여 1291년 이슬람 맘루크Memluks, 1250~1517

에 함락될 때까지 192년간 지속되었다. 고드프루아는 형제들과 함께 출정하여 동생 보두앵 1세Baudouin가 왕위를 물려받기도 했다.

십자군은 4만 병력에 달했으나 3백 명의 기사단과 3천 명 정도만 남고 철수하였다. 예루살렘에 정착한 십자군은 대부분 프랑스 출신이었고 중세 유럽 기독교문화와 중동문화가

십자군의 예루살렘 함락

융합되어 독특한 우트르메르Outremer, 바다 건너온문화를 형성했다. 여러 세력이 장기간 그 먼 육상 장거리를 행군하여 감행한 십자군 원정은 보급이 뒤따를 리 없었으니 현지약탈은 피할 수 없었을 것이다.

수차에 걸쳐 이어진 원정으로 십자군은 같은 그리스도교를 포함한 현지인들에게 침략군, 약탈자가 되었을 것은 쉽게 상상이 간다. 결과적으로 십자군 원정은 실패한 역사의 한 장이 되고 말았다. 2차부터는 육상 대신 해상 원정이었다. 참가 각국은 이해관계가 엇갈려 원정군은 분열되었으며 반면 이슬람 세력은 살라딘과 같은 강력한 지도자가 나타나 이집트와 시리아를 통일하고 조직적으로 군사력을 키워 그리스도교와의 성전聖戰을 준비했기 때문에 원정군은 실패할 수밖에 없었다.

십자군전쟁에는 신성로마제국의 황제도 원정길에 올랐다. 독일 하인리히 4세1050~1106 때 첫 출병을 하였고 프리드리히 1세1122~1190 황제

는 친히 10만 대군을 이끌고 3차 십자군 원정1189~1192에 나섰으며 프리드리히 2세1194~1250는 신성로마제국의 황제이면서 예루살렘 왕국의 국왕1225~1228을 겸하기도 하였다. 십자군전쟁은 교황권이 약화되고 왕권이 강화되는 계기가 되었으며 이슬람의 앞선 과학기술이 유럽에 전파되고 무역이 활성화되어 베네치아 등 도시국가가 발전하고 이탈리아 르네상스의 기반을 이루었다.

아비뇽 유수幽囚와 교회의 분열

기독교를 기반으로 하는 신성로마제국 시대에 로마 가톨릭은 여러 가지 문제를 제기했었다. 루터의 종교개혁이 로마 가톨릭의 권위를 붕괴시켰다고는 보지만 교회의 권위는 이미 그 이전 13세기 말 십자군 원정에서부터 추락하기 시작하였다. 14세기 교황청을 로마에서 아비뇽프랑스 남부 프로방스 백작의 영지으로 옮긴 아비뇽 유수 이래 교황은 프랑스 왕의 꼭두각시가 되면서 교회는 쇠퇴의 기미를 보였다.

아비뇽 유수 교황청

아비뇽 유수幽囚, 1307~1377는 프랑스 필리프 4세와 교황 보니파시오 8세 간의 대립으로 발생하였다. 프랑스군이 보니파시오 8세의 고향인 이탈리아 아나니Anagni 별장을 습격하여 교황을 납치하고 욕설과 구타를 한 아나니 사건으로 교황은 심한 충격을 입고 곧 사망하였다. 필리프 4세는 프랑스 추기경을 교황으로 즉위시켜 교황청을 프랑스 남부로 옮기게 했다. 교황 부재의 이탈리아 반도는 신성로마제국 하인리히 7세의 침략을 받아1310~1313 교황은 계속 아비뇽에 체류하였으며 1377년 그레고리오 11세가 로마로 귀환할 때까지 70년간 아비뇽이 교황청이 되었다.

이 기간 중 7명의 교황과 추기경들은 모두 프랑스 출신으로 프랑스 왕의 영향하에서 교권은 실종되었다. 이후 친프랑스파 추기경들과 신임 교황 간의 갈등으로 서방교회의 대분열1378~1417이 일어났다. 우르바노 6세 신임 교황에 불복한 친프랑스파 클레멘스 7세가 교황권을 두고 서로 충돌하여 로마와 아비뇽에 두 명의 교황이 공존하는 심각한 교회 분열을 야기했다.

마르틴 루터의 종교개혁

중세 이후 마르틴 루터의 종교 개혁으로 그리스도교가 구교, 신교로 갈라지면서 크고 작은 전쟁들이 있었다. 마르틴 루터의 종교개혁은 당시 상황에서는 목숨을 걸고 나선 매우 위험한 모험이었다. 나는 몇 년 전 동부 독일 구 동독 지역을 여행하면서 종교개혁가 마르틴 루터 Martin Luther, 1483~1546의 자취를 찾아본 일이 있다. 그가 출생하고 사망한 아이슬레벤Eisleben에는 그의 생가生家와 사가死家 박물관이 있다. 15살 나이에 부친의 뜻대로 고향을 떠나 유학하며 법률을 공부했던 아이제나흐Eisenach, 뜻을 바꾸어 신부가 되기 위해 수도했던 에르푸르트 Erfurt…. 모두 가까이에 있어 둘러보기가 쉬웠다. 당시로서는 큰 파문을 일으켰던 종교개혁의 배경을 들여다보다가 자연히 구교, 신교에 대한 역사를 살펴볼 기회가 되었다.

95개 테제95 Theses, 95個條 意見書

프랑스, 영국 등 유럽 각국은 근대 국민국가의 길을 걷기 시작했으며 중세적 그리스도교의 혁신운동이 시작되었다. 종교개혁은 교회의 혁신운동이기도 하지만 근대국가로 가는 정치적 변혁의 과정이었다.

마르틴 루터의 종교개혁 이전에도 기독교에 대한 윤리적 쇄신을 시도했거나 성서적 신앙을 주장한 종교 개혁가들이 있었지만 역사적 변혁을 할 만큼 힘을 갖지는 못하였다. 성직의 매매 등 이미 존재하였던 교회의 여러 균열들로 인해 1517년 루터가 '95개 테제95 Theses, 95個條 意見書'를 내놓음으로써 본격적인 종교개혁이 시작되었다.

마르틴 루터와 95개 테제

이 의견서는 교회의 면죄부 판매에 대한 비판이 담겨 있다. **95개조 항의문**이라고도 한다. 당시 교황은 로마의 성 베드로 성당 신축자금과 빚을 갚을 자금을 모으기 위해 독일 마인츠의 대주교 테첼과 협정하여 중부 독일 지방 신자들에게 면죄부를 팔게 하였다.

가톨릭에서는 신자가 고
해성사로 죄를 참회하면
사제의 기도를 통해 그 죄
를 용서받는다고 가르치고
있지만 죄는 용서받되 그
벌은 남아서 기도나 선업善
業을 함으로서 갚을 것을
권하였다. 교회 짓는 좋은

면죄부 판매

일에 돈을 내고 벌을 면제 받았다는 증명서인 면죄부免罪符를 주는 것
이었다. 죄를 용서하면 벌도 면죄되리라는 상식과 거리가 있다.

이 95개조 의견서는 이러한 행위를 규탄하고 이를 뒷받침하는 자신
의 신학적 견해를 담고 있다. 루터는 진심으로 회개하는 그리스도
교도는 면벌문서免罰文書가 없더라도 구원을 받는다고 주장하였
다. 교회가 인간의 죄를 면하거나 구원할 수 없으며 오직 하나님
의 은혜로만 가능한 것이라고 주장하였다.

루터의 이 95개 테제는 대중들에게 폭발적인 영향력을 발휘하였으며
로마 가톨릭교회와 전면적 대립으로 치달았다. 교황은 그를 이단재판
에 회부하려 로마로 소환하였으나 프리드리히 선제후가 이를 반대하였
고 교황은 대신 아우구스투스 교구 추기경이 그를 심문하도록 했다. 루
터는 심문에서 모든 인간은 죄를 지을 수 있으며 오직 성서가 가장 높
은 권위를 가지고 교황이 아닌 하나님만이 인간을 구원해 줄 수 있다
는 주장을 굽히지 않았다. 추기경은 그를 추방하라고 선제후에게 요구
했지만 선제후는 그를 보호하였다.

교황은 그의 저서들을 불태우고 1521년 파문했다. 신변 보호를 받을 수 없었던 루터는 은신하면서 라틴어로 된 성경을 독일어로 번역하여 대중들이 성직자를 통하지 않고 성경을 바로 읽을 수 있게 하였다. 지금까지 성경에 대한 해석은 교황만이 할 수 있다는 가톨릭 공동체 내부의 공동인식을 바꾸어 누구나 성경을 해석할 수 있다는 새로운 생각이 걷잡을 수 없이 퍼져 교황의 권위는 크게 실추되었다. 이 시기는 또한 영국의 헨리 8세가 로마 가톨릭에서 벗어나 영국 성공회로 분파하여 교황의 권위를 떨어트린 때이기도 하다.

프로테스탄트 개신교의 출현

프로테스탄트Protestant란 16세기 마르틴 루터를 시작으로 스위스의 울리히 츠빙글리Huldrych Zwingli, 1484~1531, 프랑스의 장 칼뱅Jean Calvin, 1509~1564 등에 의해 로마 가톨릭에 대항하여 일어난 종교개혁 이래 분파된 기독교를 총칭하는 말이다. 1529년 독일제국회의에서 루터계 종교개혁파가 카를 5세 황

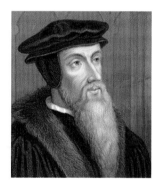

칼뱅(칼빈)

제 등 로마 가톨릭 세력에 당당히 항거한 데서 유래한다. 프로테스탄트는 많은 국가로 발전하여 성결파, 침례파, 퀘이커, 루터파, 장로파, 청교도, 개혁파 교회 등 여러 종파를 낳았다.

독일 작센 지방과 브란덴부르크, 덴마크, 스웨덴에서는 루터교루터란가 지배적이었지만 권위적 로마 가톨릭 의식을 배제하고 엄격한 도덕, 주일일요일의 신성화, 향락의 제한을 주장한 칼뱅교가 유럽 여러 나라

에서 개혁교회로 널리 퍼졌다. 네덜란드, 남프랑스, 스코틀랜드, 헝가리, 라인 강변의 도시들에 칼뱅교가 퍼져나갔다.

칼뱅주의의 흐름을 이어받은 청교도Puritan는 영국과 미국 뉴잉글랜드 지역으로 퍼졌다. 영국 성공회는 역시 1535년 영국에 정착한 개신교로서 온건한 칼뱅주의이다. 1620년 미국 매사추세츠 주 플리머스를 개척한 메이플라워호의 필그림 파더스Pilgrim Fathers도 모두 칼뱅교파이다.

신교 구교 30년 전쟁

독일을 무대로 한 1618년부터 1648년까지 신교프로테스탄트와 구교가톨릭 간의 충돌은 30년간 종교전쟁으로 계속되었다. 1555년 신교를 인정한다는 아우크스부르크 화의和議에도 불구하고 17세기 초 양파의 제후들은 신교연합과 구교연맹을 결성하여 대립했다. 로마 가톨릭의 권위가 추락하고 가톨릭의 대리자인 황제의 구심력이 약해지던 신성로마제국이 개신교로 이탈하는 구성국들을 묶어 두려는 시도였다. 영주와 노예 관계로부터 자유로운 자유도시들이 늘어나면서 개신교를 받아들이자 가톨릭 신성로마제국은 분열 위기에 처했다.

30년 전쟁은 종교개혁에 반대하는 합스부르크가家 페르디난트 2세의 가톨릭 세력에 맞선 보헤미아의 반란에서 시작되었다. 1618년에는 로마 가톨릭의 합스부르크 왕가가 프라하에 보낸 3명의 사절을 보헤미아 반대파 귀족들이 왕궁 창밖으로 내던진 사건이 있었다.

30년 전쟁은 모두 네 번에 걸쳐 시차를 두고 따로 일어났지만 서로 관련이 되어 있었기 때문에 30년 전쟁으로 묶어서 호칭되었다. 첫 충

합스부르크 사절을 창문 밖으로 던지는 보헤미아 귀족들

돌은 1617년 보헤미아 페르디난트 가톨릭 황제에 대항하여 프로테스탄트 선제후들이 반란을 일으켜 싸웠으나 1620년 바이센베르크 전투에서 패하여 다시 탄압을 받게 되었다.

두 번째는 1625년 영토 야심을 가진 루터파의 개신교국 덴마크 크리스티안 4세가 독일을 침공하였으나 황제군에 패하여 1629년 뤼베크 화해조약을 체결하고 루터파의 공인을 선언하였다.

세 번째는 루터파 신교국인 스웨덴이 프랑스의 지원을 얻어 독일을 침공하였다. 북방의 사자왕으로 불린 구스타프 2세1594~1632는 스웨덴을 유럽 강국으로 만들려는 야심가였으며 발트 해의 지배권을 장악하려 하였다. 구스타프 2세는 현지 신교파와 합세하여 북부 독일을 석권하고 황제군에 승전을 거듭했다. 그러나 독일 중부 뤼첸 전투에서 구스타프 2세가 전사하고 뇌르틀링겐 전투에서 신교군이 패하여 1634년 프라하 조약으로 종전되었다. 이 전쟁에서 스웨덴군 4천 명, 황제군 6천 명이 사망하였다.

마지막 전쟁은 이듬해 1635년 그동안 배후에서 전쟁을 지원했던 프랑스가 전면에 나서 독일을 침공하였다. 프랑스는 구교국이었으나 독일의 발트 해 진출을 견제하기 위해 신교국 스웨덴을 지원했었다. 프랑스와 독일은 일진일퇴를 거듭하였으나 오랜 전쟁에 시달린 독일의 페르디난트 3세가 1641년 종전을 제의하여 각국은 협상에 들어갔다. 6년에 걸친 다자 협상은 1648년 전쟁의 진원지 프라하가 스웨덴군에 점령되고 프랑스군이 독일 황제군과 스페인군에 크게 이겨 개신교 국가들이 베스트팔렌Westfalen 조약을 체결하면서 30년 전쟁은 끝났다.

30년 전쟁의 전반은 종교전쟁의 성격을 띠었으나 후반에는 덴마크, 스웨덴, 프랑스, 스페인 등이 개입한 정치적 색채가 짙은 국제전 양상이었다. 전쟁의 결과 프랑스는 알자스 지방의 대부분을, 스웨덴은 서포메라니아Pomerania, 독일 북부 발트해 연안와 브레멘 주교령主敎領을 얻었다. 그리고 스위스, 네덜란드가 신성로마제국권으로부터 독립하였으며 브란덴부르크, 작센, 바이에른도 약간의 영토를 획득하였다. 그리고 함께 싸운 신교의 칼뱅파와 루터파가 동등한 권리를 인정받았다.

신성로마제국은 크게 약화되었고 독일은 전쟁용병들에 의해 약탈, 방화, 살인 등으로 크게 피폐해졌으며 기근에서 벗어나지 못해 많은 사람들이 아사했다. 개신교로 구교의 박해를 피해 다니던 천문학자 케플러Kepler도 그들 중 하나였다. 30년 전쟁은 독일 역사상 유례가 없는 전무후무한 종교전쟁이었으며 유럽의 첫 국제전이었다. 독일은 이후 프로이센, 오스트리아만 절대 왕정 영방領邦으로 남게 되었다.

3

게르만 민족의 후손들, 영국 왕실 이야기

- 해가 지지 않는 대영제국 건설 -

어제를 사는 왕실, 오늘을 사는 왕손들

고故 다이애나 왕세자비의 차남 해리스Harris 왕자 부부가 왕실과 결별하고 평민으로 살겠다고 선언하여 영국 왕실이 구설수에 올라 주목을 받았다. 찰스 왕세자의 둘째 아들이기도 한 해리스 왕자는 아프간

전쟁에 헬기 파일럿으로 참전하는 등 성격이 자유분방하여 배우자도 이혼 경력이 있는 흑인 혈통의 미국 할리우드 여배우를 택하였다. 전통 보수적 인식으로는 이해하기 어려운 왕손의 행각임이 틀림없다. 찰스 왕세자와 다이애나의 비극을 경험한 영국 왕실에겐 매우 곤혹스러운 일이었을 것이다.

해리스 왕자나 부인 메건 마클Meghan Markle이나 모두 이혼한 부모 가정의 자녀라는 공통점이 있다. 두 사람의 성장환경이 너무도 달랐고, 흑인 혈통을 가진 메건 마클이 영국 왕실에 들어가 함께 산다는 것은 쉬운 일이 아닐 것이라는 추측이 쉽게 간다. 게다가 왕위에 오를 형 윌리엄이 두 아들에 딸 하나를 출산한 형수 내외와 안정된 모습으로 사는 걸 보며 함께 지내기는 쉽지 않았을 것이다.

영국 왕실에는 자녀 문제로 고심한 왕들이 여럿 있다. 왕통을 이어야 할 왕세자Crown Prince가 문제를 일으키면 왕은 고심에 빠지지 않을 수 없을 것이다.

유부녀와 오랜 불륜에 빠져 국민적 사랑을 받은 다이애나 왕세자비를 버리고 결국 사망에 이르게 한 엘리자베스 2세 여왕의 장남 찰스 왕세자의 경우도 그렇다. 73세가 되도록 왕관을 물려주길 기다리고 있지만 여왕은 왕위를 물려줄 생각이 없는 것 같다. 손자인 윌리엄 왕자를 마음에 두고 있는 것 같다.

다이애나 비

해리스 왕자 아들 세례식 기념

엘리자베스 2세 여왕은 자녀 복이 없다. 3남 1녀 네 자녀들 중 막내 에드워드 왕자1964년생를 제외하고 앤 공주1950년생, 셋째 앤드루 왕자 1960년생도 이혼했으며 앤드루 왕자는 5년 전 미국서 17세 미성년을 성폭행한 혐의로 고소되어 최근 스코틀랜드 왕실 휴가지에 은둔하고 있다고 2021년 8월 10일 BBC가 보도했다. 찰스, 앤드루 두 형제가 왕실의 권위를 크게 떨어뜨리고 있다.

영국의 왕실 역사

유럽의 여러 나라들이 지금까지 왕실을 유지하며 서로 통혼하여 혈통을 섞고 사돈외교를 펼쳐서 국가의 안위를 유지해 온 것처럼 영국도 전통적 왕실을 수백 년간 이어 오면서 세계사에 지대한 영향을 끼친 대영제국을 건설하였다. 지금도 대영제국의 식민지였던 국가들이 영연방 Commonwealth of Nations이라는 이름으로 과거의 영광을 조명하고 있다. 53개국에 이른다. 작은 손바닥만 한 영국이 어떻게 세계를 제패할 수 있었는지 매우 흥미로운 세계사이다.

중세 이전의 영국 역사를 요약하면 다음과 같다.

- 고대시대 유럽 켈트족 침입BC 6세기부터
- 로마 식민지BC 55~AD 410
- 북부 유럽 게르만 민족의 유럽 남부로의 대이동4세기 말
- 앵글로 색슨 브리튼 침입, 켈트족을 웨일즈, 스코틀랜드로 몰아 냄449
- 잉글랜드에 켄트, 서식스, 웨섹스 등 7왕국600년경까지
- 웨섹스Wessex 에그버트 왕의 잉글랜드 통일828
- 바이킹 노르만인의 잉글랜드 정복 시기1066~1485

중세 이후 근현대사에 네 왕조가 있다.

- 16세기 튜더Tudor, 1485~1603 왕조   5대, 118년웨일즈 통합
- 17세기 스튜어트Stuart, 1603~1714 왕조   6대, 111년
- 18세기 하노버Hanover, 1714~1901 왕조   6대, 187년
- 20세기 윈저Windsor, 1910~현재 왕조   4대, 111년

대영제국의 개척자 '튜더Tudor 왕조'

튜더 왕조는 **플랜태저넷 왕조**Plantagenet, 1154~1399 뒤를 잇는 왕조이다. 12~14세기 잉글랜드를 지배했던 프랑스 서부 노르망디 지역 앙주Anjou 지방 귀족 가문계의 플랜태저넷 왕조는 말기에 30년 장미전쟁1455~1485으로 몰락했다. 장미전쟁은 플랜태저넷 왕조에서 갈라져 나온 두 가문 랭커스터Lancaster와 요크York의 왕위쟁탈 전쟁이었다. 장미전쟁은 랭커스터 가문의 문장이 붉은 장미, 요크 가문의 문장이 흰 장미였기 때문에 붙여진 이름이다.

플랜태저넷 왕조 마지막 왕 헨리 6세가 죽자 가문의 부계가 끊기어 랭커스터 가문의 **헨리** 7세가 어린 나이에 즉위하여 요크 가문의 엘리자베스를 왕비로 맞아들여 새로운 튜더 왕조를 여는 것으로 끝났다. 이후 118년간 다섯 군주로 왕권신수설王權神授說 절대주의 튜더 왕조1485~1603가 존속했다. 튜더 왕조 초기는 1492년 콜럼버스의 신대륙 발견으로 유럽의 대항해시대가 막을 올린 때였다.

튜더 왕조 역대 왕5명, 118년

헨리 7세	재위 1485~1509, 24년	
헨리 8세	재위 1509~1547, 38년	헨리 7세 아들
에드워드 6세	재위 1547~1553, 6년	헨리 8세 셋째 왕비 소생, 병사
메리 1세	재위 1553~1558, 5년	헨리 8세 첫째 왕비 소생
엘리자베스 1세	재위 1558~1603, 45년	헨리 8세 둘째 왕비 소생

18세에 즉위한 **헨리** 8세1491~1547는 폭압지배자로 알려졌다. 첫 왕비와의 이혼을 거부한 권위적 로마 가톨릭에 반기를 들어 개인의 권리를 존중하는 개신교적 영국교회성공회를 만들었으며 수도원 개혁에 나섰다. 종교를 왕권 밑에 두고 절대주의를 공고히 했으며 존경받는 종교지도자들을 처형했다. 잉글랜드 역사상 가장 많은 사람들이 처형되었으며 자신의 왕비도 둘이나 처형했다. 그는 손이 귀하

튜더 왕조 시조 헨리 7세(뒤)와
아들 헨리 8세(앞)

여 1남 2녀를 두었으며 세 자녀들은 모두 그의 사후 왕위에 올랐다. 그 중에 **엘리자베스 1세**가 있다.

헨리 8세는 이례적으로 여섯 왕비를 두었다. 그의 재위 38년간 자녀 셋만 얻었는데 셋째 왕후에게서 겨우 아들 하나를 얻어 열 살에 후계가 될 수 있게 하였으니 여색을 탐했던 것이 아니라 당시 일부일처 가톨릭 교리에 어긋남 없이 합법적으로 이혼과 재혼을 통해서 왕실 후계를 도모하여 왕통을 이어가려 했던 그의 집념이 엿보인다. 이런 과정에서 이혼 둘, 처형 둘, 출산 중 사망 하나, 미망인 하나의 기록을 남겼다. 조선 세종대왕1397~1450께서도 역시 여섯 왕후를 두셨고 22명의 왕자, 공주를 생산하신 걸 생각하면 두 분의 여성관은 사뭇 다르다고 할 수 있다. 헨리 8세 왕후들의 면모를 살펴보면 흥미롭다.

첫 왕후는 여섯 살 연상의 형수였다. 스페인 아라곤-카스티야 왕국 페란도 2세와 이사벨 1세 여왕의 일곱 자녀 중 막내 공주였던 **아라곤의 캐서린**Catherine of Aragon, 1485~1536은 헨리 8세의 형 아서에게 시집왔으나 형이 곧 죽자 헨리 8세가 18세에 왕위에 등극하면서 캐서린을 자신의 왕비로 삼았다. 열 살 때 형을 따라 형수감을 맞으러 스페인에 따라갔을 때 캐서린 공주를 처음 보고 마음에 담았다고 한다. 왕자를 생산하지 못하고 새 여인이 생겨 20년 만에 이혼했다. 유일한 소생 딸 메리는 후일 5년간 왕위에 올랐다.

둘째 왕후는 첫 왕후 캐서린의 궁녀였던 **앤 불린**Anne Boleyn으로 딸 하나를 출산하여 후일 엘리자베스 1세가 되었다. 간통죄로 모략을 받아 런던타워에서 참수되었다. 유일한 왕자를 생산하여 총애를 받았던 셋째 **제인 시모어**Jane Seymour는 역시 궁녀 출신이었는데 출산 후 유증으로 사망하였다. 넷째는 독일 뒤셀도르프 공작의 딸 **앤 클레페** Anne Kleve였지만 헨리 8세 마음에 들지 않아 신방도 치르지 못했으며 혼자 살다가 병사하였다.

다섯째 왕비는 앤 클레페 왕비의 시중을 들던 19세의 궁녀 **캐서린 하워드**Catherine Howard였다. 47세의 왕에게 기쁨을 주었지만 점차 중년의 왕에게 실증을 느끼고 추문에 싸여 두 정부는 중형을 받고 왕비는 역시 참수되었다. 마지막 여섯 번째 왕비는 왕자 에드워드의 가정교사 **캐서린 파**Catherine Parr였는데 병든 남편을 보살피는 유부녀였다. 그녀는 전실 자녀들 메리25세, 엘리자베스8세, 에드워드4세 등 유자녀들을 잘 보살폈으며 헨리 8세가 늦게 안정을 찾으며 함께 살았던 왕후였다. 1547년 헨리 8세가 열 살의 에드워드에게 양위하고 죽을 때까지 왕녀로 있었다.

헨리 8세는 영국의 틀을 잡은 인물로 평가된다. 권위적 로마 가톨릭으로부터 독립하여 개방적 개신교 영국 성공회의 틀을 놓았으며 가톨릭 수도원의 부조리를 개혁하여 왕권 위에 군림하던 종교를 개혁하였다.

엘리자베스 1세의 치세

그의 2녀 1남 자녀 중 엘리자베스 1세는 45년간 재위하면서 영국이 세계로 눈을 돌려 해가 지지 않는 대영제국을 건설하는 기초를 닦은 군주이다.

엘리자베스 1세 여왕은 아버지인 헨리 8세의 두 번째 왕비 앤 불린

소생이다. 앤 불린은 딸을 낳았다고 헨리 8세에게 냉대받고 결국 처형되었었다. 엘리자베스는 홀로 자라면서 17년 위 이복 언니 메리 여왕으로부터 런던 탑에 감금되기도 했으나 마침내 엘리자베스 1세로 왕위에 올랐다. 그녀는 가

엘리자베스 1세 여왕

톨릭과 개신교의 갈등을 해소하려 노력했으며 아버지가 기틀을 잡아 놓은 영국 성공회를 정착시키는 데 큰 업적을 남겼다.

그리고 대양 진출과 아메리카 대륙 식민지를 개척했다. 발트 해 지중해무역과 1600년 동인도회사를 설립하여 아시아에 진출하였고 1583년 대서양을 횡단, 뉴펀들랜드를 영국령으로 하고 1584년부터 수년간 여러 차례 식민지 개척을 위해 노스캐롤라이나 로어노크 섬, 버지니아에 도착했으나 기근과 인디언에 시달려 전원 실종하거나 귀국하였다. 이때 항해로 처녀 여왕의 이름을 따서 버지니아 주 이름이 생겼다. 1560년 대에는 영국 상인들이 대서양 건너 카리브해 섬들에 진출하여 아프리카 노예를 공급하는 노예무역에도 참여하여 큰돈을 벌기도 하였다.

해군력을 강화하여 카리브해에서 식민지 주도권을 잡고 1588년 개신교 네덜란드를 지배하던 에스파냐와 일전을 벌여 무적함대를 격파하고 개신교 중심 국가로서의 위상을 높였다. 그녀는 1601년 아일랜드 독립 운동을 무력으로 저지하여 왕권의 지도력을 보였다.

엘리자베스 1세 시대에는 동시대를 함께 살았던 셰익스피어1564~1616가 있다. 셰익스피어는 신구사상이 교차하는 영국사회의 변화 시기에 헨리 5세, 헨리 6세, 헨리 8세 등 열 편의 사극을 썼다. 이 사극들은 중세 후기 영불 백년전쟁, 장미전쟁들을 배경으로 봉건적 질서가 붕괴하면서 왕가의 권력투쟁을 그린 작품들이다.

70평생 처녀로 지낸 엘리자베스 1세 시대는 영국 역사에서 황금시대였으며 그녀의 치세로 후대의 어느 군주보다 칭송을 받는 위대한 지도자로 기억되고 있다.

미 대륙 이민시대를 연 '스튜어트Stuart 왕조'

스튜어트 왕조를 연 제임스 1세

1603년 잉글랜드의 엘리자베스 1세 처녀 여왕이 후사 없이 죽자 프랑스 왕족 혈통의 스코틀랜드 제임스 6세가 영국 국왕으로 즉위, 제임스 1세로 시작하여 여섯 명의 국왕이 111년간 다스렸다. 스튜어트 왕조는 최초의 스코틀랜드 왕가 출신의 왕조로 스코틀랜드, 잉글랜드, 아일랜드의 공동 왕이 되었다. 오늘의 영국 국기 유니언 잭도 이때 시작되었다.

헨리 8세 때 이미 로마 가톨릭으로부터 독립하여 영국 기독교 성공회가 시작되어 제임스 1세 시기에는 표준 영어 성경이 나왔으며 성공회식 예배법 등이 제정되었으나 가톨릭 잔존 세력과 유럽 칼뱅교 프로테스탄트 청교도들의 반감을 사 제임스 1세 암살 음모까지 일어나기도 했다. 많은 청교도들이 종교적 자유를 찾아 신대륙으로 떠나게 되었다.

1607년 영국 최초의 이민 선단이 세 척의 배에 144명을 싣고 버지니아 체서피크 만에 도달하여 제임스 1세 이름을 따서 제임스타운James-town을 건설했으며 1616~1699년까지 83년간 식민지 수도역할을 하면서 아메리카 대륙의 식민지 기초를 쌓았다. 1620년에는 청교도 35명을 포함, 102명의 이민자를 태운 메이플라워호가 매사추세츠주 플리머스에 도착하여 뉴잉글랜드를 개척했다.

스튜어트 왕조 역대 왕6명, 111년

제임스 1세	재위 1603~1625, 22년	
찰스 1세	재위 1625~1649, 24년	제임스 1세 아들, 처형
찰스 2세	재위 1660~1685, 25년	찰스 1세 아들
제임스 2세	재위 1685~1688, 3년	찰스 2세 동생
윌리암 3세	재위 1689~1702, 13년	찰스 1세 외손자
앤	재위 1707~1714, 7년	제임스 2세 딸

인도 신대륙 지배 '하노버Hanover 왕조'

187년 하노버Hanover 왕조의 시조는 **조지 1세**이다. 스튜어트 왕조의 마지막 여왕 앤이 자녀가 없어 대가 끊어지면서 독일 하노버 선제후인 게오르크 루트비히조지 1세가 대를 이으며 시작되었다. 그는 독일에서 출생한 영국 스튜어트가 혈통이었다. 스튜어트 왕조의 시조인 제임스 1세의 장녀 엘리자베스 스튜어트가 독일 귀족에게 시집가서 낳은 딸 소피아 스튜어트의 아들이다. 소피아 스튜어트는 역시 독일 하노버가 선

제후와 결혼하였지만 앤 여왕이 후계가 없자 나이 71세에1701년 왕위
계승 서열 1위가 되었다. 그러나 앤 여왕보다 먼저 죽어 그녀의 아들
인 게오르크 루트비히가 조지 1세로 즉위했다. 조지 1세의 하노버 왕가
1715~1901가 시작되었다.

조지 1세재위 1714~1727는 영국 왕위와 하노버 선제후의 지위를 겸했
다. 조지 1세는 영어를 하지 못해 영국에 정을 붙이지 못하고 독일 하
노버에 머물면서 영국 국정에 거의 관여하지 않아 영국 입헌군주제와
책임내각제가 확립되는 계기가 되었다. 1760년 조지 3세 때부터 영국
본토에서 출생하고 자란 왕손들이 왕위에 올라 독일 왕실의 일부라는
인식을 불식시켰다. 여섯 명의 왕들이 187년간 다스렸다.

하노버 왕조 역대 왕6명, 187년

조지 1세	재위 1714~1727, 13년	
조지 2세	재위 1727~1760, 33년	
조지 3세	재위 1760~1820, 60년	조지 2세 장손자
조지 4세	재위 1820~1830, 10년	조지 3세 장남
윌리엄 4세	재위 1830~1837, 7년	조지 3세 3남
빅토리아 여왕	재위 1837~1901, 54년	조지 3세 손녀

이 시기는 동인도회사를 통하여 인도를 식민지로 만들어1757년 1858
년 직접 통치하며 1947년까지 190년 인도 통치의 기반을 만들었다.
1770년에는 제임스 쿡James Cook이 오스트레일리아에 첫 상륙했다. 아
메리카 신대륙에 식민지를 건설하여 다스리고 미국독립전쟁을 주도했
으며 유럽에서는 나폴레옹 전쟁 트라팔가르 해전을 승리로 이끄는 등

유럽의 소용돌이를 겪었다. 빅토리
아 여왕 시대에는 전 세계에 유니
언 잭 깃발을 꽂아 해가 지지 않는
대영제국을 건설한 황금기였다. 빅
토리아 여왕의 자손들은 유럽 여러
나라 왕실과 혼맥을 맺어 유럽의 할
머니라 불린다.

하노버 왕조의 마지막 빅토리아 여왕

조지 3세는 영국에서 태어난 하노버 가문의 세 번째 영국 군주였지
만 생전에 한 번도 하노버를 가 본 적이 없다. 1814년 하노버 공국선제후
국이 승격하여 왕국이 수립되면서 하노버 왕국 국왕을 겸했다. 하노버
왕국은 오늘의 독일 16개 연방주의 하나인 니더작센 주Niedersachsen,
Lower Saxony의 하노버를 주도로 하는 왕국이었으며 브레멘이 그 중심
지이다.

조지 3세는 영국 산업혁명의 기틀을 잡았으며 오스트레일리아를 식
민 기지로 닦았다. 영국국민들에게는 성실하고 독실한 군주로 존경 받
았다. 그는 말년에 정신병으로 고생하다가 81세에 죽었다. 하노버 왕가
187년 중 조지 3세 60년, 빅토리아 여왕 54년으로 두 왕이 114년을 권
좌에 있었다.

세계대전 겪은 '윈저Windsor 왕조'

1917년 1차 세계대전 말부터 오늘날까지 존속하는 왕조이다. 빅토리
아 여왕 사후 그 뒤를 이은 에드워드 7세재위 1901~1910는 하노버 왕조
대신 독일명 작센코부르크고타Saxe Coburg Gotha로 개칭하였으나 1910

년 그 뒤를 이은 차남 조지 5세재위 1910~1936는 1917년 1차 세계대전을 겪으면서 침략국 독일식 하노버 왕조를 윈저 왕조로 개칭하여 그 시조가 되어 현재에 이르고 있다.

조지 5세가 하노버 왕조 마지막 빅토리아 여왕의 손자이고 현 엘리자베스 2세 여왕의 조부이니 윈저 왕조는 이름만 바꿨을 뿐 모두 독일 하노버 출신 조지 1세의 혈통이다.

1차 세계대전을 일으켜 영국과 싸운 독일의 빌헬름 2세1859~1941는 빅토리아 여왕의 외손자이며 친손자 조지 5세1865~1936와는 외사촌 고종사촌 간이다. 게다가 영국과 함께 독일에 대항한 러시아의 니콜라이 2세의 황녀는 빌헬름 2세와 이종사촌 간이니 1차 세계대전은 빅토리아 여왕의 손자들 간의 전쟁이었으며 또한 사촌들 간의 전쟁이었다.

조지 5세 재임 간 아일랜드가 독립하였으며 1차 세계대전을 겪었다. 그는 여색을 탐하는 장남 데이비드의 왕위 계승 문제를 염려하다 폐질환으로 사망했다. 황태자 데이비드는 두 번이나 결혼했던 미국인 이혼녀 심슨 부인과 사랑에 빠진 채 에드워드 8세로 등극했으나 성공회의 강력한 반대에 부딪혀 1년 만에 왕관을 버리고 프랑스로 이주하여 결혼하였다. 왕관도 버린 세기의 사랑으로 알려졌다.

윈저 왕조의 시조 조지 5세

왕위는 동생 조지 6세에게 양위했다. 엘리자베스 2세 여왕의 아버지
다. 조지 6세는 나치 독일의 유럽 대륙 침공으로 2차 세계대전을 겪으
며 미국과 연합작전으로 전쟁을 승리로 이끌었으며 이는 오늘날 서방
세계의 결속을 다지는 계기가 되었다.

윈저 왕조 역대 왕4명, 111년

조지 5세	재위 1910~1936, 26년	
에드워드 8세	재위 1936, 1년	조지 5세 장남
조지 6세	재위 1936~1952, 16년	조지 5세 차남
엘리자베스 2세	재위 1952~, 69년	조지 6세 장녀

74년 해로한 엘리자베스 2세

1952년에 즉위하여 오늘까지 69년간 왕위에 있는 95세의 엘리자베
스 2세 여왕은 영국 왕실 역사에서 유례없이 최장기간 왕좌에 있어 왔
으며 여왕의 남편 필립 공도 100세1921~2021를 두 달 남기고 서거하였
다. 필립 공은 그리스 코르푸Corfu 섬에서 태어난 그리스 덴마크 왕실
혈통의 후손으로 그리스 왕실이 무너지자 영국으로 피신하여 1939년
영국 해군사관학교에 입교하였다. 이때 해군사관학교를 방문한 조지 6
세 국왕을 따라온 13세의 엘리자베스 공주를 처음 만나 그를 좋아한
공주와 편지가 오갔다.

해군 장교로 임관한 그는 2차 세계대전을 맞아 구축함 호위함을 타
고 참전하였다. 1947년 그는 왕실의 요구대로 그리스 정교에서 영국 성
공회로 개종하였으며 성씨도 바꾸어 영국 국적을 취득하고 엘리자베스
공주와 결혼하였다. 필립은 에든버러 공으로 호칭되었다. 공주는 1952

년 조지 6세 서거 후 여왕이 되었다. 영국 왕실 역사상 최장수 여왕, 최장기 재위 기록은 물론, 74년간 해로하며 외조를 받은 복 많은 분이다.

왕실은 필요한가?

영국 왕실의 인종차별 문제를 제기하고 왕실 결별을 선언한 해리 왕자의 폭탄선언으로 영국 국민들의 의견은 분분하다. 상징적이라고는 하지만 오늘과 같은 민주주의 사회에서 왕이 필요한가? 정치에 관여하지 않는 유명무실한 왕실을 없애자는 의견도 있다. 오늘을 사

증손 탄생을 축하하는 여왕 부부

는 국민들이 어제를 사는 왕실을 보는 눈은 21세기 세계관에서 멀다.

그러나 영국 왕실은 해가 지지 않는 대영제국을 건설한 전통적 영국 역사의 자랑스러운 유산이며 지금도 53개 영국연방 수장의 나라로 버킹엄, 윈저궁중 세리머니에 세계의 관광객들이 몰려드는 왕국의 나라… 왕실의 전통은 이어가야 한다는 의견도 많다. 영화를 누렸던 역사의 왕국들 프랑스, 독일, 이탈리아, 러시아… 모두 왕실은 사라졌지만 왕실문화는 역사적 유적으로 잘 보존되고 관광객들로 붐빈다.

영국 왕실은 연간 8,590만 파운드1,359억 원를 쓴다. 왕실 소유재산으로부터 얻는 수익3억 4,350파운드의 1/4을 돌려받는 것이다. 국민들의 세금을 직접 쓰는 것은 아니라도 왕가 생활 활동비, 1,500명 인력의 인건

영국 왕실 행사

비를 포함해서 왕실 관리, 유지에 큰돈이 들어간다.

영연방Commonwealth of Nations의 실체

영국은 1763년 이래 식민지로 다스려 오던 캐나다가 1867년 자치령으로 승격하고 뒤이어 오스트레일리아 뉴질랜드가 자치령이 되면서 영국 국왕에 충성한다는 공동 취지 아래 1931년 영연방을 창설하였다. 1947년 인도, 파키스탄이 독립하면서 추가로 가입하여 영연방은 다문화 다원적 체계로 발전하였다. 1949년 런던서 개최된 영연방 총회에서 영국 국왕을 영연방의 수장으로 규정하고 1971년 싱가포르 총회에서 영연방을 인류 공동의 이익인 국제적 이해와 세계평화를 촉진하고 협력하는 독립주권 국가들의 자의적 연합체라고 정의하는 싱가포르 선언을 채택하였다.

영국의 식민지였던 나라들이 독립 후 대부분 가입하였으며 아프리카 나라들이 많다. 남태평양 섬나라들, 그리고 카리브해를 포함한 중남미 나라들 등 53개 회원국이다. 영국의 식민지가 아니었던 르완다^{벨기에} ^{식민지}, 모잠비크^{포르투갈 식민지}도 회원국으로 가입하였으며 아일랜드는 1931년 가입했다가 정치적 이유로 1949년 탈퇴했고 짐바브웨는 무가베 독재의 토지 개혁, 선거제도 개혁으로 제명되었다. 나라마다 자국의 이해관계에 따라 탈퇴, 재가입한 예가 많다. 파키스탄, 몰디브, 남아프리카 공화국, 나이지리아, 감비아, 피지 등이 그렇다. 캐나다, 오스트레일리아, 뉴질랜드는 영국과 같이 입헌군주국으로 영국 국왕을 군주로 삼고 있다.

영연방 회원국들은 말은 연방이지만 국제법적 기준의 연방 국가는 아니다. 느슨한 형태의 친선적인 국제기구일 뿐이다. 특별한 안보 방위 조약이나 경제공동체, 협력기구 같은 기능은 없고 매 4년마다 영연방 올림픽 경기가 열린다. 2010년 인도에서 열렸고 2018년 오스트레일리아 브리즈번에서 열렸다. 영국 스포츠 크리켓 경기, 럭비, 폴로가 여러 나라에서 아직 인기가 있고 일부 연방국 간에 국제경기로 열리고 있다. 영연방의 정체성을 이어가는 일종의 식민지 향수라고 볼 수 있다.

4

유럽의 정치, 경제 중심 베네룩스 3국

-유럽연합 나토본부 유럽 물류 중심-

베네룩스^{Benelux}

유럽의 정치 중심 벨기에 왕국^{Belgium}

독일 가문의 레오폴드 왕가

이슬람 테러리스트의 온상

서유럽 4대 강국 네덜란드^{Netherlands}

유대인 소녀 '안네의 일기'

베네룩스 3국의 맏형 나라

영국에 앞섰던 해양강국

동성애자들이 모이는 곳

오라녜나사우^{Oranje-Nassau} 왕가

작은 공국 룩셈부르크^{Luxemburg}

인구 62만, 1인당 GDP 세계 1위

베네룩스^{Benelux}

베네룩스라는 명칭은 2차 세계대전으로 영국에 망명하였던 벨기에,

베네룩스 3국

네덜란드, 룩셈부르크 3국 정부가 1944년 9월 체결한 관세동맹조약을 '베네룩스 관세동맹Benelux Custom Union'이라 칭한 데서 비롯하였다. 이 동맹은 오늘날 유럽의 경제공동체 형성의 계기가 되었으며 1949년 북 대서양 방위조약나토의 기반이 되었다.

이 세 나라는 모두 작은 나라로서 군사적으로나 경제적으로나 자립 이 어려운 데다가 지리적으로 이웃하기 때문에 어떤 위기가 닥치면 공 동운명에 놓이게 되어 우선 관세동맹으로 결속을 도모하였다. 1960년 유사시는 군사동맹으로까지 발전시킬 목적으로 베네룩스 경제동맹을 체결하여 유럽 열강들의 공감을 불러 9개국이 유럽경제공동체EEC를 이루었다.

세상에는 작은 나라들이 지정학적으로 하나로 묶여서 주변 강국의 그늘 속에서 살아온 경우들이 더러 있다. 600만 권의 북유럽 발트 3국에스토니아, 라트비아, 리투아니아이 그렇고 1,800만 권 캅카스 3국조지아, 아르메니아, 아제르바이잔이 그렇다. 둘 다 각각 고유의 문화와 종교가 있고 민족도 다르지만 러시아는 약소국으로 보아 한 묶음으로 묶어서 속국으로 삼아왔다.

땅덩이가 큰 중앙아시아의 다섯 나라도 마찬가지다. 우즈베키스탄, 카자흐스탄, 투르크메니스탄, 키르기스스탄, 타지키스탄 다섯 나라는 모두 6,500만 권의 이슬람권이지만 일찍이 러시아에 합병되었었다. 모두 문명에 뒤진 사막 초원의 술탄Sultan국들이었다. 2,900만 인구 권의 베네룩스 3국과 비교된다.

유럽연합(EU) 본부

유럽의 정치 중심 벨기에 왕국Belgium

벨기에 왕국으로 불리는 이 나라는 역사적으로 여러 나라의 지배를 받았다. 1516년에는 스페인의 영토였으며 18세기 초 오스트리아, 1789년부터 프랑스, 그리고 워털루 전투1815년 이후 네덜란드에 합병되었다가 1839년 독립하였다. 그 영향으로 네덜란드어, 프랑스어, 독일어를 공용으로 쓰고 있으며 북쪽 지방은 네덜란드어권 플라망족56%이, 남쪽 지방은 프랑스어를 쓰는 왈롱족41%이 산다. 선진국임에도 남북 언어권의 갈등으로 종종 마찰을 빚고 있다.

1,163만 인구의 절반 이상이 가톨릭이다. 나토 국방우산 아래 경제가 발전한 선진국1인당 GDP 43,000달러이지만 국방비는 나토 가이드라인인 GDP 대비 2%에 못 미치는 0.93%를 쓰고 있다.

독립과 함께 런던회의에서 영세중립국으로 보장받았으나 1차 세계대전 후 베르사유 조약에 따라 그 지위가 해제되었다. 벨기에는 유럽의 정치 중심이다. 유럽은 나토NATO군 사령부, 유럽연합EU 본부를 벨기에

나토(NATO)군 사령부

의 수도 브뤼셀Brussels에 두어 군사적, 경제적 공동체의 의미를 부여하고 있다. 브뤼셀은 유럽의 수도로도 불린다.

벨기에는 프랑스와 독일 강국들 사이에 끼어 있어서 두 나라가 전쟁할 때마다 많은 화를 입었다. 66km 대서양 해안에는 2차 세계대전 초기 독일군에 밀린 프랑스, 영국군이 대거 영국으로 철수작전을 벌인 덩케르크Dunkerque 항이 있다. 안트워프Antwerp, 리에주Liege, 남부의 아르덴Ardenne 숲은 전사戰史에 기록된 유명한 전적지들이다.

우리 귀에 익은 '플랜더스의 개'는 이 나라 북부지방 플랜더스의 한 마을 소년 네로와 늙은 개 파트라슈의 이야기를 1872년 영국 여류작가 위다Ouida가 쓴 아동문학 작품이다.

독일 가문의 레오폴드 왕가

벨기에는 입헌군주국세습군주 내각 책임제 연방 국가이다. 국왕이 있으며 다수당에서 총리가 나와 국사를 이끈다. 네덜란드로부터 독립한 신생독립국 벨기에는 언어, 종교적으로 이질적인 남부지역과 북부지역의 갈등을 해소할 중립적 인물로 독일 귀족 작센코부르크고타 공국의 레오폴드를 찾게 되었다. 그는 영국, 프랑스, 러시아 등의 지원을 받아

레오폴드 1세

오스만 터키로부터 1830년 독립한 그리스 왕으로 제안을 받았었지만

거절한 인물이었다.

1831년 그는 **레오폴드 1세**로 초대 왕에 즉위하여1831~1865 벨기에
왕국이 시작되었다. 그는 영국 빅토리아 여왕의 숙부이며 조지 4세재위
1820~1830의 사위였다. 조지 4세의 적자 외동딸 샬럿은 네덜란드 빌럼
왕자후에 빌럼 2세 왕와 약혼까지 했으나 레오폴드를 만나 사랑에 빠졌으
며 아버지의 반대에도 불구하고 1815년 5월 2일 결혼했다.

그러나 1년 6개월 만에 아이를 사산하고 출산 후유증으로 21세에 사
망했다. 레오폴드는 실의에 빠져 10여 년을 혼자 살았으며 왕위에 올라
서야 프랑스 마지막 국왕 루이 필립 1세의 딸 루이즈와 재혼했다. 재혼
하여 얻은 고명딸의 이름도 샬럿이라고 지었다.

레오폴드 1세는 외교수완을 발휘해 열강의 지지를 받아 1839년 런던
조약을 통해 네덜란드로부터 독립을 이루어 냈다. 독립과 함께 영세중
립국을 선포하여 근대적 자유주의적 헌법을 선포하고 34년간 재위하면
서 유럽 최초로 철도를 건설하는 등 근대국가의 기반을 다졌다.

1865년 레오폴드 1세의 차남 **레오폴드 2세**재위 1865~1909가 즉위하
여 아프리카 탐험을 지원하고 1908년 콩고를 식민지로 획득하였다. 콩
고 식민지를 사유화하고 원주민들의 손목을 자르는 등 잔학했던 그의
학정은 널리 알려져 있다.

1909년 레오폴드 2세의 조카 **알베르트 1세**재위 1909~1934가 즉위
하여 아프리카 독일 식민지 르완다, 부룬디 위임통치권을 받았으며 1차

세계대전을 치렀다. 왕비는 간호사로, 왕자는 이등병으로 복무해 모범을 보였다. 전후 복구사업을 통해 1939년까지 급속한 산업발전을 이루어 사회개혁을 달성하였다.

알베르트 1세의 아들 레오폴드 3세재위 1934~1951는 불운하였다. 나치 독일의 침공으로 독일군의 포로가 되었으며 끝까지 독일에 협조하지 않고 스위스에 억류되어 있다가 풀려났다. 왕위는 보두앵Baudouin, 재위 1951~1993, 알베르 2세를 거쳐 2013년 왕세자 필리프가 7대 국왕에 올라 현재에 이르고 있다.

브뤼셀에는 유네스코 문화유산이 많다. 시가지 중심의 그랑 플라스 Grand Place는 늘 관광객으로 북적인다. 시청, 박물관 등으로 쓰이는

브뤼셀 그랑 플라스

이 건축물들은 1695년에 비로소 그 최종 모습을 갖추었는데 광장 한 가운데서 360도를 돌면서 한눈에 담는 현란한 고풍 건축물들은 세계에서 가장 아름다운 건축물이라고 빅토르 위고가 말했단다. 독일 프랑크푸르트 시청건물, 드골의 고향 프랑스 릴Lille의 17~18세기 구시가광장 등과 함께 기억에 남는 명소들이다.

이슬람 테러리스트의 온상

2016년 3월 22일 아침 브뤼셀에서 세 차례의 연쇄 폭탄테러가 발생했다. 브뤼셀 공항에서 연이어 두 번의 자살폭탄테러, 그리고 브뤼셀 시내 말베이크 지하철역에서 세 번째 폭탄테러를 가해 테러리스트 2명을 포함해 34명이 숨지고 250명이 부상당했다. 수배된 3명의 용의자들은 벨기에 국적으로 2015년 파리 테러조직과 관련이 있는 자들이었다.

벨기에에는 이슬람권에서 이민 온 무슬림들이 50만 정도 산다. 프랑스 독일에 이어 세 번째로 많다. 이들은 높은 실업률, 히잡 착용금지 등 벨기에 정부의 차별대우에 불만을 가져왔다. 유럽연합 본부가 있는 브뤼셀의 정치적 상징성이 이슬람 테러리스트들의 관심을 모았다.

서유럽 4대 강국 네덜란드Netherlands

네덜란드 하면 이준 열사, 풍차, 튤립, 하이네켄과 KLM 항공, 필립스 냉장고, 히딩크와 월드컵 축구 등 세계적인 이미지가 떠오른다. 영국과 산업경쟁을 벌이던 초기 영국에서 석탄과 철을 쓰는 산업혁명이 일어나자 우리에겐 풍차風車와 이탄泥炭이 있다고 관심을 쓰지 않았다고 한다. 오늘의 관광용 풍차가 그만큼 산업동력으로 활용되었다는 얘기다.

1907년 이준李儁 열사가 순국한 헤이그가 네덜란드에 있다. 1907년 그는 고종황제의 밀령을 받고 이상설, 이위종과 함께 헤이그 만국 평화 회의에 참석하고자 현지에 도착했지만 일본의 방해로 뜻을 이루지 못하고 순국하여 헤이그에 묻혔다. 1963년 서울 수유리 묘지로 이장되었다.

유대인 소녀 '안네의 일기'

암스테르담에는 나치 독일군의 눈을 피해 전쟁의 와중에 2년간 은둔 생활을 했던 한 유대인 소녀의 기록 '안네의 일기'가 있다. 당시 네덜란드에도 10만 명의 유대인들이 살았으며 13세의 안네 프랑크Anne Frank, 1929~1945도 그중 하나였다.

'안네의 일기'는 독일 출신 유대인 소녀 안네가 아버지 사무실 뒤 은신처에서 양친과 언니 그리고 다른 4인 가족의 유대인과 함께 사는 동안인 1942년 6월부터 1944년 8월에 일어난 일들의 기록이며 가상의 친구인 키티에게 말하듯이 써 내려 간 일기 형식이다. 안네는 은신처에서 발각, 체포되어 가족과 함께 독일의 한 수용소에 갇힌 뒤 언니와 함께 생활하다가 장티푸스로 짧은 일생을 마쳤다.

베네룩스 3국의 맏형 나라

네덜란드 역시 입헌군주국 의원내각제 왕국이다. 베네룩스 3국 중 역사적으로나 지역적으로 맏형 노릇을 한 나라이다. 라인 강 하류의 저지대로 국토의 25%가 해수면보다 낮아 낮은 땅이란 뜻의 네덜란드 나라 이름이 생겼다.

홀랜드Holland라고도 부르는데 이 나라 중심 지방 이름에서 온 명칭으

암스테르담 교외

로, '네딜란드'의 어원이다. 한자로는 화란和蘭, 일본어로는 오란다オランダ, 영어권에서는 더치Dutch; 형용사-네딜란드의, 네딜란드인의라 부른다. 자국과 유럽에서는 네딜란드어를 Netherlands, 네딜란드인을 Netherlanders 라 쓰고 Dutch라는 말은 쓰지 않는다.

　네딜란드의 경제는 강하다. 무역, 금융, 물류, 화훼, 낙농, 전자, 화학, 제약 등 기술집약적 첨단 산업이 발전해 있다. 세계 10위 규모의 물동량을 처리하는 로테르담 항, 유럽 3~4위 규모의 스키폴 공항 등의 물류인프라, 서유럽 내륙 물류의 54%를 차지하는 도로망, 유럽 내륙의 28개국으로 이송되는 컨테이너의 79%가 이 나라 항구와 운하를 통과한다. 런던 프랑크푸르트에 이은 제3 금융도시 암스테르담, 미국에 이은 세계 2위 농축산물 수출국으로 세계 수요 60%의 화훼, 낙농, 축산 분야 고부가가치 산업에 특화되어 있다. 남한 땅의 반도 안 되는 나라에 1,700만이 사는 나라지만 1인당 GDP 53,000불로 무역흑자 국이다.

영국에 앞섰던 해양강국

　네딜란드는 BC 50년경부터 로마의 속주였다. 400년경 게르만 민족의 대이동으로 로마가 약해지자 프랑크족, 앵글로족, 색슨족 등 게르만족이 들어와 살았다. 13세기 말부터 부르고뉴가프랑스 동부 공국의 필립 공이 현재의 베네룩스 3국 전역을 지배하였고 그 이후 합스부르크가의 영토가 되었다.

16세기 초 루터의 종교개혁으로 신교를 믿었지만 합스부르크가의 친척인 스페인 필리페 2세의 강압으로 구교를 강요당하였다. 이 시기에 많은 신교도 신자들이 종교적 이유로 해외로 떠났다. 17개 주 중 북부의 7개 주가 이에 항의하여 스페인으로부터 독립을 선포하여 별도의 동맹을 결성하고 70년간 독립전쟁을 벌였다. 1648년 베스트팔렌 조약으로 로마 가톨릭과 신성로마제국의 권위는 실추되었으며 네덜란드는 스페인으로부터 독립을 인정받았다.

네덜란드는 영국과 마주보는 북해에 연해 있어 예로부터 해양 세력이 강해 해외진출이 많았던 나라이다. 17세기 들면서 해상무역 강국으로 황금시대를 맞았다. 암스테르담에는 세계에 여러 곳에서 생산되는 물건들이 거래되어 활기찬 시장이 형성되고 문화, 예술, 과학이 꽃피었다. 18세기에는 후발 영국과 해상무역 경쟁을 벌이며 여러 곳에서 식민지를 차지하기 위해 전쟁을 벌이기도 했다. 인도에서, 스리랑카에서, 아프리카에서 그랬다. 남아프리카 케이프 식민지에서 벌어진 보어Boer 전쟁도 그중 하나이다. 어디서나 늘 선점하였지만 후착 영국에 밀려났다.

네덜란드는 카리브해에 안틸레스Antilles, 퀴라소Curacao, 신트마르턴 Sint Maarten, 아루바Aruba 등 섬을 소유하고 자치령으로 다스리고 있다. 본토의 100배도 넘는 동양의 인도네시아와 뉴기니, 남아메리카 수리남을 식민지로 가지고 있었다.

동성애자들이 모이는 곳

네덜란드에는 유럽 선진국들에서 볼 수 없는 진풍경이 하나 있다. 암스테르담 왕궁에서 멀지 않은 개천 변에 있는 홍등가이다. 이용객보다는 관광객들이 대부분인데 짙은 화장을 한 여인들은 쇼윈도 안에서 요염한 자태를 보이거나 거리에 나가 앉아 호객을 한다. 듣기로는 대부분 외국 여인들이라 하는데 지나는 젊은이들은 남의 시선에 개의치 않고 유유히 들락거린다. 정부의 묵인 아래 성시를 이루기는 하겠지만 이러한 문화는 해양강국으로 세계를 누비던 네덜란드 선원들의 항구문화가 아닌가 생각되었다.

홍등가 외에도 시내 대로변에 섹스박물관Sex Museum이 있다. 갖가지 귀한 도구들과 역사사진들이 전시되어 있다. 암스테르담은 또한 동성애자들의 중심지다. 2021년 8월에도 26번째 세계 동성애자들의 집회가 있었다. 성문화를 감추려는 동양 사람들에겐 생활의 한 부분을 숨

왕궁 근처 홍등가

김없이 노출하려는 그들의 솔직성으로 인식되었다.

오라녜나사우Oranje-Nassau 왕가

19세기 초 나폴레옹의 침략으로 프랑스의 속국이 되었으나 1815년 워털루 전쟁에서 영국에 패하자 다시 독립국가가 되어 200년 만에 17개 주가 통일되었고 국민들의 사랑을 받은 독일 귀족 오라녜나사우 가문의 빌럼Willem 1세재위 1815~1840, 25년가 초대 국왕으로 즉위하였다. 대공국으로 승격한 룩셈부르크 대공까지 겸하게 되었다. 그는 네덜란드의 국부로 불린다.

빌럼 1세

나사우는 독일 서부 라인 강 지역의 지명으로 나사우 가문 귀족의 영지인데 그 귀족의 일원인 헨드리크 3세가 네덜란드 오라녜 공국의 공주와 결혼하게 된 것이 그 시초이다. 카리브해의 바하마 수도 나소 Nassau는 오라녜나사우 가문이며 네덜란드 총독이었던 영국 윌리엄 3세가 바하마를 식민지로 삼았을 때 명명한 같은 이름이다.

오라녜나사우 왕실은 빌럼 2세재위 1840~1849, 9년, 왕비는 러시아 안나 파블로브나, 빌럼 3세재위 1849~1890, 41년를 거쳐 빌헬미나 여왕Wilhelmina, 재위 1890~1948, 58년, 율리아나 여왕Juliana, 재위 1948~1980, 32년, 베아트릭스 여왕Beatrix, 재위 1980~2013, 33년 등 세 여왕을 거쳤다. 2013년 빌럼알렉산더르 왕세자가 빌럼 3세 이후 123년 만에 남성 군주로 올라

암스테르담 왕궁

현재에 이르고 있다. 율리아나 여왕은 독일인인 베른하르트 공을 남편으로 두었으며 1950년 한국전쟁에 네덜란드군을 파병한 군주였다.

베아트릭스 여왕도 어머니 율리아나 여왕처럼 독일인을 남편으로 두었다. 공주 시절 한 망년회에서 만나 호감을 가진 클라우스는 독일 귀족 출신으로 독일군 장교를 지냈으며 나치 청년대원으로 활동한 의혹이 있어 구설수에 올랐다. 그들은 1966년 결혼하였다. 결혼식 날 시민들은 시위를 하며 반대하였다. 국민들의 반감은 첫 왕자를 출산하고 누그러졌다. 2차 세계대전으로 나치 독일을 경험하고 쓴맛을 보았으니 반독일 감정이 팽배하였으나 왕실의 공주들은 모두 독일가문을 조상으로 한다는 점을 잘 알고 있었을 테니 독일 신랑감인들 마다했으랴 싶다.

그녀는 1980년 즉위 당시 자신이 살 암스테르담 궁전을 대대적으로 개축할 것을 지시하여 주택난을 겪고 있는 시민들의 위화감을 크게 샀다. 2009년 여왕의 날 행사 때 여왕과 왕족이 탄 왕실차량에 차량돌진 테러가 나서 경찰 5명이 사망한 사건이 있었다. 네덜란드 역사상 왕실을 노린 첫 테러사건이었다. 다행히도 여왕과 왕실가족의 차량은 무사했지만 여왕은 며칠간 쇼크 상태로 지냈다.

현 국왕 빌럼알렉산더르1967년생의 결혼도 환영받지 못했다. 아르헨티나 출신의 왕세자비는 아르헨티나 독재정부 농업장관의 딸인 데다가 아르헨티나 법에 따라 국적 포기가 불가능하여 이중국적을 가지고 있다. 세 딸만 출산하여 다시 여왕의 시대가 오게 되었다.

작은 공국 룩셈부르크Luxemburg

룩셈부르크는 나라 이름이자 수도 이름이다. 벨기에, 네덜란드는 몇 번 여행했었지만 베네룩스 3국의 마지막 한 나라를 안 가보았으니 궁금하기도 했고 독일여행길 프랑크푸르트를 떠나 뒤셀도르프로 올라가는 길에 코블렌츠Koblenz에서 2시간 거리 룩셈부르크를 쉽게 갈 수 있었다. 룩셈부르크는 제주도의 1.4배 정도 크기에 인구도 62만 정도 되는 베네룩스 3국 중 가장 작은 나라이며 큰 역사적 유물도 명소도 없는 조용하다 못해 적막한 곳이었다.

룩셈부르크는 베네룩스 3국과 역사를 거의 같이해 왔으며 1839년 네덜란드로부터 독립하였다. 대공大公이 입헌군주의 지위를 가지는 세계 유일의 나라로 국명도 룩셈부르크 대공국Grand Duchy of Luxembourg이다. 공국이라 함은 유럽이 봉건 제후의 영토로 분할되었던 중세시대에 세습적으로 통치하는 지방 군주의 영역을 뜻하는데 독일의 선제후選帝侯, 일본의 다이묘大名와 같은 통일국가 권력의 아래 권력 개념이다.

유럽의 모나코2평방km, 인구 3만나 리히텐슈타인강화도 반 크기, 인구 3만 7천과 같은 작은 나라들도 현재 공국으로 불린다. 대공은 황제나 왕보다는 낮은 지위이지만 귀족 중에는 최고의 지위이다.

인구 62만, 1인당 GDP 세계 1위

룩셈부르크는 유럽연합에 가입한 회원국 지위에 힘입어 적극적인 개방정책과 금융, 물류, 첨단 IT 산업 중심 국가로 발전하여 세계에서 가장 높은 1인당 GDP 소득 국가가 되었다. 인구가 적은 나라이니 나누는 소득이 클 수밖에 없다.

수도 룩셈부르크

워낙 작은 나라라 역사적으로 주변 강국들의 지배하에 있어 왔다. 프랑스, 스페인, 오스트리아 합스부르크, 독일연방, 네덜란드의 지배를 받았으며 1867년 독일연방을 탈퇴하고 영세중립국 지위를 받았다. 2차 세계대전 시에는 네덜란드, 벨기에와는 달리 독일 본토에 병합되어 독일군에 징집되기도 했다. 1945년 영세중립국을 포기하고 나토의 일원이 되었다. 나사우바일부르크 대공가 가문이 현재까지 대공작 지위를 유지하고 있다.

5

유럽의 동맥 도나우^{Donau} 강

-열 나라 흐르며 흥망성쇠 지켜봐 -

요한 슈트라우스의 왈츠 '푸른 다뉴브'

발원지 블랙 포레스트… 끝은 블랙 씨

나폴레옹 전승지^{戰勝地} 울름^{Ulm}

신성로마제국 중심 레겐스부르크

히틀러가 성장한 린츠^{Linz}

음악의 도시 빈^{Wien}

성장하는 도시 브라티슬라바^{Bratislava}

영욕의 부다페스트^{Budapest}

구 유고연방의 심장 베오그라드^{Beograd}

루마니아-불가리아 국경 지나 흑해로

요한 슈트라우스의 왈츠 '푸른 다뉴브'

　도나우 강다뉴브 강을 소재로 한 여러 음악 작품들이 있지만 요한 슈트라우스 2세1825~1899의 '푸른 다뉴브Blue Danube'는 우리 귀에 가장 친숙할 것이다. 1880년 루마니아의 이오시프 이바노비치1845~1901가

작곡한 '다뉴브 강의 물결Waves of Danube'도 그렇다. 두 작곡가가 모두 도나우 강변의 도시들에 살았으니 그들이 그려 낸 선율은 도나우 강의 정서와 소울Soul을 유감없이 발현했을 것이다. 도나우 강은 역시 왈츠로 엮어야 제맛이다.

발원지 블랙 포레스트… 끝은 블랙 씨

도나우 강은 모두 열 나라를 지난다. 독일 블랙 포레스트Black Forest에서 발원하여 동유럽 아홉 나라를 지나 흑해Black Sea로 흘러든다. 블랙 포레스트는 독일 남서부 프랑스와 스위스 국경 부근 삼림지대로 프라이부르크, 카를스루에, 슈투트가르트로 둘러싸여 있으며 88 서울올림픽을 결정한 온천 휴양도시 바덴바덴Baden Baden이 그 북쪽에 있다.

아름드리 삼림이 무성하여 어두운 숲이라고 로마인들이 붙인 이름이지만 검지는 않다. 온갖 전설과 동화의 땅인 이 숲은 바위언덕, 맑은

도나우 강 2,850km

호수, 깊은 계곡 등으로 군데군데 고성들도 있다. 유명한 뻐꾹 시계의 산지이다. 독일 국민들의 사랑을 받는 트레킹 코스가 많고 겨울에는 스키어들의 천국이다.

산림은 6천평방km제주도 **1,847평방km**로 최고봉은 1,493m이며 중북부는 5~600m로 도나우 강이 이곳 심장부에서 발원하여 흑해까지 전장 2,850km를 흘러간다. 도나우 강은 동쪽으로 흘러내리면서 100km 떨어진 울름에서 수면 해발 500m, 빈 162m, 부다페스트 97m, 베오그라드 70m, 흑해 0m이니 강의 흐름을 짐작할 수 있다. 러시아 서부 유럽에서 가장 긴 강이며 라인 강 1,320km보다 두 배 이상 길다. 여러 나라들의 심장부를 흐르기도 하며 두 나라의 국경이 되어 지나기도 한다.

독일에서는 울름Ulm, 레겐스부르크Regensburg를 지나며 오스트리아의 린츠Linz, 빈Wien을 거쳐 슬로바키아 수도 브라티슬라바Bratislava, 헝가리 부다페스트Budapest를 지나 크로아티아 세르비아 국경을 이루며 남으로 흘러 베오그라드Beograd에 이른다. 도나우 강은 다시 루마니아와 남쪽 불가리아의 국경을 이루면서 동으로 흘러 흑海Black Sea 연안에 이르러 여러 지류로 퍼지면서 넓은 삼각주를 이루어 몰도바, 우크라이나가 그 일부를 공유한다.

나폴레옹 전승지戰勝地 울름Ulm

울름은 2백여 년 전 나폴레옹의 격전지였다. 1804년 황제에 등극한 나폴레옹은 1805년 트라팔가르 해전에서 패하여 영국 침공이 좌절되자 대 프랑스 동맹으로 적의敵意를 가진 동쪽의 오스트리아 러시아 쪽으로 병력을 집결시켜 울름에서 회전會戰하였다.

1805년 9월 프란츠 1세의 오스트리아군은 나폴레옹 기병대의 블랙 포레스트 양동작전陽動作戰에 기만되어 나폴레옹군이 울름 정면으로 올 것으로 판단하고 방어진을 펴고 있었다. 그러나 19만 5천의 나폴레옹군은 울름 북방으로 신속히 우회 기동하여 배후를 공격하는 포위작전을 감행, 후방의 러시아군쿠투조프 장군 9만 5천이 증원되기 전에 5만 5천의 오스트리아군을 섬멸하였다.

울름 회전에서 오스트리아군을 격파한 나폴레옹은 전과확대戰果擴大에 들어가 러시아군을 계속 추격하여 빈을 점령하고 도나우 강을 건너서 알렉산더알렉산더 1세 황제 증원군增援軍과 합류한 러시아 쿠투조프군과 오스테리츠Austerlitz, 오늘날 슬로바키아 지역에서 대회전을 벌였다. 나폴레옹군은 러시아군을 중앙돌파, 양분하여 각개격파함으로써 대승을 거두었다. 울름과 오스테리츠에서 대승을 거둔 나폴레옹은 입지를 크게 강화시켰으며 나폴레옹 전성시대를 가져왔다.

854년부터 알려진 울름은 도나우 강가의 아름다운 도시다. 중세에는 가장 큰 상업도시였다. 1377년 건립된 울름 대성당은 쾰른 대성당에 이어 독일에서 가장 큰 규모이다. 161m의 종탑은 세계에서 가장 높다. **아인슈타인**의 출생지이기도 하다. 1879년 이곳에서 태어난 그는 1916년 상대성 이론을 발표하고 1921년 노벨 물리학상을 받았으며 1933년 유대인인 그는 나치를 피해 미국 프린스턴 고등연구소 교수로 취임하였고 1955년 사망했다.

신성로마제국 중심 레겐스부르크Regensburg

독일에서 가장 오래된 도시 중 하나다. 중세 때는 도나우 강을 이용

레겐스부르크

하여 인도, 중동과 교역하며 번성하던 상업도시였지만 15, 16세기 국제 교역로가 바뀌면서 쇠퇴하였다. 1532년부터 여러 차례 신성로마제국 의회가 이곳에서 개최되었으며 1663년부터는 1806년 제국 해체가 이곳에서 결정될 때까지 상설되었었다. 2차 세계대전 때는 독일 공군의 항공기 제작 중심지였던 탓에 연합군의 공습을 받았지만 중세 건축물들은 큰 손상을 입지 않았다.

히틀러가 성장한 린츠Linz

린츠는 빈Wien, 그라츠Graz에 이어 오스트리아 제3의 도시이다. 체코 국경에서 남쪽으로 30km 떨어진 도나우 강변 양안에 잘 정돈된 인구 20만의 아담한 도시이다. 2009년 유럽 문화수도로 선정될 만큼 문화가 있고 아름답다. 오스트리아 경제 중심지이며 동서 유럽의 중심에 있어 육상·항공교통의 중심지이다.

행성은 태양을 중심으로 타원궤도를 그리며 돈다는 케플러의 법칙을

린츠 부근 도나우 강 슐로겐 루프

발표한 독일 천문학자이며 수학자인 **케플러**Kepler, 1571~1630가 이곳에 머물며 행성운동을 연구했다. 그의 이름을 딴 요하네스 케플러 대학이 세워졌다. 작곡가 브루크너Bruckner, 1824~1896도 이곳에서 활동했으며 이곳에 묻혔다.

이곳에서 멀지 않은 독일 국경 근처 오스트리아 마을 브라우나우암 인Braunau am Inn에 히틀러의 생가가 있다. 세관 관리의 아들로 출생한 아돌프 히틀러1889~1945가 1898~1907년까지 어린 시절 초등, 중등 교육을 받으며 살았던 곳이다. 홀로코스트로 악명 높은 아돌프 아이히만도 이곳에서 살았다.

히틀러는 생애를 마감할 때까지 린츠를 자신의 고향처럼 생각하고 약탈한 미술품들을 소장할 박물관 건축까지 구상했었다. 히틀러는 안톤 브루크너의 음악에 매료되어 브루크너가 묻힌 린츠 플로리안 수도원을 브루크너 음악 원고 저장소로 만들고 브루크너 교향악단 창설에 기여했다. 1996년 린츠 시의회는 나치 과거를 정리하기로 하고 수많은 희생자들의 추모비를 세웠으며 그들의 이름을 딴 거리이름이 생겨났다.

브라우나우암인 히틀러 생가

브라우나우암인에 있는 히틀러 생가는 네오나치즘들이 성지로 삼으려는 움직임을 차단하기 위해 2023년까지 경찰서로 바꿀 계획이다. 그의 생가 앞에는 '자유, 평화, 민주주의를 위해 다시는 파시즘이 없기를 수백만의 죽음이 경고한다'고 쓰인 석상이 서 있다.

음악의 도시 빈Wien

도나우 강가의 빈은 13세기 말 이후 650년 합스부르크 왕가의 요람이다. 마리아 **테레사 여제**재위 1740~1780와 그의 자손들…. 손자 프란츠 1세는 나폴레옹에게 딸까지 주며 화친을 도모했으나 전쟁은 피할수 없었고 승패를 거듭하며 애증 관계를 지속했다. 독일연방의 맹주로, 신성로마제국의 황제로 유럽을 지배했던 빈의 호프부르크 왕궁, 여섯살 모차르트가 테레사 여제의 총애를 받으며 연주를 했던 쇤브룬 궁전의 영화를 도나우 강은 지켜보아 왔다.

요한 슈트라우스 2세

　빈은 또한 유럽의 많은 음악가들이 활동한 음악의 도시이다. 오스트리아 태생의 하이든1732~1809, 모차르트1756~ 1791, 슈베르트1797~1828, 주페1819~1895, 브루크너1824~1896, 요한 슈트라우스 2세1825~ 1899는 물론 독일 태생의 베토벤1770~1827, 브람스1833~1897도 인생의 반 이상을 빈에서 활동하고 묻혔다. 하이든, 모차르트, 베토벤은

빈 벨베데레 궁전 정원(미술관)

서로 교우하며 살았으며 대부분 거장 음악가들이 도나우 강변에서 한 시대에 생몰하며 활동하였다.

모차르트는 36세, 슈베르트는 31세의 짧은 인생을 살면서 많은 작품을 남겼고 베토벤은 병고에 시달리면서도 57세까지 작품활동을 했다. 모차르트의 오페라, 요한 슈트라우스 2세1825~1899의 왈츠로 대변되는 도나우 강가의 빈…. 세계의 문화도시임에 의심의 여지가 없다.

성장하는 도시 브라티슬라바Bratislava

빈에서 슬로바키아의 수도 브라티슬라바까지는 도나우 강 보트 편으로 이동했다. 여러 차례 여행을 하면서 도나우 강을 여러 군데서 보기는 했지만 늘 물결을 가르며 강을 달려보고 싶은 욕심이 있었다. 60km 거리 1시간 남짓 크루즈는 강폭이 좀 작기는 했지만 푸른 다뉴브Blue Danube를 실감할 수 있는 상쾌한 여정이었다.

슬로바키아 수도 브라티슬라바

브라티슬라바는 1993년 체코슬로바키아에서 분리 독립한 신생공화국 슬로바키아의 수도이다. 강을 낀 인구 43만의 쾌적한 도시로 EU 국가 도시 중 잘사는 3개 도시에 꼽는다. 도나우 강은 슬로바키아 영토 안을 60km 정도 흐르고 오스트리아와 8km, 헝가리와 100여km를 공유하며 흐르고 있다. 독립된 3개 국가의 경계선에 위치한 유일한 수도가 있는 나라이다.

고대 로마의 지배하에 있었고 5~6세기에는 슬라브족의 유입, 9세기에는 슬라브 국가들의 중심지였다. 헝가리 오스트리아의 지배를 받으면서 오스만 터키의 전화에 휩싸이기도 했다. 독일인 36%, 체코인 33%, 헝가리인 29%가 살았던 이 도시는 1918년 1차 세계대전 후 체코슬로바키아의 일부가 되어 슬라브식 브라티슬라바로 도시 이름을 바꾸었다.

몇 차례의 분리운동은 체코군에 의해 좌절되었다. 2차 세계대전으로 독일에 점령당했으나 전후 독일인들 대부분이 떠나고 슬로바키아인이 90%를 차지하는 동유럽 국가가 되었다. 도나우 강은 이곳 브라티슬라바를 지나 170km 동남쪽 헝가리 부다페스트로 흘러간다.

영욕의 부다페스트Budapest

도나우 강이 흐르는 도시 중에 가장 역사적인 문화의 중심지를 꼽으라면 빈과 **부다페스트**가 아닐까 한다. 부다페스트는 원래 켈트족의 정착지였는데 로마인의 지배를 받았으며 9세기 말 중앙아시아의 유목 기마민족인 마자르족Magyar이 이주해 와 헝가리 민족이 되어 정착하고 헝가리 왕국을 세운 곳이다. 13세기에는 몽골의 침략을 받아 부다Buda의 언덕 위에 성벽을 쌓고 왕궁이 들어섰으며 1361년에 헝가리의 수도가 되었다. 16세기에는 1541~1718년 오스만 터키의 지배를 받았다. 오스트리아의 지원으로 오스만 터키 지배를 끝내고 오스트리아의 세력권으로 들어갔다.

1849년 양안을 잇는 도나우 강 위의 첫 번째 세체니 다리가 건설되었다. 1867년 헝가리는 합스부르크 오스트리아 왕국에 흡수되어 오스트리아-헝가리 연합왕국 1867~1918으로 유럽의 강국이었다. 1873년 도나우 강 양안의 부다와 페스트가 합쳐서 부다페스트가 되었고 페스트 지역은 정치, 행정, 경제, 상업, 문화의 중심이 되었다.

부다페스트는 동유럽을 찾는 한국 관광객들이 빈, 프라하와 함께 가장 많이 찾는 도시이다. 페스트 쪽 국회의사당 건물을 감싸 도는 넓은 도나우 강을 내려다보는 부다 언덕의 조망은 부다페스트를 방문하는 이들에게 깊은 인상을 남긴다. 1882년에 공사가 시작되어 1902년 완공되어 부다페스트 정주 1천 년을 기념하는 민족적 자존심을 세워주었으

부다페스트 국회의사당

며 도나우 강과 절묘한 조화를 이루는 기념비적인 건물이다.

2차 세계대전 이후 소련 위성국으로 정체해 있다가 냉전 이후 급속한 경제발전을 이루고 있다. 한국인 관광객들을 희생시킨 2019년 부다페스트 도나우 강 유람선 참사는 믿기 어려운 안전관리 부실 사고로 안타까움을 금할 수 없다.

구 유고연방의 심장 베오그라드Beograd

도나우 강은 헝가리 국경에서 크로아티아와 세르비아 국경을 따라 내려가다가 발칸 반도의 중심 세르비아 땅으로 흘러든다. 빈, 부다페스트에 이어 도나우 강이 흐르는 마지막 수도도시首都都市 베오그라드에 이른다. 1943년부터 1992년까지 티토Tito의 구 유고연방 여섯 나라의 종주국이었으며 냉전 이후 연방이 붕괴되면서 모두 떨어져 나간 형제국들을 공격하여 인종청소라는 국제사회의 지탄을 받은 나라의 심장이다. 특히 종교가 다른 이슬람 보스니아-헤르체고비나, 코소보에서 자

베오그라드와 도나우 강

행한 밀로셰비치의 잔학한 행위는 세계인의 규탄을 받았다.

140만 인구의 베오그라드 시내를 지나는 도나우 강은 슬로베니아 북부 알프스에서 내려오는 사바Sava 강과 합류하여 강폭도 넓고 수량이 엄청나게 불어 수상교통의 요지를 이룬다. 도시의 3면을 감싸고 흐르는 강은 천연요새 역할을 한다. 동로마 시절 요새로 지어진 칼레메그단 언덕에서 내려다보이는 도나우 강과 사바 강의 합류지점은 강폭이 대단하다.

헝가리 부다페스트 국회의사당 앞 도나우 강폭370m도 넓은 편인데 그 두 배가 넘는다. 베오그라드는 이러한 도나우 강의 환경을 이용하여 상 하류로의 물류 수상교통이 발달하였다. 도나우 강은 국제하천으로 인정되어 자유로운 항해가 보장되어 있다.

루마니아-불가리아 국경 지나 흑해로

베오그라드를 떠난 도나우 강은 남으로 흘러 루마니아와 불가리아 국경을 이루며 500여km를 동으로 흘러간다. 2,850km의 여정을 마친 도나우 강은 마지막 마을 우크라이나 빌코브Vylkove를 지나 마침내 흑해에 다다르면서 수많은 지류로 갈라져 삼각주를 이루고 드넓게 펼쳐진 늪과 습지, 갈대밭의 야생 식물들과 야생조류, 포유동물들의 낙원을 이룬다. 유네스코 세계 자연유산이다.

볼가 강 삼각주에 이어 유럽에서 두 번째로 큰 삼각주이며 제주도 두 배 크기다. 이 삼각주는 북쪽으로 그 일부를 몰도바, 우크라이나와 공유한다. 이 자연을 즐기려는 사람들은 수상호텔 '하우스보트'를 타고

도나우 강 마지막 마을 빌코브(우크라이나)

늪지에 들어가 며칠을 머물며 조류관찰, 낚시를 즐긴다. 이렇게 블랙
포레스트를 출발한 도나우 강은 블랙 씨흑해에서 그 여정을 마친다.

6

대서양의 요충 카나리아 제도^{Canary Islands}

-크루즈 관광객 부르는 화산섬-

카나리아 제도… 북대서양의 섬들
테네리페와 라스팔마스
사상 최악의 항공사고
남대서양의 섬들… 세인트헬레나도

대서양은 북으로 그린란드로부터 남으로는 남극 대륙까지의 대양이
다. 대서양 횡단은 약 6,500km^{아프리카 사하라-미국 플로리다}, 태평양 횡단
은 17,000km 정도^{필리핀-하와이-에콰도르}이니 태평양 폭의 2/5 정도 된
다. 유럽여행을 하면서 아이슬란드와 카나리아 제도를 가 본 일이 있었
고 대서양을 횡단하는 배를 타 본 일이 있어 자연히 대서양의 섬들에
관심을 가지게 되었다. 대서양은 적도 이북의 북대서양과 이남의 남대
서양으로 나눈다. 대서양의 작은 섬들은 스페인, 포르투갈, 영국 등 해
양강국 선원들이 발견하여 주인이 되었다.

카나리아 제도… 북대서양의 섬들

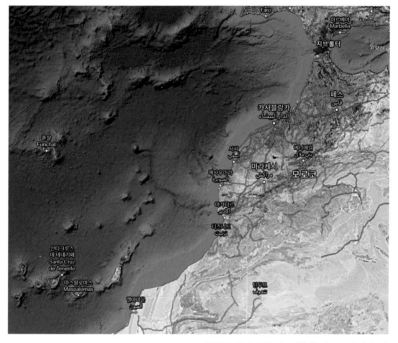

대서양 카나리아 제도 (출처: Google Map)

북대서양North Atlantic Ocean의 먼바다에는 섬이 없다. 유럽 본토 포르투갈에서 정서正西 쪽으로 1,400km 떨어져 있는 포르투갈령 아홉 개의 화산섬 **아조레스 제도**Azores Is., 북위 37도가 있고 역시 모로코 서쪽 800km에 포르투갈령 **마데이라 섬**Madeira이 있다. 이 섬의 푼샬Funchal, 북위 32도은 세계적 축구스타 호날두의 고향이다.

카나리아 제도 Canary Is., 북위 28도는 7개의 섬으로 되어 있는데 스페인령이다. 배를 타고 떠나면 이탈리아 로마로부터 지중해를 빠져나

테네리페 섬 산타크루즈 항

가 대서양이 시작되는 지브롤터 해협까지 1,750km, 다시 지브롤터 해협에서 아프리카 서해안을 따라 남서쪽으로 1,100km를 가면서 사하라 100km 근해에 이 섬이 있다. 미국 플로리다까지 가려면 대략 6,300km를 더 항해해야 한다. 크루즈 선으로 8일 거리다.

카나리아 제도는 아프리카 연안의 아프리카 대륙붕 섬이다. 그러나 스페인 속령이 되면서 이 아프리카 섬은 유럽의 섬이 되었다. 이 섬에서 아메리카 대륙까지는 기항할 곳이 없으니 유럽에서 떠난 배들은 대부분 이곳에 들르게 된다. 15세기 말부터 대서양 횡단에 나섰던 콜럼버스도 그랬고 마젤란도 그랬다.

카나리아 제도는 기원전부터 로마인에게 알려졌으며 원주민 관체족 Guanches, 아프리카 북부 베르베르족의 일파과 스페인 사람들의 혼혈로 피부색은 약간 검다. 주민의 대부분이 가톨릭이다. 13~14세기부터 항해가들의 쟁탈전 끝에 15세기부터 스페인 사람들이 지배했다. 1833년 유럽-미국 간 해저전선 중계지가 되었다. 1936년 스페인 프랑코가 시작한 반혁명이 이곳에서 처음 시작되었다.

테네리페와 라스팔마스

카나리아 군도는 라스팔마스와 테네리페 섬으로 대별된다. 카나리아 섬 전체에 인구 215만 명이 산다. 라스팔마스 항에 38만, 테네리페 섬의 산타크루즈 항에 20만 명이 살고 있다.

라스팔마스Las Palmas는 우리나라 원양어업 기지로 1960년대 70년대 외화획득에 기여했으나 지금은 대부분 철수했다. 대림, 동원 등 34개 원양회사 210척의 어선단이 기항하여 8억 7천만 달러를 벌어들였다. 한때 1만 명 수준의 한국 어부들이 있었으며 지금은 700명 정도가 남아있다. 한국 총영사관은 폐쇄되고 분관이 유지되고 있다.

테네리페Tenerife 섬은 화산섬이다. 3,718m의 테이데Teide 산은 본토를 포함하여 스페인에서 가장 높은 산이다. 3,500m까지 케이블카로 올라갈 수 있고 나머지는 허가를 얻어 산정에 오를 수 있다. 화산지형

테네리페 테이데 화산

의 이 일대는 흘러내린 용암지형으로 도로변에 마그마 조각 바위들이 널려 있는 이름 난 국립공원 관광지여서 유네스코 세계 자연유산으로 지정되어 많은 관광객들이 모여든다.

유럽에서 미국으로 가는 유람선들이 이 테이데 국립공원을 보여주기 위해 대부분 라스팔마스에 기항하지 않고 테네리페 섬에 기항한다. 우리가 내렸을 때는 산정이 구름에 가려 오를 수가 없어서 유감이었지만 공원 안의 기암절벽을 두루 볼 수 있는 것만도 훌륭한 관광이었다.

테이데 국립공원

사상 최악의 항공사고

테네리페 섬은 역사상 가장 큰 항공사고가 났던 곳이다. 1977년 섬 북쪽에 있는 노르테 공항에서 일어났던 보잉 747기 두 대의 충돌사고는 583명이 사망하고 61명이 중경상을 입은 세계 최대 항공 참사였다.

참사는 암스테르담에서 부활절 휴가를 맞아 235명의 승객과 14명의 승무원을 싣고 카나리아로 향발한 KLM 항공기와 미국 로스앤젤레스에서 380명의 승

노르테 공항 충돌참사

객과 14명의 승무원을 태운 PAN AM기가 뉴욕을 경유하여 계획된 라스팔마스 공항에 착륙하려 했으나 착륙 직전 폭탄테러로 폐쇄하여 테네리페 섬의 북쪽에 있는 노르테 공항으로 대체 착륙하면서 일어났다.

당시 활주로 하나에 레이더도 없는 소형 항공기용 노르테 공항은 대형 점보기 두 대를 수용하기엔 너무 작은 공항이었다. 관제탑과 교신소통의 오해, 짙은 안개 속에 두 대의 대형 항공기가 단일 활주로에 내리고 뜨면서 발생했다. 먼저 착륙하여 기수를 돌려 터미널 쪽으로 이동하던 PAN AM기를 전속력으로 이륙하던 KLM기가 들이받은 것이다.

KLM기는 먼저 착륙하여 기다리다가 원래 착륙 예정이었던 라스팔마스 공항으로 가기 위해 이륙 중이었다. 재급유로 연료가 충만했던 KLM은 크게 폭발하여 대형 화염에 휩싸이면서 승객 전원이 몰사하였다. 베테랑으로 알려진 KLM 기장의 무리한 이륙으로 밝혀진 이 대형 참사는 지금까지 세계 항공사고의 기록으로 남아있다. 1978년 테네리페 남쪽에 신공항 테네리페 수르 국제공항이 개항하였다.

남대서양의 섬들… 세인트헬레나도
카나리아 제도에서 1,400km 남쪽, 아프리카 세네갈 연안에서

600km 떨어진 곳에 **카보베르데**Cape Verde, 북위 16도 섬이 있다. 모두 15개 섬 중 5개 섬은 무인도로 이루어진 독립국가 섬이다. 카보베르데 공화국은 1456년 포르투갈인이 발견하여 식민지로 있다가 1975년 독립국이 되었다. 인구도 50만이 넘는 여러 개의 섬으로 되어있다.

아프리카 앙골라 서쪽 1,900km 남대서양에 **세인트헬레나**St. Helena, 남위 16도 섬이 있다. 인구 6천이 사는 화산섬으로 나폴레옹이 1815년 유배당해 1821년 사망하기까지 6년간 살던 섬이다. 1502년 포르투갈 선원이 인도양에서 돌아오는 길에 처음 발견했지만 1673년 영국령이 되었다.

나폴레옹은 프랑스가 가까운 이탈리아 코르시카 섬에서 태어나 쉽게 프랑스를 왕래했었고 또 잠시 실권하여 이탈리아 해안 10km 수영 거리 엘바 섬에 유배당했지만 쉽게 탈출하여 유럽을 휘몰아쳤다. 이런 섬 체질의 기민한 나폴레옹을 경험한 프랑스가 이번에는 다시는 돌아오지 못하도록 영국 군함에 실어 2만 리, 8천km 대서양의 외딴 섬으로 확실

세인트헬레나. 나폴레옹이 머물던 곳

하게 가두어 버린 것이다.

나폴레옹은 독서와 회상록을 구술하며 시간을 보냈는데 그의 측근 역사가인 프랑스 라스 카즈가 쓴 '세인트헬레나의 회상록1823년'은 나폴레옹 전설을 남기는 데 큰 역할을 했다. 수에즈 운하가 개통되기 전 희망봉을 돌아 아시아로 다니던 때에는 중요 기항지 보급 기지였으며 2차 세계대전 때는 영국 해군 기지였었다. 지금은 통신 중계 기지 구실을 하고 있다.

세인트헬레나 섬 북서쪽 1,300km 지점에 3,048m 화산섬 **어센션**Ascension, 남위 8도 섬이 있다. 인구 1천 명 정도에 울릉도 정도 크기인데 영국 공군 기지가 있다. 세인트헬레나 섬 남서쪽 2,400km, 남아공 희망봉 서쪽 2,800km에 울릉도 세 배 정도의 **트리스탄다쿠냐**Tristan da Cunha, 남위 37도섬이 있다. 남아공보다 아래에 있다. 세인트헬레나 총독의 관리하에 있다. 화산 폭발로 주민들이 피신, 귀환을 반복하였으며 지금은 주민 약 3백 명이 거주하고 있다. 주변의 나이팅게일, 인액세서블 섬 등 무인도를 포함하는 제도이다.

7

이스라엘과 팔레스타인 조명

-세계 이슬람 테러전쟁의 원점 -

이스라엘 역사를 보면 애처로워…

로마 속국… 유랑의 길… 그리스도교 창시

아브라함의 두 아들 이스마일과 이삭

유대교, 기독교, 이슬람교… 모두의 성지 예루살렘

시오니즘Zionism

엑소더스Exodus

이스라엘 국가 건설과 중동 전쟁들

팔레스타인 해방기구의 저항

West Bank 이스라엘 정착촌 확대

가자지구Gaza Strip

젖과 꿀이 흐르는 성경 속의 이상향, 유대민족의 땅 가나안. 구약성
서에 나오는 이 가나안 땅은 오늘날 요르단, 시리아, 레바논 일부를 포
함하는 팔레스타인의 옛 이름이다. 이 땅은 기원전 수세기 전부터 예
루살렘을 중심으로 다윗과 솔로몬의 이스라엘 왕국이 번영을 누리며

살던 땅이었지만 기원전 1세기경 로마제국의 침략을 받아 속주가 되면서 유대인들은 세계 각지로 뿔뿔이 흩어져 살게 되었다.

이스라엘 역사를 보면 애처로워…

이스라엘의 역사를 들여다보면 실로 작은 땅의 역사가 애처롭기만 하다. 세계 어느 민족이 이렇게 많은 시련을 겪고 살았을까 싶다. 고대 이집트, 아시리아제국, 바빌로니아제국, 페르시아제국의 지배를 거쳐 로마제국, 이슬람 지배, 십자군 원정, 오스만제국 등 강국들에 묻혀 살아왔으며 이집트, 바빌론, 알렉산드리아로 유배 생활을 했고 로마의 박해를 받아 세계 각지로 흩어져 나가 유랑 생활을 하였다.

이스라엘 역사는 기원 오래전으로 올라간다. 기원전 4000년경에 첫 거주지가 형성되었고 이집트 중왕국BC 2040~BC 1782의 문서에 루살리움이라는 이름이 처음 언급되었다. 기원전 1500년경 이집트에 정복되었으며 람세스 2세 전성기를 거쳐 BC 1178년 람세스 3세 때는 가나안에 대한 영향력을 상실하였다.

친모를 가리는 솔로몬의 지혜

BC 10세기 다윗이 **이스라엘 왕국**을 창건하고 그 후계자 솔로몬 왕이 예루살렘에 성전을 세웠다. 성전에는 하느님의 십계명을 새긴 석판 2개가 들어 있는 **언약궤**言約櫃, The Ark of the Covenant가 보관되어 있었다 한다.

이스라엘 왕국은 솔로몬 사후 남북으로 분열되어 북이스라엘은 BC 723년 아시리아에 멸망하고 남이스라엘 유다왕국은 BC 586년 칼데아신바빌로니아에 멸망하여 예루살렘은 철저히 파괴되고 유대인들은 수도 바빌론으로 끌려가 수만 명이 노동노예로 살았다. **바빌론 유수**幽囚로 역사에 기록되어 있다. 페르시아 카루스 대왕이 유대인들을 귀환시켜 4만 명이 고향으로 돌아와 성전을 재건하였다. 예루살렘은 이집트 페르시아와 함께 알렉산더 대왕BC 336~BC 323의 점령지가 되었고 BC 201년에는 그리스 셀레우코스 왕조의 점령지가 되었다.

로마 속국… 유랑의 길… 그리스도교 창시

BC 63년에는 로마제국에 정복되어 속주가 되었으며 2차에 걸친 봉기가 있었다. 서기 70년 1차 봉기의 유대인 잔당들은 사해 인근 **마사다**Masada 요새에서 결사 항전하였으나 로마군의 총공세로 함락을 앞두고 모두 집단자살의 길을 택했다. 로마는 전 유대인을 추방하고 예루살렘은 이방인의 도시가 되었다. 유대인의 방랑이 시작되었다.

로마제국의 치하에서 예수 그리스도가 출현하여 하느님의 메시아로 유대인들의 주목을 받자 로마와 유대인들은 예수를 박해하고 십자가에 못 박았다. 예루살렘에는 예수가 못 박힌 뒤 묻혔던 자리에 세워진 '**거룩한 무덤교회**Church of the Holy Sepulchre'가 있다. 예수는 3일 후

거룩한 무덤교회

부활하여 40일 후 승천했다고 한다. 예수 그리스도교는 유대인들과 끝없이 마찰하여 사도들은 그리스와 로마로 가서 전도하였으며 로마에서도 한동안 박해를 받았다. 예루살렘 올리브 산에는 성모마리아의 묘도 있다.

로마가 기독교를 받아들인 4세기 이후 예루살렘에 많은 교회들이 들어섰다. 638년 아랍에서 발흥한 이슬람 우마야 왕조가 예루살렘을 정복했으며 그때까지 유대인의 예루살렘 출입은 금지되었다. 이슬람은 예루살렘에 이슬람 사원을 세웠으며 예루살렘은 유대교, 기독교, 이슬람의 성지가 되었다.

아브라함의 두 아들 이스마일과 이삭

유대인들은 아브라함을 자신들의 육체적, 정신적 조상으로 믿는다. 아브라함은 BC 1800년경부터 BC 1600년경 사이에 살았던 인물로 추정된다. 무슬림들도 그를 이브라힘이라 부르며 존경한다. 아브라함과 이브라힘은 같은 인물이며 유대교인과 무슬림이 따로 부르는 명칭이다.

아브라함의 이야기는 구약성서 창세기創世記, Genesis 12장에서 시작
된다. 메소포타미아현 이라크 땅의 우르Ur에서 태어나 아버지 데라, 아내
사라, 형제 조카와 함께 하란Haran, 오늘날 시리아, 터키 국경 부근으로 갔으
며 75세에 가나안으로 갔다. 그는 조상들과는 달리 유일신 하느님을
섬겼다.

아내 사라와 자녀가
없었던 아브라함은 애굽
인 하녀 하갈에게서 이
스마일Ismail을 얻었고
신의 예언대로 100세의
나이에 86세의 사라에
게서 늦게 이삭Isaac을
얻었다. 이스마일을 낳

하갈을 내쫓는 아브라함

은 하갈은 방자하여 황야로 내몰렸으며 이스마일이란 이름은 사회에서
추방된 자를 가리키는 뜻이 되었다.

이스라엘 민족은 아브라함의 처 사라가 낳은 이삭의 후손이고 하녀
하갈이 낳은 이스마일은 다른 민족의 시조가 될 것을 야훼유대교의 하느
님가 약속했다고 창세기는 전하고 있다. 아랍인들은 자신들이 이스마일
의 자손이라고 믿는다. 성서와는 달리 쿠란은 이스마일이 이삭보다 아
브라함의 총애를 받았다고 말한다.

유대인들은 지금도 아브라함을 올바르게 안내하는 자라는 뜻에서 하
니프Hanif라고 부르며 존경한다. 독실한 무슬림들은 사내아이에게 이브

라힘이라는 이름을 많이 지어준다. 쿠란에 따르면 이브라힘은 최초의 참된 무슬림이다. 무슬림들은 이브라힘과 그의 아들 이스마일이 사우디아라비아의 메카에서 그 유명한 카바Kaaba 신전을 세웠다고 믿는다.

무함마드는 이슬람교가 이브라힘의 신앙을 유일하게 계승한 참된 종교이며 유대인들이 그 신앙을 곡해했다고 가르쳤다. 무함마드가 보기에는 이브라힘의 진정한 계승자는 유대인이 아니라 무슬림이었던 것이다. 무슬림과 유대인이 같은 핏줄임에도 오랜 시간 대결한 폭력의 역사는 양측이 모두 아브라함의 자손임을 자처하면서 이스라엘 땅의 소유권을 주장하는 데 그 뿌리가 있다. 이스라엘의 고도 헤브론의 동굴에는 아브라함과 사라의 무덤이 있다는 전설이 있다.

유대교, 기독교, 이슬람교… 모두의 성지 예루살렘

예루살렘은 1947년 1차 중동전이스라엘 건국전쟁 이래 유엔결의안 194호에 의해 동서 예루살렘으로 분리되었으며 서예루살렘은 유대인 이스라엘 지역이 되었고 동예루살렘은 요르단령 팔레스타인 거주지로 되어왔다. 그러나 1967년 3차 중동전6일 전쟁 때 요르단이 이스라엘에 패하면서 동예루살렘을 포함한 요르단 강 이서의 웨스트 뱅크가 이스라엘 땅이 되어 팔레스타인 사람들의 거주지가 되어왔다.

동서 예루살렘은 예루살렘 구District가 되었고 옛 동예루살렘 지역은 팔레스타인 거주지가 되었지만 이스라엘은 정착촌을 건설하고 웨스트 뱅크 지역에서 들어가는 통문을 설치하여 출입을 통제하는 등 예루살렘을 이스라엘의 새 수도로 정착하려는 시도를 꾸준히 하여 세계의 주목을 받고 있다. 팔레스타인은 역시 예루살렘을 수도로 하려는 뜻을

예루살렘 성전산

포기하지 않아 분쟁지역으로 남아 있다. 그런 가운데 2017년 트럼프 대통령은 예루살렘을 이스라엘의 새 수도로 인정한다고 하여 아랍세계의 반발을 사기도 했다. 그만큼 예루살렘은 뜨거운 감자이다.

예루살렘에는 국적이 표기되지 않은 세계문화유산 구시가Old City가 있다. 1981년 지정 당시 도시명과 함께 요르단이 제안한 유적이라고만 표기되어있다. 예루살렘이 국제적으로 분쟁지역임을 나타내는 예이다. 이 구시가는 오랜 유적들이 있는 동예루살렘의 핵심이다.

예루살렘 구시가는 네 개의 거주구역으로 구분되어 있다. 기독교인 구역, 무슬림 구역, 유대인 구역, 아르메니아인 구역, 그리고 비거주 구역으로 성전산聖殿山 구역이 있다. 기독교인 구역에는 '거룩한 무덤교회'가 있다. 로마보다 10년 이상 앞선 AD 301년 기독교를 국교로 받아들인 아르메니아가 한 구역을 차지한 것은 이상할 게 없다. 성전산은 예민한 구역이어서 출입이 통제되고 있으나 나머지 구역은 자유로이 출입할 수 있다.

성전산은 기원전 957년 솔로몬 왕이 세운 성전이 있었던 언덕이다. 그 후 수차 파괴와 재건을 거듭했으나 로마제국의 속국이 되어 AD 73년 로마 장군 티투스가 유대전쟁을 진압하면서 파괴하여 지금껏 재건되지 못했다. 로마군은 성벽의 한쪽만 남겨두어 **통곡의 벽**Wailing Wall 으로 남아 유대인들의 성소가 되었다.

솔로몬 왕의 성전 터에는 예루살렘을 점령한 이슬람 우마야 왕조 시절 5대 칼리파 아브드 알 말리크가 '바위의 돔'을 지었고691년 6대 칼리파 때 알 아크사Al Aqsa 모스크를 지었다705년.

황금 지붕 '바위의 돔'은 예루살렘 성역에 있는 성스러운 바위의 노두露頭를 덮어 세운 팔각 이슬람 성전이지만 종교에 따라 그 의미를 부여

바위의 돔

하고 유대감을 가지고 있다. 이슬람은 예언자 무함마드가 가브리엘과 함께 메카에서 예루살렘으로 달아나 천국으로 가기 위해 이 바위로 갔다는 쿠란의 문구가 있다고 하고 유대인들은 하느님이 아브라함의 믿음을 시험하기 위해 아들인 이삭을 제물로 바칠 것을 요구했던 바위 위에 지어졌다고 믿고 있다. 모두가 아브라함의 자손이라는 공감을 깔고 있는 것이다.

1099년 기독교 십자군 1차 원정으로 예루살렘이 정복되고 이교도인 유대인과 이슬람교도들은 무차별 학살되었으며 정복자들은 **예루살렘 왕국**을 세웠다. 1187년 아이유브 왕조의 술탄 살라딘이 다시 예루살렘을 탈환하여 192년간 지배하던 예루살렘 왕국을 몰아내고 이집트 맘루크 왕조의 관할 아래 들어갔다. 1516년 오스만제국의 셀림 1세가 예루살렘을 점령하고 이후 4백 년간 지배하였다. 크림전쟁 중에는 러시아와 영국, 프랑스 등 사이에 성지 관리권 논쟁이 있었으며 1차 세계대전 중인 1917년 오스만 터키와 싸우던 영국에 점령되어 영국의 위임통치를 받았다.

시오니즘Zionism

전 세계로 흩어져 유랑 생활을 하던 유대인들은 마침내 수천 년 전의 고향땅으로 돌아가자는 시오니즘이 일어났다. 19세기 후반 동유럽과 중부유럽의 유대인들이 고향땅 팔레스타인에 유대민족국가를 건설하자는 유대민족주의운동이 일어났다. 시온은 예루살렘에 있는 언덕 이름이다.

제정러시아의 유대인 학살에 반발하여 유대인 이주운동이 촉진되었으며 오스트리아의 유대인 저널리스트 헤르츨은 1897년 스위스 바젤에서 1차 회의를 소집하여 1901년까지 다섯 차례나 시오니스트 회의를 열었다. 그는 '유대인 국가1896년', '오래된 새로운 땅1903년' 등 유대인 유토피아적 소설을 써서 유대인들의 이주운동을 싹 틔웠다.

엑소더스Exodus

엑소더스출애굽기는 이집트에서 노예 생활을 하던 히브리인들이 모세의 영도하에 이집트를 탈출하는 야기이다. 1905년 러시아 1차 혁명이 실패로 돌아가고 유대인 학살과 억압이

유대인들에 밀려나는 팔레스타인 사람들

뒤따르자 러시아 젊은 유대인들을 중심으로 팔레스타인 이주가 시작되었다. 1914년에는 9만 명이 팔레스타인으로 이주했으며 이 중 1만 3천 명이 43개 정착촌에서 살았다. 20세기 엑소더스이다.

1차 세계대전 이후는 러시아뿐 아니라 오스트리아 독일의 유대인을 중심으로 전 세계로 시오니즘이 확산되었고 그 주도적 역할을 영국에 거주하는 유대인들이 맡았다. 1917년 영국 내 유대인들은 팔레스타인 내 유대민족의 국가 건설을 지지하는 영국의 **밸푸어선언**Balfour, 영국외무장관을 이끌어 내는 데 역할을 하였으며 이는 앞서 1916년 이집트 주재 영국 고등판무관 맥마흔McMahon이 아랍 정치지도자 후세인Hussein과 교환한 맥마흔-후세인 서한에 배치되는 것이었다.

밸푸어 선언

1차 세계대전 전승국 영국, 미국, 프랑스 주도로 열린 1919년 파리강화조약에서 국제연맹International League의 창설에 합의하고 윌슨 미국 대통령의 민족자결주의가 제창되었다. 1920년 4월 이탈리아 산레모 회의에서 패전국 오스만 터키의 영토분할 문제가 논의되었고 영국이 팔레스타인 지역 위탁통치를 하도록 확인되었다.

국제적인 논의에 대한 아랍의 반대에도 불구하고 밸푸어 선언은 강행되었다. 1933년까지 팔레스타인으로 귀환한 유대인들은 23만 8천 명에 달하였다. 그들은 정착촌을 확대하고 자치조직과 문화생활권을 강화하면서 자리를 잡았다. 이후 세계 각지의 시오니즘 유대인 조직들은 이스라엘에 대해 재정적 지원을 계속하였으며 세계 유대인의 팔레스타인 이주를 장려했다.

아랍국들은 팔레스타인 땅이 유대인 국가가 되는 것을 우려하여 시오니즘과 이를 지원하는 영국에 강력히 반발하여 반란을 일으켰다. 2차 세계대전으로 독일의 유대인 학살이 자행되자 많은 유대인들은 팔레스타인과 시오니즘을 옹호하는 미국으로 이주하였다. 아랍권의 반대에 부딪히자 영국은 미국과 협의하여 국제연맹의 후신인 국제연합UN으로 사안을 이첩하였다.

이스라엘 국가 건설과 중동 전쟁들

유엔은 1947년 팔레스타인을 아랍과 유대 국가로 각각 분할할 것과 유대교 기독교 이슬람교 다중종교의 성전인 예루살렘을 국제화할 것을 제안하여 1948년 5월 14일 이스라엘 국가가 정식 성립하였다.

이웃 이집트를 주축으로 하는 아랍연맹 국들은 즉각 공격에 나서 1차 중동전쟁이 일어났으며 전쟁 결과 이스라엘은 팔레스타인 지역의 80%를 차지하게 되었고 90만 팔레스타인인들은 유랑민이 되었다. 1차 전쟁 결과 예루살렘은 동요르단, 서이스라엘 예루살렘으로 분할되었으며 많은 팔레스타인인들이 난민으로 전락했다.

Day1(6월5일): 이스라엘의 이집트 공격
Day2(6월6일): 이스라엘의 가자 지구 장악
Day3(6월7일): 통곡의 벽(Wailing Wall)을 비롯한 유대교 성지(聖地)인 예루살렘을 점령
Day4(6월8일): 이스라엘의 이집트군 격파 (시나이반도 점령)
Day5(6월9일): 이스라엘 탱크부대 골란고원 (Golan Heights)으로 이동
Day6(6월10일): 전쟁종료

※시나이 반도는 1979년 캠프 데이비드 협상에 의해 이집트에게 반환됐다. 이스라엘은 현재까지 골란 고원과 웨스트 뱅크를 영토로 삼고 있다. 가자 지구에서는 2005년 철수했다.

6일 전쟁의 영웅 **모세 다얀** 이스라엘 국방장관

3차 중동전쟁(6일 전쟁)

아랍 국가들과 이스라엘의 중동전쟁은 2차1956년 3차 1967년로 이어졌고 전쟁 때마다 이스라엘은 계속 전승하여 땅과 인구를 확장시켰다. 1967년 3차 중동전쟁은 이스라엘이 1차 전쟁 시 시리아와 체결한 골란고원 비무장지대 안에 농작물을 경작한다는 일방적 조치를 발표하면서 시리아의 분노를 촉발하여 이집트가 아카바만 입구를 봉쇄하면서 일어났다.

이스라엘 국방장관 다얀 장군은 이 전쟁을 6일 만에 끝내 6일 전쟁이라고도 불린다. 서부로 이집트의 수에즈, 시나이 반도 일대와 동북으로 시리아 국경의 골란고원, 그리고 동부

6일 전쟁의 주역들(애꾸눈 다얀 장군)

요르단 강 서안 웨스트 뱅크까지 사방으로 넓은 지역을 점령하였으며 동예루살렘까지 점령하여 오랫동안 영토분쟁이 되었다.

팔레스타인 해방기구의 저항

1964년 팔레스타인 독립국가 건설을 목표로 하는 팔레스타인 해방기구PLO가 결성되어 1969년 야세르 아라파트Yasser Arafat가 의장이 되면서 뮌헨 올림픽 학살, 항공기 납치, 자살특공대, 차량 폭탄테러 등을 자행하여 국제적 악명을 떨치며 팔레스타인 문제를 이슈화했다. 1973년 4차 중동전쟁 후 아랍 정상들도 회담을 열고 PLO를 인정하였으며 유엔도 정식옵서버로 그 존재를 인정했다.

이스라엘은 3차 중동전쟁 때 점령한 이집트 시나이 반도, 시리아 골

란고원 등 넓은 점령지를 1973년 4차 전쟁 이후 모두 반환했다. 여리고 Jericho가 있는 웨스트 뱅크 지역은 요르단이 소유권을 포기하여 반환하지 않고 동 예루살렘과 함께 팔레스타인 사람들의 거주지가 되었다.

팔레스타인은 1988년 독자적으로 독립을 선포했었지만 1993년 라빈 이스라엘 총리와 PLO 아라파트 의장은 상호 실체를 인정하고 테러중단, 팔레스타인 자치정부 수립, 가자지구와 여리고Jericho에서 이스라엘 군 철수 등을 합의하는 오슬로 평화협정에 서명했다.

아라파트와 라빈 수상

그리고 이듬해 1994년 요르단 강 서안과 가자지구 등 6,170평방km에 인구 323만 명, 수도는 요르단 강 서안 라말라Ramallah로 하여 팔레스타인 자치정부가 공식 출범하였다. 1996년 선거를 통해 아라파트 의장이 초대 수반으로 선출되었다. 그리고 2012년 유엔 옵서버 국가로 인정되었으며 이듬해 팔레스타인국으로 이름을 바꿨다.

West Bank 이스라엘 정착촌 확대

1967년 3차 중동전쟁 때 이스라엘이 점령하여 요르단이 통치권을 포기하고 이스라엘에 할양한 요르단 강 서안 지역은 팔레스타인 자치정부가 출범하면서 팔레스타인 자치주가 되었다. 국제법상 이 지역은 어느 나라의 영토도 아니다. 이 지역 내 동예루살렘, 베들레헴, 여리고 등에 이스라엘 정착촌이 여러 군데 산재해 있으며 주민보호를 위해 이스라엘군이 상주하고 있다.

이스라엘 정부는 정착촌을 확대하고 8m 높이의 분리장벽을 설치하여 국제적 비난을 받고 있다. 이 지역 안에는 약 260만 명이 살고 있으며 132개 유대인 정착촌에 45만 유대인이 거주하고 있다.

웨스트 뱅크 유대인 정착촌

가자지구Gaza Strip

시나이 반도 동북쪽 지중해 연안의 작은 항구도시 가자지구는 원래 인구 8만 정도 되는 도시였다. 팔레스타인 자치정부가 생기면서 그 일

가자지구 가자시티

부로 편입되어 21개 이스라엘 정착촌 8천여 명이 철수하고 이스라엘 여기저기에서 살던 팔레스타인인들이 쫓겨와서 지금은 2백만이 조밀하게 사는 도시가 되었다. 팔레스타인 요르단 서안지구와는 떨어져 있어 자치정부의 행정 기능에도 어려움이 있다.

1959년부터 이집트가 지배했으나 1967년 3차 중동전쟁 시 시나이 전투에서 이스라엘이 점령하여 가자지구는 반환하지 않고 1993년 팔레스타인 자치정부 땅이 되었다. 팔레스타

6일 전쟁 시나이 전투 이집트군 포로

인 자치정부 출범 후 경제적 어려움을 겪으면서 테러단체 하마스가 주도권을 잡고 이스라엘 정부군에 맞서 싸우는 형국이어서 이스라엘은 가자지구 출입을 엄격히 통제하고 해상도 봉쇄하고 있다. 2010년 5월 터키 국적의 구호선이 가자지구로 들어가는 것을 이스라엘군이 공격하

여 터키인 8명과 미국인 1명이 사망한 사건이 발생하였다. 양국 외교관계가 단절되고 주터키 이스라엘 대사가 추방되었던 이 사건은 이스라엘이 가자지구 하마스 세력을 고사시키려는 의도로 해석되었다.

가자지구로 접근하는 구호선 나포, 국제 인권단체 추방, 유엔 구호활동도 차단하는 등 이스라엘의 강경통제는 지금도 계속되고 있다. 2012년 11월 가자지구 폭격, 2014년 7월 가자지구 분쟁, 2021년 5월 가자지구 폭격 등 지속적인 국지전과 이스라엘의 포격, 하마스의 맞대응은 현재 진행형이다.

걸프전, 9·11테러, 중동전쟁 등 오늘날 이슬람 과격주의와 싸우는 모든 세계분쟁은 이스라엘과 팔레스타인 분쟁에서 비롯한 것이다. 이스라엘을 지원하는 미국과 서방을 아랍 이슬람 세계가 공통의 적으로 삼는 것이다. 서방의 중동정책에 큰 변화가 없는 한 지금의 세계적 종교분쟁은 끝이 보이지 않을 것 같다.

증오… 이스라엘군과 팔레스타인 여인

8

6·25 남침 비밀전문 찾아낸 러시아의 양심

- 스탈린 학정 폭로한 역사학자 볼코고노프 장군 -

동시베리아 치타 태생, 부모 숙청당해

역사학자로 스탈린 잔학상 파헤쳐

스탈린 사주 한국전쟁 비밀전문 발견

'남침준비태세 완료… 6월 하순 공격 개시' 건의

고결한 인품, 용감한 반공주의자

내가 그분을 처음 만난 것은 1992년 5월이었다. 주 러시아 한국 대사관 국방무관으로 부임한 지 8개월 되는 때였다. 만나기 전 보좌진을 통해 서로 교감은 하였지만 모스크바 크렘린 궁 앞 일린카 거리에 있는 한 정부건물에서 그분을 대면하기까지 신문을 통해 연일 발표되는 옐친 대통령의 개혁 개방 포고문을 접하면서 그분이 기안하여 뒷받침하는 여러 국방, 외교, 군사 분야 개혁 내용들에 익숙해 있었다.

그는 옐친 대통령의 두터운 신임을 받아 소연방이 해체된 이후 중용되었다. 대통령 군사보좌관, 러시아연방 인민대의원국회의원, 과학아카

데미 회원, 크렘린 안보위원회 위원 등 많은 직함을 가지고 분주히 지내고 있었다.

동시베리아 치타 태생, 부모 숙청당해

그분을 처음 방문했을 때 64세의 노장 볼코고노프 장군은 멀리 동양 낯선 나라에서 찾아온 한국 국방무관을 반가이 맞아 주었으며 시종 미소와 여유를 잃지 않고 온화함을 보여주었다. 3성 장군의 위엄보다는 학자다운 면모를 풍겼지만 그 뒤에는 끈질기고 강인한 모습이 숨어 있었다.

1928년 동시베리아 치타Chita에서 태어난 그는 소년기에 부모를 모두 잃어 고아가 되었다. 부친은 그가 아홉 살 때 스탈린 반대파로 몰려 시베리아에서 총살당했으며 모친은 몇 년 후 강제수용소에서 죽었다. 1947년 19세 나이로 군에 입대한 그는 40세까지 붉은 군대의 정치장교로 공산당 선전, 선동에 앞장선 마르크스-레닌주의자였다. 그러나 그가 장군으로 진급하고 국방부 역사연구소에 근무하면서 이제까지 접하지 못한 많은 자료들을 보게 되자 스탈린과 공산당 간부들의 위선과 잔학상에 대해서 깨닫게 되었다.

역사학자로 스탈린 잔학상 파헤쳐

고르바초프 페레스트로이카 이후 그는 지금까지 공개되지 않은 많은 비밀 자료들을 인용하여 '스탈린Stalin'을 저술하여1988년 스탈린과 노멘클라투라의 학정과 부패를 신랄하게 비판했다. 또 그는 동료들과 공동 집필한 '세계 제2차대전사에서 스탈린이 수만 명의 소련군 장병들을 숙청했던 사실을 포함하여 그때까지 금기시되어 왔던 스탈린의 잔학상을

러시아판 '스탈린'　　　　　　한국판 '스탈린'

낱낱이 파헤쳐 큰 파문을 일으켰다. 야조프Yazov 국방장관은 그를 사임케 하였고 많은 동료들로부터 외면당했으며 보수주의자들은 그를 이단자로 몰았다.

　1991년 12월 공산당이 무너지고 개혁주의자 옐친이 등장하면서 그는 회생했다. 옐친은 그의 역사가적 용기를 높이 평가하고 군사보좌관으로 전격 기용했다. 그는 군 정치장교를 없애고 대미관계 개선, 점진적 군 개혁 등 여러 가지 분야에서 폭넓게 옐친 대통령에게 조언하여 두터운 신임을 받았다. 그리고 KGB, 국방부, 외무부 등 정부기관 문서보관소에 제한 없이 출입할 수 있는 전대미문의 특권을 부여받았다. 자료에 굶주린 역사학자에게 이보다 더한 특권은 없을 것이다.

　나는 서울서 부임할 때 마음속 깊이 새기고 간 것 중 하나가 한국전쟁이 소련의 사주를 받아 김일성이 일으킨 남침전쟁이었음을 증명하는 명백한 증거를 손에 넣는 것이었다. 전쟁을 겪은 우리 기성세대나 우방에게는 설명의 여지가 없는 명백한 사실이었지만 일부 나라들과 국내에서마저 김일성이 주장한 북침주장에 동조하는 세력이 있어 시기적으로 확고한 물증이 필요한 때였다.

북쪽에서 우리 비무장지대 주요 접근로에 부분부분 설치한 대전차 장벽을 시진으로 찍어 남한이 전 비무장지대에 저렇게 장벽을 쌓고 전쟁준비에 광분하고 있다고 세계에 선전한 것이 먹혀들어가던 시기였다.

스탈린 사주 한국전쟁 비밀전문 발견

소련은 한국전쟁과 관련한 여러 증거 사료들을 어딘가에 보관하여 찾아낼 수 있는 유일한 북한의 맹방이었다. 내가 모스크바에 도착하자 비서에게 임무를 줘서 과거 한국전쟁에 관한 보도가 있으면 빠짐없이 챙기도록 했는데 이따금 한국전쟁 관련 새로운 보도들이 흘러나오고 있었다. 그리고 그 출처는 옐친 대통령 군사보좌관 볼코고노프 장군이었다.

그분에 대하여 관심을 가지고 추적해 보니 그는 '스탈린'을 쓴 저자였으며 그 외에도 '트로츠키', '7인의 초상화' 등 30여 권의 책을 저술한 대단한 인물이었음을 알게 되었다. 나의 관심은 단연 '스탈린' 책자였다. 내용을 점검해 보니 한국전쟁에 관해서는 아주 적은 양이 간략하게 기술되어 있어 실망했다.

나는 볼코고노프 장군을 만났다. 그리고 시기적으로 한국전쟁의 비밀자료들이 빛을 볼 날이 왔다고 설명하고 스탈린이 사주하여 한국전쟁을 일으켰다는 결정적 자료들을 찾아내서 내용을 보강한 한국어판 스탈린을 출간하자는 내 제의에 흔쾌히 동의했다. 며칠 후 나는 그의

볼코고노프 장군 서재에서

자택을 방문하여 판권계약에 서명했다.

그는 석 달 동안 KGB, 국방부 등 정부 비밀문서 아카이브자료실를 뒤져 모스크바-평양 간 오고 간 비밀전문 세 건을 포함하여 지금까지 공개되지 않은 수많은 자료들을 정리하여 원고를 넘겨주었다. 한국 독자들을 위해 머리말을 써주는 자상함도 잊지 않았다.

'남침준비태세 완료… 6월 하순 공격 개시' 건의

세 개 전문 중 하나는 1950년 5월 30일 김일성과 회합을 마친 평양 주재 스티코프 소련대사가 모스크바 스탈린에게 보낸 비밀전문이었다. 그 내용은 다음과 같은 내용이었다.

'북한은 평양주재 소련 고문관 바실리예프 장군과 공동으로 공격계획을 완성하였고 모든 공격제대 편성과 준비가 6월 1일경 완료되며 10개 사단 중 7개 사단이 공격작전 준비태세가 완료되었다'

'남한 정보당국이 북한의 공격기도를 감지할 염려가 있으며 7월에는 우기가 시작되어 병력집결에 훨씬 더 많은 시간이 소요되므로 6월 말에 공격을 개시할 것을 건의'

등의 내용이 포함되어 있었다. 이는 한국전쟁이 스탈린 사주로 김일성이 일으킨 남침전쟁이었음을 증명하는 결정적 사료였다.

이들 사료는 즉시 서울에 보고되었고 주요일간지에 대서특필되었다. 그리고 그의 저서 '스탈린'은 단행본으로 서울에서 번역 출간되었다. 내가 3년 임기를 마치고 귀임하여 서점에 들렀을 때 그의 저서를 찾기는 쉽지 않았다. 볼코고노프 장군이 한국과 한국민에게 보였던 호의와 역사가적 양심에 기초하여 진실을 밝히려 했던 열정을 생각하면 송구하기 짝이 없었다. 베스트셀러는 못 되어도 많은 국민들이 읽을 수 있도록 광고하고 권장하는 노력을 당국이 기울였다면 국민적 안보의식이 한층 고양되었을 것이라는 아쉬움이 남았다.

고결한 인품, 용감한 반공주의자

볼코고노프 장군은 인간적으로도 따뜻하고 인품이 있는 사람이었다. 심장병을 앓았던 그는 모스크바 한국 대사관에서 그리 멀지 않은 곳에서 외부접촉을 꺼리며 부인과 둘이 살면서도 내겐 언제나 문을 열어 주었다. 부인은 재스민 중국 차에 손수 만든 치즈케이크를 내게 대

접하곤 했다. 귀국인사 차 들린 내게 서울에 부인과 함께 꼭 가보고 싶다던 그의 희망은 끝내 이루어지지 못했다.

나는 그를 반공주의자라고 말하겠다. 스탈린을 비판하고 한국전쟁에 대해 바른 소리를 냈을 때 그는 한밤중 북한 대사관 협박전화에 시달려야 했으며 공산당 보수 세력으로부터 자본주의의 매춘부로 모략 받았다. 그러나 그는 굽히지 않았다. 그가 돋보이는 것은 공산당과 소련 치하에서 반기를 높이 들었기 때문이다.

그는 마침 내가 임기를 마치고 귀국하여 잠시 모스크바에 들렀을 때 운명하였다. 나는 국군회관에서 거행된 그의 장례식에 참석하여 한 송이 국화를 헌화하며 그가 보여 준 위대한 반공정신과 용기, 그리고 한국 국민에 보여준 각별한 애정에 감사를 표했다.

PART 3
아메리카편
America

미국 민주주의의 상징
네 대통령(Four Presidents)
사우스 다코다주 러시모어산

1

미합중국 영토 확장사^{擴張史}

-서부 개척, 13개 주에서 50개 주로-

미합중국United States of America

아메리카 원주민Native American

나바호족… 가혹한 학대 받아

13개 주로 출발한 미합중국

나폴레옹에게 사들인 미시시피 강 유역

멕시코 땅이었던 남서부 사막 땅

Lone Star State 텍사스 주

미-스페인 전쟁Spanish-American War

카리브해 제패

태평양 진출

역사를 담고 있는 주^州 이름

미합중국United States of America

미국은 1776년 영국으로부터 독립을 선언했을 때 모두 13개 주의 영
국 식민지였다. 독립 후 영토를 넓히면서 1959년 하와이가 50번째 주

가 되어 미국 국기 성조기星條旗에는 50개의 별이 그려졌다. 최초 13개 주를 표시하는 열세 개의 줄은 그대로 남아있다. 이렇듯 미국은 지난 183년 동안 37개 주를 더하여 성조기에 별을 하나씩 늘려가며 오늘의 영토로 확장시켰다.

미국은 이 50개의 연방주 외에도 태평양의 괌Guam도, 카리브해의 푸에르토리코Puerto Rico, 버진 군도U.S. Virgin Is. 등을 자치령으로 가지고 있으며 알래스카, 하와이처럼 멀리 떨어져 있는 땅들을 제외한 미 본토의 48개 주를 코너스CONUS, Continental United States라고 부른다. 역사적 영토 확장은 선점자先占者들과 협상하고 전쟁을 통해 병합한 곳도 있고 매입한 것들도 있다. 그 선점자들은 아메리카 원주민인디언, 영국, 스페인, 프랑스, 러시아, 멕시코 등 여럿이 있다.

아메리카 원주민Native American

오늘의 미국이 역사적 영토 확장 과정에서 가장 먼저 부딪친 세력은 아메리카 원주민이었다. 콜럼버스의 신대륙 도착 이전 미 대륙에는 수만 년을 살아온 아메리카 원주민Native American 5백만이 있었다.

그들은 베링 해를 건너온 아시아 몽골계 종족들로 믿어진다. 빙하기에 해수위가 낮아져 아시아 대륙과 알래스카가 연결되어 있었다고 한다. 그들은 오늘날 북미 대륙과 중남미 대륙으로 내려가 살았는데 북미 대륙에서는 앵글로 아메리칸 인디언, 그리고 남미 대륙에서는 라틴 아메리카 인디오로 불리며 살게 되었다. 북미, 남미 통틀어 아메리카 대륙에 사는 원주민들은 멕시코 2,570만, 과테말라 640만, 페루 590만, 볼리비아 410만, 미국 290만 등 모두 5,400만으로 집계되었다.

원주민 아메리카 인디언

　북미 대륙에서 17세기 초 백인들의 정착 초기에는 서로 처음 보는 사람들이어서 경계심을 가지고 물물교환도 하고 일시 공존하였다. 영국이 식민지를 개척하고 유럽인들이 속속 몰려들어 식민지를 건설하고 1776년 미국이 독립하여 13개 주로 미합중국이 출범하면서 영토를 확장해 나가자니 자연히 원주민 인디언들과 충돌하게 되었다. 인디언들이 조직적인 전투력을 가진 무장단체가 아니었으므로 전쟁이란 있을 수 없었고 그들의 부족 거주지로 침범하는 백인 세력과 국소적 전투행위가 일어나게 되었다.

나바호족… 가혹한 학대 받아

　미합중국 연방정부는 인디언들과 협상하여 그들의 땅을 사기도 하고 싸우기도 하면서 인디언들을 거주지역에서 내몰거나 일정지역에 묶어 두려 하였지만 인디언들은 반발하였다. 1650년 남동부 애팔래치아 산 남부에 살던 2만 2천 명 체로키족Cherokee은 1830년 오클라호마 인디언 구역으로 쫓겨났다. 연방군에 맞서 싸웠던 애리조나 나바호Navajo

인디언들은 1864년 연방군에 항복하고 **죽음의 행진**Long Walk에 내몰려 수천 명의 희생자를 내었다.

이 죽음의 행진은 미국 인디언 역사상 가장 가혹한 학대였다. 9천 명을 침구도 없이 애리조나 포트 디파이언스Fort Defiance에서부터 300마일500km 떨어진 뉴멕시코 수용소 포트 섬너Fort Sumner까지 내몰아 걸어가게 했다. 200명의 인디언들이 도중 아사하거나 병사했으며 낙오자는 총살되었다.

5년의 수용소 생활 끝에 1868년 미국 정부는 포트 섬너 인근 보스크 레돈도Bosque Redondo에서 이들을 귀환시키는 조약을 체결하고 고향으로 귀환을 허락하였다. 조약에는 그들이 살 보호구역의 설정, 농경 종자 공급, 농사기술 전수, 어린이 교육, 나바호족 보호 등이 포함되었다. 이들이 애리조나 고향으로 돌아왔을 때 그 수는 4천 명으로 줄어 있었다.

이 죽음의 행진은 78년 뒤인 1942년 필리핀 바탄 반도에서 일본군에 포로가 된 미군 7만 명이 혹서의 날씨에 88km 죽음의 행군에 내몰렸

포트 섬너(Fort Sumner) 수용소 나바호 인디언들

던 역사와 비슷하다.

연방정부와 인디언들은 이후 여러 차례 협상을 통하여 조약을 맺었으며 1890년 북쪽 사우스다코타 주 운디드니Wounded Knee 인디언 학살사건을 마지막으로 연방정부에서 정해 준 인디언 보호구역Indian Reservation 안으로 들어가 정착하게 되었다.

죽음의 행군으로 박해를 받았던 나바호 인디언들은 나바호 자치국 Navajo Nation을 만들어 국기도 만들고 대통령도 따로 두어 상징적 자치 기능을 가지고 있다. 애리조나 그들의 본거지 윈도우 록Window Rock에 수도가 있으며 애리조나 유타 국경 부근에 있는 모뉴먼트 밸리Monu- ment Valley 같은 유명 관광지도 그들의 땅 안에 있다.

수도에는 나바호 인디언의 태평양전쟁 참전 기념공원도 있다. 나바호 족 언어는 난해하기로 이름나 있어서 태평양전쟁 때 일본군과 싸웠던 미군의 암호로 사용되었으며 이 나바호 암호병들을 코드 토커라 불렀 다. 공원에는 나바호족 통신병 코드 토커의 동상이 있다.

아파치 인디언 추장

2020년 기준에 의하면 미국에는 565개 인디언 부족이 있으며 이들은 326개의 인 디언 보호구역 안에 살고 있다. 보호구역 의 총면적은 227,000평방km로 한반도 크 기와 같다. 가장 규모가 큰 인디언 부족은 30만 명의 나바호족이며 애리조나, 유타, 뉴멕시코 주에 걸쳐 있는 71,000평방km

의 보호구역 내에 살고 있다. 이들 부족들은 수백에서 수만에 이르는 규모로, 우리 귀에 익은 몇몇 인디언 부족의 이름은 다음과 같다.

동남부 노스캐롤라이나, 조지아, 테네시 주	체로키Cherokee, 애팔래치아 산 투니카Tunica, 2,500명에서 50명 생존 마스코기Muskogee, 테네시 주
서남부 텍사스, 애리조나, 뉴멕시코, 남캘리포니아 주	모하비Mohave, 호피Hopi, 아파치Apache, 푸에블로Pueblo, 나바호Navajo
중부평원 캔자스, 미주리, 와이오밍, 몬태나, 네브래스카, 다코타 주	샤이엔Cheyenne, 테톤수Teton Sioux, 블랙피트Black Feet, 코만치Comanche, 위치타Wichita, 라코타Lakhota
캘리포니아	후파Hupa, 윈투Wintu, 마이두Maidu

13개 주로 출발한 미합중국

1776년 독립 후 1783년까지 영국과의 독립전쟁을 승리로 이끌어 미합중국이 되었으며 개국 초 13개 영국 식민지 주는 다음과 같다.

1	델라웨어	제일 먼저 연방헌법 승인 연방가입, The First State
2	펜실베이니아	역사도시 필라델피아, 독립 헌법선포, 성조기 제작
3	뉴저지	원래 네덜란드 식민지 영국에 넘겨, 영국 찰스 2세가 동생 요크 공작후에 제임스 2세에게 하사
4	조지아	남부 노예 농업 주, 코카콜라, CNN, 델타항공 본거지
5	코네티컷	예일대, 양키의 본고장, 48번째 작은 주

6	매사추세츠	1620년 필그림 도착지, 역사의 뿌리, 독립운동 태동지, 보스턴 티 파티, MIT, 하버드대학
7	메릴랜드	아나폴리스
8	사우스 캐롤라이나	노예해방 반대, 최초 연방 탈퇴, 남북전쟁 시발지
9	뉴햄프셔	미 대선 예비선거 시작 주
10	버지니아	제임스타운, 가장 오래된 영국 식민지, 윌리엄스버그, 북부는 개방적·부유함, 남부는 담배 농업·보수적
11	뉴욕주	뉴욕시티
12	노스 캐롤라이나	라이트형제 비행
13	로드아일랜드	가장 작은 주, 전형적 뉴잉글랜드, IVY 리그, 브라운대, 최고 명문 예술대 School of Design

1787년 연방헌법이 선포되고 13개 주는 델라웨어 주를 시작으로 모두 연방에 가입하였으며 프랑스 영국인의 거주지였던 **버몬트**1791년, 버지니아 주의 일부였다가 독립한 **켄터키**1792년, 프랑스와 영국이 각축하여 프랑스가 미시시피 강 동부를 영국에게 양도하고 영국이 체로키 인디언에게 사들인 **테네시**1796년 등 각 주들이 속속 연방에 가입하였다.

나폴레옹에게 사들인 미시시피 강 유역

건국 초기 19세기 들어서면서 제3대 대통령이 된 토머스 제퍼슨재임 1801~1809은 1803년 프랑스 나폴레옹과 교섭하여 프랑스령 미시시피 강 유역 일대를 1,500만 불에 사들였다. 루이지애나 매입Louisiana Purchase이었다. 이 광대한 지역들은 미개발 지역Unorganized Territory으

── 루이지애나 지역은 1803년 프랑스로
　　부터 매입한 것임
▨ 오리건 카운티는 영유권 분쟁지역

올리언스 준주
1804

1803년 루이지애나 매입

로 점차 시간이 흐르면서 독립적 주州, State의 기능Organized State이 갖추어지는 대로 1812년 루이지애나 주를 시작으로 1912년 뉴멕시코 주에 이르기까지 순차적으로 미연방에 가입하였다.

북으로부터 **몬태나**1889년, 남북 다코타1889년, 미네소타1858년, 와이오밍1890년, 네브래스카1867년, 아이오와1846년, 콜로라도1876년, 캔자스1861년, 미주리1821년, 뉴멕시코1912년, 오클라호마1907년, 아칸소1836년, 루이지애나1812년 주 등 프랑스 땅의 5배나 되는 14개 주 광활한 지역이다. 미국 역사상 가장 현명한 구매로 평가된다.

이 지역은 프랑스 탐험가 라살이 1682년 미시시피 강을 따라 캐나다에서 멕시코 만까지 내려가 루이지애나를 탐험하고 깃발을 꽂은 지역인데 당시 프랑스 루이 14세의 무관심으로 방치되었던 곳이며 그 후 집권한 나폴레옹도 그 가치를 인식하지 못하고 유럽전쟁의 전비조달을 위해 매각해 버린 곳이었다. 이들 지역은 아메리카 원주민들의 땅으로 유럽 이민자들이 개척해 인디언들과 싸우며 정착하였다. 자치기능이 생기는 대로 연방정부에 가입하여 정식 주가 되었다.

플로리다는 스페인의 폰세 데 레온이 발견하여 스페인령이 되었다가 1819년 미국에 할양되어 플로리다 주1845년, 27번째가 되었다.

멕시코 땅이었던 남서부 사막 땅

1492년 이래 콜럼버스의 4차에 걸친 항해로 중남미에 에스파냐 식민지가 건설되었다. 멕시코가 그중 하나이다. 1521년부터 1821년까지 3백 년간 지배를 받았다. 에스파냐는 이 기간 중 많은 탐험 개척자들이 멕시코 북부 해안지방과 사막지역으로 금맥을 찾아 탐험길에 올랐으며 곳곳에 식민지도 만들고 인디언들과 싸우며 개척길에 나섰다.

에스파냐인들이 먼저 들어선 땅에 동부의 미국인들이 유입하면서 혼

나바호 인디언 구역 모뉴먼트 밸리

재하게 되었고 지역 내 인디언들과 갈등도 생겼다. 오늘의 캘리포니아, 애리조나, 뉴멕시코, 텍사스 땅은 1821년 멕시코가 스페인으로부터 독립하면서 멕시코 땅이 되었고 서부 개척길에 오른 미국인들과 충돌하여 전쟁을 일으키면서 대부분 미국령이 되었다. 이 지방들은 자치의 틀을 갖추는 대로 미연방정부의 주로 편입되었다.

Lone Star State 텍사스 주

텍사스의 마파Marfa라는 작은 마을에서 촬영된 1956년 영화 '자이언트'는 엘리자베스 테일러, 록 허드슨, 제임스 딘이 출연하여 워너 브라더스사가 제작하였다. 영화는 개척시대 텍사스의 황량한 풍광을 잘 그렸다. 농장 주인이 죽으면서 상속받은 시가 5백 달러의 작은 땅을 지키던 하인제임스 딘이 모래밭에서 석유가 터지면서 인생 역전하는 이 영화의 주제가 'This then is Texas'는 텍사스 역사를 잘 묘사하였다.

> Austin and Houston and Alamo El Paso Crystal city
> Waco just like a sleeping giant sprawling in the sun.
> This then is Texas, lone star state of Texas.

텍사스를 대표하는 노래 'This then is Texas'의 가사이다. 도시 이름들은 모두 역사의 인물들이며 전적지이다. 텍사스 개척 선구자 오스틴, 멕시코와의 전쟁을 지휘하여 승리한 휴스턴 장군, 멕시코군에 몰살당한 요새 알라모, 멕시코 국경 요새 엘패소…. 멕시코로부터 독립 후 연방에 가입이 늦어져 연방정부의 국기 속의 별에 끼지 못하고 외로운 별 하나로 남은 텍사스 주는 Lone star state로 지금도 주 깃발에 남아 있다.

미국에서 가장 큰 주이며 인구도 두 번째로 많은 오늘의 텍사스 주
는 16세기부터 스페인, 프랑스를 거쳐 멕시코 땅이었으나 18세기 미국
의 서부 개척자들이 몰려들어 혼재하였다. 텍사스는 **스티븐 오스틴**의
주도 아래 1830년 2만 명 정도의 목화 재배 미국인들이 들어와 살았
다. 미국인들이 텍사스를 멕시코로부터 분리할 것을 요구하여 멕시코
대통령은 텍사스를 멕시코 영토에 포함시키는 헌법을 공표하였으며 미
국인들은 봉기를 일으켜 독립을 하려 하자 멕시코는 6천 명을 동원하
여 전쟁을 일으켰다.

1836년 산 안토니오
San Antonio로 진군한
3천 명의 멕시코군은
알라모Alamo요새에서
저항하는 텍사스 의
용군 186명을 13일간
전투에서 몰살하였다.
멕시코군도 4백여 명

텍사스 알라모 요새 전투

이 전사했다. 이후 미국에서는 '알라모'는 '최후의 방어'라는 용어의 대
명사가 되었다.

샘 휴스턴 Houston 장군의 텍사스군은 증원군을 받아 반격을 가하
여 샌 하신토San Jacinto에서 멕시코군을 물리치고 산타안나 멕시코 대
통령을 포로로 잡았다. 살아남은 멕시코군은 리오그란데Rio Grande 강
남쪽으로 퇴각했다. 텍사스군은 텍사스의 독립을 인정해 주는 조건으
로 포로 산타 안나 대통령을 풀어주었으며 5월 14일 벨라스코 조약을

체결하고 샘 휴스턴을 대통령으로 하는 텍사스 공화국1836~1845이 독
립을 하게 되었다.

텍사스 공화국은 미연방정부에 가입을 신청하였으나 당시 상황으로
루이지애나 밖의 멕시코 땅에 불과했던 지역으로 인식되어 거절당하여
10년간 Lone Star State of Texas로 있다가 1845년 28번째 연방주가
되었다.

텍사스 병합 후 미 영토

뉴멕시코 주도 비슷하다. 1540년 에스파냐 사람이 탐험한 이래 16
세기 후반부터 에스파냐 식민지였으며 1821년에는 멕시코령이었다가
1848년 미국-멕시코 전쟁으로 미국령이 되어 1912년 47번째 미국 연
방주가 되었다.

애리조나 주는 뉴멕시코 주와 함께 1912년 48번째로 미국의 주가 되었다. 미국 본토에서는 마지막으로 연방주가 되었다. 예로부터 호피, 푸에블로, 나바호, 아파치 등 여러 부족의 원주민 인디언들이 살았으며 콜럼버스의 신대륙 발견 이후 에스파냐인들이 들어오고 미국인들이 서진해 들어와 여러 식민지를 형성하였으며 1821년 멕시코가 스페인으로부터 독립하면서 애리조나 일부가 멕시코 땅이 되었다. 1846~1848년 미−멕시코 전쟁으로 북부 중부지역을 멕시코로부터 할양 받고 1853년 남부지역은 멕시코로부터 1천만 달러에 구입하여 미국 땅이 되었다.

캘리포니아 주는 1542년 에스파냐 후안 카브리요가 멕시코에서 배를 타고 샌디에이고에 도착하여 해안을 따라 북상하면서 탐험한 이래 영국인 드레이크가 샌프란시스코 만에 도착하였으며 1769년 최초의 식민지가 샌디에이고 부근에 건설되었다. 멕시코가 에스파냐에서 독립하면서 캘리포니아는 멕시코령이 되었고 1841년부터 미국인들이 들어오기 시작하여 1846~1847년간 미−멕시코 전쟁으로 1848년 미국령이 되었으며 1850년 미국의 31번째 주가 되었다. 1848년 골드러시 이래 텍사스 루이지애나에 이어 미국 세 번째 석유생산지가 되었다.

미−스페인 전쟁Spanish-American War

1783년 영국과의 식민지 독립전쟁, 1865년 내전 남북전쟁을 경험한 미국은 19세기 말 산업력이 충분히 강대국 수준으로 올랐다. 미 본토 외에 알래스카와 태평양의 하와이를 합병한 미국은 보다 적극적인 대외정책으로 점차 해외로 관심을 가지게 되었다. 19세기는 유럽 열강들이 아시아 태평양과 아프리카 지역, 그리고 중남미 카리브해에 여러 식민지를 거느리고 통치하며 자원수탈에 몰두하던 시기였다.

스페인은 콜럼버스의 신대륙 항해 이후 중남미와 카리브해에 많은 식민지를 가지고 통치하고 있었으며 쿠바는 그중 하나였다. 쿠바는 미국 플로리다에 근접하고 멕시코 만으로 진입하는 항로의 요충지였으며 사탕수수 등 스페인 농업자본이 들어가 막대한 재화를 축적하는, 카리브해에서 가장 중요한 식민지였다. 스페인은 이미 1819년 미국에 플로리다를 매각한 일이 있었고 1821년에는 3백 년간 다스리던 멕시코를 독립시킨 이후여서 쿠바는 더욱 중요한 스페인의 식민지였었다. 미국은 1853년에도 스페인령 쿠바를 매입하고자 시도했으나 스페인이 강하게 거부하여 성사되지 못하였다.

카리브해 제패

1895년 쿠바인들은 스페인의 압정과 설탕 관세정책에 불만을 품고 반란을 일으켰으며 이는 독립전쟁으로 비화하여 미국의 관심이 고조되었다. 1868년과 1878년에도 대 스페인 반란이 있었으며 쿠바에 있는 미국인들을 보호하기 위해 미 해군함정이 파견되어 있었다. 1896년 미국 대선후보 매킨리는 쿠바 독립을 공약으로 내걸었다.

쿠바 독립전쟁(1895년)

1898년 아바나 항에 정박 중인 미 해군함정 메인호가 격침된 사건이 발생하자 스페인의 소행으로 판단한 미국은 미국 근해에서 스페인 세력을 축출하자는 국내 여론이 크게 일어나 미-스페인 전쟁이 촉발되었다. 미국은 남북전쟁을 치른 후 28,000명 정도의 정규군 외에 다른 병력이 없었지만 스페인에 전쟁을 선포하고 지원군을 모집하여 원정군을 편성했다. 스페인은 4척의 순양함과 3척의 어뢰정을 거느린 해군함대를 산티아고Santiago 항에 주둔시키고 있었다. 미국은 전략적으로 중요한 관타나모Guantanamo 만을 공격하여 장악했다. 후속 미군 1개 군단 규모가 산티아고에 상륙작전을 실시하여 2주 만에 스페인군의 항복을 받았다.

1899년 미국은 쿠바에서 3년간 군정을 한 후 관타나모 항 영구조차 협정을 맺고 독립시켜 주었다. 그러나 1902년 쿠바 공화정 출범 이후에도 농업자원, 사탕수수 산업, 교통수단 등 쿠바 경제는 미국 자본이 장악하였다.

이어서 미국은 카리브해상의 또 다른 스페인 식민지 푸에르토리코 Puerto Rico도 함락하였다. 이로써 스페인은 콜럼버스가 바하마에 상륙한 지 406년 만에 아메리카에서 축출되었다. 푸에르토리코는 현지 주민들의 원에 의해 현재까지 미국의 자치 속령으로 남아있다. 1493년 이래 400년간 스페인의 식민지였으며 국방 외교 통화를 제외한 자치권을 가진다. 미국 시민권을 가지나 참정권은 없다. 카리브해 중심에 위치한 전략적 요충지로 370만 주민의 80%가 스페인계 백인이다. 미국의 51번째 주 0순위이다. 인접한 버진 군도도 미국령이다.

태평양 진출

미국은 태평양의 스페인
식민지 필리핀도 공격하였
다. 홍콩에 머무르던 듀이
제독의 미 해군함대는 루스
벨트Theodore Roosevelt, 26대
대통령이 됨 해군차관의 명령
을 받고 마닐라 만을 기습
공격하여 스페인 함대를 격

마닐라 만 전투

파하였다. 이어 지상군 7군단이 도착하여 마닐라를 함락하였다. 필리
핀은 1571년 이래 3백여 년의 스페인 식민지배를 종식했다. 아서 맥아
더Arthur MacArthur 장군의 군정하에 미국 식민지로 있던 필리핀은 1943
년 일본 점령을 거쳐 1945년 태평양 전쟁 종료와 함께 독립하였다.

미국은 미−스페인 전쟁 결과 태평양의 스페인령 섬 괌Guam도 획득
했는데 괌은 1521년 마젤란이 발견한 이후 스페인 식민지로 있었다. 우
리 거제도만 한 섬에 원주민, 필리핀인 등 17만 인구가 살고 있다. 태평
양 상의 전략 요충지로 태평양 전쟁 때는 일본이 점령했었으며 한국의
강제징용자들이 복역한 곳이다. 지금은 오키나와에서 철수한 미군 기
지가 있다.

태평양에는 1898년 이래 미국령이 된 웨이크Wake, 8평방km 섬과 1944
년 이래 미국령이 된 사이판Saipan, 괌의 1/6 크기이 있다. 모두 작지만 군
사 요충지이다. 한국전쟁 초기 유엔군이 38도선을 돌파하여 북진하고
있던 1950년 10월 트루먼 대통령과 맥아더 장군이 만나 회담한 곳이

이곳 웨이크 섬이다.

미-스페인 전쟁에서 승리한 미국은 카리브해의 **쿠바**와 **푸에르토리코**, 태평양의 **필리핀**과 **괌도**를 획득했으며 새로운 강대국으로 급부상하고 스페인은 지는 해가 되고 말았다.

역사를 담고 있는 주州 이름

50개 주들의 이름을 살펴보면 역사적 의미가 내포되어 있다. 영국의 왕이나 지명에서 유래한 이름들은 주로 동부의 13개 식민지 주들이다. 평생 처녀로 보낸 엘리자베스 1세의 **버지니아**, 요크 공작의 이름을 딴 **뉴욕**, 영국 저지Jersey 지방 이름을 딴 **뉴저지**, 영국 찰스 1세 왕후 마리아의 **메릴랜드**, 영국 햄프셔 지방의 이름을 딴 **뉴햄프셔**, 영국 왕 찰스 1세의 **캐롤라이나**, 영국 왕 조지 2세의 이름을 딴 **조지아**, 주

미합중국 영토 확장사

건설자 윌리엄 펜의 이름을 딴 **펜실베이니아**…. **코네티컷**긴 강이 흐르는 땅, **매사추세츠**매사추세츠족는 인디언 말에서 유래한다.

인디언 말에서 유래한 주 이름도 많다. 북부지방의 **다코타**친구, **미네소타**하늘빛 물, **위스콘신**풀이 많은 곳, **미시간**커다란 호수, **오하이오**거대한 강, **일리노이**우수한 사람들, **와이오밍**산과 계곡이 만나는 곳, **아이다호**코만치 인디언의 별칭, **아이오와**아름다운 땅 그리고 중부지방 **켄터키**내일의 땅, **미주리**거대한 카누의 마을, **캔자스**남풍의 사람들, **오클라호마**붉은 사람들, **테네시**만남의 장소, **아칸소**물이 흘러 내리는 곳 등이 있고 남부지방의 **미시시피**물의 아버지, **앨라배마**덤불 청소하는 사람, **유타**산사람, **애리조나**작은 샘, **텍사스**친구…. 모두가 서부 개척사와 연관된 인디언 말에서 기원한다.

스페인에 기원하는 주들도 있다. **캘리포니아**는 스페인 탐험가 코르테스가 '뜨거운 아궁이'라고 이름한 데서 기원한다. **네바다**는 스페인 남부의 시에라네바다 산맥에서 유래하며 **플로리다**는 스페인 탐험가 폰세 데 레온Ponce de Leon이 부활절에 발견하여 '꽃피는 부활절'이란 뜻이 있다. **몬태나**는 '산악지대', **콜로라도**는 '붉은'이라는 스페인 말에서 유래했다.

유일하게 미국 대통령 이름을 딴 **워싱턴**이 있다. 그리고 프랑스령이었던 **루이지애나**는 루이 14세의 이름에서 온 것이다. **버몬트**는 프랑스어 '푸른 산'에서 유래했다. **알래스카**는 알류트족, **하와이**는 폴리네시아족 현지 원주민어에서 유래한다.

2

미국 흑인 수난사 400년

-노예 생활 250년, 민권투쟁 100년-

미국의 흑인

'뿌리Roots'

노예 지지支持와 반대

미국 판 '만적萬積의 난' 냇 터너의 반란

노예해방과 공포의 KKK

블랙 게토Black Ghetto

킹 목사와 흑인 민권운동

흑인 대통령의 출현

미국의 흑인

기록에 의하면 아프리카 흑인들이 오늘날 미 대륙에 처음 발을 디딘 것은 중남미보다 100여 년 후인 1619년, 일종의 노동 이민이었다. 4년 ~7년간 백인들을 도와주고 기간이 끝나면 자유의 몸이 되는 계약직이었다. 흑인들이 노예가 된 노예제도는 1660년경이었으며 1700년대 남부 식민지 주에 농장 인력 수요가 늘면서 아프리카 노예도 급증하게 되었다. 1750년에는 노예가 20만 명으로 늘었으며 1770년에는 자유흑인들도 4만 명 이상 되었다. 이들은 도망노예, 초기 계약직에서 해제된 흑인들의 후손, 그리고 카리브 서인도제도에서 온 이민자를 포함한 수이다.

1775년 시작된 독립전쟁에 해방흑인 5천 명이 가담하였으며 1790에는 자유흑인이 5만 9천에 이르렀다. 북부에 2만 7천이었다. 1800년대 초반 남부에는 주민의 1/3인 70만 노예가 살았으며 버지니아 메릴랜드는 절반 이상이, 사우스캐롤라이나에도 주민보다 노예가 더 많았다.

'뿌리Roots'

한국전쟁 참전용사이며 미 해군 예비역 중령이기도 한 미국의 흑인 소설가 알렉스 헤일리Alex Palmer Haley, 1921~1992는 자신의 과거와 유산을 파헤쳐 보고 싶은 집념에서 한 흑인의 가계를 거슬러 올라간다. 그는 평소 할머니로부터 들어 온 선조 이야기들을 줄기로 하여 자료를 수집하고 아프리카 현지도 방문하여 자신의 모계母系 내력을 끈질기

쿤타 킨테 역과
저자 알렉스 헤일리

게 추적하여 1976년 '뿌리Roots'라는 소설을 완성하였다.

이야기는 18세기 1767년 서부 아프리카 감비아Gambia의 한 흑인 마을에서 출발한다. 아프리카 흑인들의 생활과 문화가 그려지고 이 마을에 사는 17세의 쿤타 킨테Kunta Kinte는 백인 노예사냥꾼에 끌려 노예선

에 실려 대서양을 건너 버지니아의 한 농장에 팔려간다.

'뿌리'는 그의 후손들이 남북전쟁을 겪고 노예해방을 거쳐 쿤타 킨테의 7대손 1920년생 알렉스 헤일리에 이르기까지 흑인가족의 일대기를 그린 작품이다. 퓰리처Pulitzer상을 수상한 이 소설은 1977년, 2016년 두 번에 걸쳐 텔레비전 미니 시리즈로 방영되면서 미국은 물론 전 세계에 돌풍을 일으켰다.

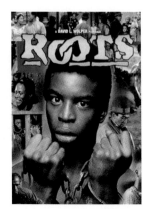

영화 '뿌리' 쿤타 킨테

전편에서는 쿤타 킨테가 미국에 끌려와 농장노예로 살면서 도망과 탈주를 반복하고 가정을 이루어 그의 딸 키지와 외손자 치킨 조지, 그리고 치킨 조지의 자녀들 등 4대에 걸친 100년간의 노예 생활을 그렸으며 속편에서는 남북전쟁으로 노예에서 해방된 후손들이 남부 테네시주 헤닝Henning에 살면서 겪은 시대상과 이야기를 다루었다. 치킨 조지의 4남 대장장이 톰, 톰의 딸 신시아, 신시아의 딸 버사 그리고 버사의 아들 알렉스 헤일리… 모두 7대 흑인가족의 1880년대부터 1960년대 후반까지 삶이 그려져 있다. 1, 2차 세계대전과 대공황 등 격동의 미국 근현대사를 다루었다.

남북전쟁 이후 연방군이 철수하면서 다시 투표권을 박탈당하고 민주당 정치인들의 흑인차별정책하에서 남부에 다시 횡행한 흑인차별, KKK단의 흑인 린치와 테러, 흑인들의 전전긍긍하는 삶이 생생하게 묘사되어 있다.

대장장이 톰은 흑인공동체 지도자가 투표권을 회복하는 조건으로 민주당을 지지하자는 제의에 단호히 맞선다. 자신은 노예해방으로 투표권을 얻은 이후 흑인을 자유의 몸으로 풀어 준 공화당에 투표했다면서 흑인을 노예로 혹사하고 착취한 지주들을 대변하는 민주당엔 결코 표를 줄 수 없다고 강변한다.

쿤타의 후손들과 가까이 지내는 헤닝 지역의 백인 유지 예비역 대령 프레드릭 워너헨리 폰다와 그의 가족 이야기는 흥미롭다.

워너 대령은 흑인 여교사 캐리와 사랑에 빠진 총애하는 모범생 차남 짐을 곤혹스럽게 바라본다. 흑인도 1등표를 샀으면 1등석에 앉을 권리가 있다고 차별하는 차장을 힐책하고 캐리에게 학교수업에 필요한 자료가 있으면 자신의 집 서재에 와서 언제든 빌려가라며 평소 흑인들에게 동정적이었던 프레드릭 대령도 흑인 며느리를 받아들이지는 못한다.

흑인 며느리에 갈등하는 아버지(영화)

프레드릭은 아들에게 결혼은 백인과 하고 캐리는 정부로 삼으라고 조언하지만 강직한 아들은 가족들과 의절, 신분 강등을 감수하면서 캐리와 결혼한다. 워너 부인은 아들에 대한 애틋함을 갖지만 남편의 뜻을 거스르지 못한다. 남편 몰래 아들 집을 찾아간 워너 부인은 혼혈 손자에게 자신이 친할머니란 얘기를 하지 못하고 아빠를 잘 아는 지인이라고 말한다. 그리고 아들 짐과 며느리 캐리에게 테네시 주에서 차별받으며 살지 말고 북부주나 캐나다에 가서 살라고 권한다.

알렉스 헤일리는 흑인 민권운동이 절정이던 1960~1970년대에 이 소설을 썼다. 구전된 가족사와 오랜 시간 전으로 거슬러 올라가는 이야기이니 소설은 픽션과 논픽션의 혼합이다. '뿌리'는 소설이라기보다 미국 사회를 사는 모든 흑인들의 삶을 조명한 한 권의 흑인 역사책이다.

노예 지지支持와 반대

흑인 노예가 늘어나고 시간이 지나면서 노예 지지자들과 노예 반대자들이 생겨났다. 합중국 부통령 존 칼훈John Calhoun은 노예제도가 없이는 부유하고 문명이 발달한 사회를 만들 수 없다고 하였고 성직자 목사는 노예의 표시로 하느님이 흑인들의 피부색을 검게 했다고 주장하기도 했다.

노예를 반대한 사람들은 노예 지지자들을 문명과 기독교의 적敵으로 간주하고 전 노예의 즉각 해방을 외치는 '해방자The Liberator'라는 신문을 발행하였다. 퀘이커 교도들은 지하철도Underground Railroad라는 지하조직을 만들어 농장을 탈출한 노예들을 추격자로부터 보호하여 안

미국의 주별 흑인 분포

전지대로 안내해 주는 전국적 조직망을 갖기도 했다.

1817년 조직된 미국 식민협회는 흑인 노예들을 그들의 고향 아프리카로 돌려보내 자유롭게 살도록 해주자는 운동을 벌여 아프리카 서해안에 라이베리아Liberia를 세워주고 1850년 12,000명의 공화국으로 독립시켜주기도 했다.

미국 판 '만적萬積의 난' 냇 터너의 반란

노예들의 저항도 일어나 재산 파괴, 도망, 폭동, 반란도 일어났다. 1831년 버지니아 주 사우샘프턴에서 냇 터너Nat Turner, 1800~1831라는 흑인이 70여 명의 노예를 규합하여 폭동을 일으켰다. 그들은 치밀하게 모의하여 각자의 백인 주인을 죽이고 길거리에 나와 백인들은 남녀노소 할 것 없이 닥치는 대로 살해하였으며 광란의 폭동이 끝났을 때 거리에는 57명의 백인 시체가 널려 있었고 공포에 질린 백인들은 모두 도망쳐 거리는 유령도시가 되었다.

주모자 냇 터너는 자신의 행동이 노예해방의 서곡이고 모든 노예들이 고무되어 전국적인 노예해방 투쟁이 이어질 것으로 믿었다. 그러나 흑인들은 냇 터너보다 자신들의 주인에게 충성하였고 거리에 나서지 않았다. 의외로 사태는 확대되지 않았고 토벌대가 들이닥쳐 폭동 가담자들은 살해되고 냇 터너는 교수형에 처했다. 100명 이상의 흑인들이 죽었다.

냇 터너(영화 '국가의 탄생')

이 사건은 남부 백인들을 공포에 몰아넣었고 역사적 기억으로 남았으며 후일 흑인 노예해방의 동기가 되었다. 이는 1198년 우리 고려 때 만적의 난과 똑같다. 냇 터너의 반란은 2016년 '국가의 탄생The Birth of a Nation'이라는 영화로 제작되어 흑인 노예해방의 역사물로 상영되었다.

1861년 남북전쟁 직전 미국의 자유흑인은 49만 명에 달했으며 20만 흑인이 북군에 가담하여 4만 명이 희생되었다. 1863년 남북전쟁 중 링컨 대통령은 노예해방을 선언하였고 전쟁이 끝나자 400만 흑인 노예들은 자유의 몸이 되었다. 1865~1866년간 남부에서는 5천 명의 흑인이 살해당하는 수난을 겪었다.

노예해방과 공포의 KKK

남북전쟁이라는 큰 희생을 치르면서 얻은 노예해방은 미국 흑인들에게 육체적 자유를 얻게는 했지만 또 다른 고난의 역정을 걷게 하였다. 흑인에 대한 공공연한 인종차별이 시작된 것이다. 남부 주가 더욱 심하였다. 전쟁이 끝나자 1866년 남부 테네시 주에서는 백인우월주의, 반유대, 인종차별 등 사상을 가진 급진적 지하저항 세력의 중추인 테러집단 KKKKu Klux Klan를 조직하여 흑인들을 공포에 몰아넣었다.

KKK는 남북전쟁이 끝나자 연방의회를 장악한 공화당 급진파들이 흑인들을 정치 세력으로 끌어들여 내전 이전의 백인 권력구조를 바꾸려고 시도하자 이에 반발한 남부 백인들이 흑인 노예해방 반대, 지주의 권익회복을 목적으로 결성한 극우비밀조직으로 1차 세계대전 후에는 한때 200만 회원을 거느렸다. 하얀 가운에 흰 복면을 쓴 이들은 흑인 자유를 추구하는 기독교 십자가를 불태워 흑인들을 협박하고 흑인에 우호적인 백인 정치 인사들에게 테러를 가했다. 연방정부의 단속이 강화되어 KKK는 해체와 재건을 반복하면서 60년대에는 흑인 민권운동에 불만을 품고 각지에서 수많은 테러를 자행하였다.

백인 테러조직 KKK

블랙 게토Black Ghetto

　19세기 후반 20세기 초반 흑인 인종분리정책으로 공공시설 분리사
용, 출입금지 팻말이 나붙었으며 1910~1930년 사이 약 100만 명의 흑
인이 일자리를 찾아 북부지방으로 이주하였다. 도시의 흑인 밀집 거주
지역은 블랙 게토라고 불리며 빈곤, 실업, 열악한 주택 등 슬럼가의 대
명사가 되었다.

흑인 학생 등교를 방해하는
백인들(리틀록)

　1929년 경제 대공황을 거치며
1939년 2차 세계대전에 36만 흑인
이 참전하였다. 그런 가운데 1940년
미 육군 최초로 첫 흑인 장군 벤저
민 O. 데이비스 준장이 탄생하였다.
1950년 흑인 외교관 랠프 번치가 팔
레스타인 분쟁조정으로 첫 노벨 평
화상을 수상했다. 국내외적으로 큰
사건이었다. 1957년 아이젠하워 대
통령은 아칸소 주 리틀록에서 백인 전용 학교에 흑인 학생 입학을 허
락하고 등교 학생을 보호하기 위해 연방군을 투입하였다.

킹 목사와 흑인 민권운동

　이즈음 마틴 루터 킹 주니어Martin Luther King Jr., 1929~1968 목사의
민권운동이 시작되었다. 남부 애틀랜타에서 태어난 그는 펜실베이니아
주 체스터 신학교를 졸업하고 비폭력 인종차별 철폐운동을 벌인 간디
사상에 영향을 받았다. 앨라배마 몽고메리에서 침례교 목사로 재직하
면서 1955년 12월 흑인차별 시내버스 보이콧 투쟁을 지도하여 성공하

면서 주목을 받았다.

흑인이 백인과 동등한 시민권을 얻어내기 위한 공민권 운동으로 1963년 8월 23일 미국 노예해방 100주년 워싱턴 DC 20만 대행진이 있었으며 킹 목사의 'I have a dream'이라는 명 스피치

'나에겐 꿈이 있다' 킹 목사의 워싱턴 연설

를 남겼다. 킹 목사의 출현 이후 흑인 민권운동이 대규모로 증폭되었으며 1960년대는 여러 획기적 민권 법안들이 성사되었다.

1964년 공공시설에서 흑백 분리가 금지되는 민권법안이 통과되었고 이듬해 존슨 대통령은 투표권 법안에 서명하였다. 1967년 흑인 서굿 마셜Thurgood Marshall이 연방 첫 대법관이 임명되었으며 1968년 첫 흑인 시장인 칼 스토크스가 클리블랜드에서 탄생했다.

1968년 테네시 주 멤피스에서 흑인 청소부 파업을 지원하다가 암살당할 때까지 그는 비폭력 평화적 저항운동으로 흑인의 민권회복에 크게 기여했다. 이러한 업적으로 1964년 노벨 평화상을 수상하고 고향 애틀랜타에는 그를 추념하는 기념공원이 조성되었다.

흑인 대통령의 출현

1970년대와 1980년대에 많은 흑인들이 정계와 관계에 진출하였다.

1973년 토머스 브래들리 LA 시장, 콜먼 영 디트로이트 시장, 메이나드 잭슨 애틀랜타 시장, 1983년 워싱턴 시카고 시장, 카터 시절 앤드루 영 주 유엔대사, 퍼트리샤 로버츠 해리스 주택개발부 여성장관, 민주당 대통령 후보에 도전한 제시 잭슨, 1989년 뉴욕시 첫 시장 데이비드 딘킨스, 더글러스 와일더 버지니아 주지사, 1992년 캐롤 모즐리 브라운 첫 여성 상원의원 등이 그들이다.

1991년 LA 로드니 킹 구타사건으로 1992년 LA 폭동이 일어났으며 1989년 콜린 파월 미 합참의장, 2001년 국무장관, 2005년 콘돌리자 라이사 국무장관, 그리고 2009년 버락 오바마 대통령…. 111차 미 하원의원 중 41명이 흑인이었다. 그리고 최근 2020년 대선에서 민주당 바이든 대통령은 흑인 여성 카멀라 해리스 Kamala Harris를 러닝메이트로 지명하여 미국 역사상 첫 여성 부통령이 탄생했다.

버락 오바마 대통령

400여 년 미국의 흑인 역사에서 250년은 노예 생활이었고 100년은 민권운동의 시간이었으며 근래 70년은 소수민족으로 다수 백인들의 차가운 시선 속에 미국 시민으로 살고 있다. 미국사회에서 적어도 제도적으로는 흑인들이 차별을 받으라는 법은 없다. 그러나 현실은 백인우월주의와 흑인·유색인종 차별의식이 깊숙이 내재하고 있으며 이러한 인종 문제는 미국이 안고 가야 할 숙명적 과제이다.

3

라틴 아메리카의 흑인들

- 카리브해와 브라질에 1억 -

중남미 흑인

미국보다 100여 년 전에 카리브해로

1550년 바야돌리드 회의

백인들의 혼혈 물라토와 메스티소

흑인들만의 나라 아이티

라틴 아메리카의 흑인 분포

중남미 흑인

중남미라틴 아메리카를 여행해 보면 의외로 많은 흑인들을 볼 수 있다. 흑인들은 미국에만 있는 줄 알았더니 카리브해의 서인도제도들은 모두 흑인들 세상이었다. 남미의 브라질에도 백인보다 흑인 또는 흑인혼혈들이 더 많아 보였다. 1492년 콜럼버스 이후 대항해시대 미국보다 더 많은 흑인들이 더 오래전에 중남미에 건너와 농장에서 일한 것이다. 아프리카 흑인들이 가장 먼저 들어온 곳은 카리브해의 섬이었다.

사탕수수나 목화밭 농장 주인들은 모두 유럽에서 건너온 백인들이었고 흑인들은 노예무역상들이 모아서 팔아넘긴 아프리카 흑인들이었다. 오늘날 미국 흑인 인구를 대략 4,000만으로 볼 때 라틴 아메리카에 흑인이 더 많이 산다. 브라질만 해도 전체 인구의 반인 9,400만이 흑인계 인구다. 카리브해 히스파니올라 섬아이티+도미니카공화국은 전체 인구 2천만의 대부분이 흑인들이니 1억이 넘는다.

미국보다 100여 년 전에 카리브해로

자료를 보면 1501년 스페인 상인들이 처음 흑인 노예들을 싣고 와서 카리브해 히스파니올라 섬에 내린 것이 최초이다. 히스파니올라 섬은 콜럼버스가 1차 항해 때 상륙하여 다음 항해의 기지로 삼기 위해 선원들 일부를 남기고 돌아갔다가 다시 들른 곳이다. 오늘날 아이티와 도미니카공화국이 나누어 살고 있는 카리브해 섬이다.

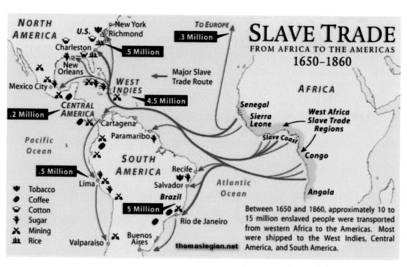

아프리카 흑인 노예무역로

16~19세기 사이 1,200만 아프리카 노예들이 신대륙으로 팔려갔으며 이 중 645,000명이 미국으로 갔다. 미국에 첫 아프리카 흑인이 들어간 것은 1619년으로 기록되어 있다. 중남미보다 100여 년 후이다. 소수의 이 흑인들은 초기 이민·정착한 백인들이 고용한 계약직으로 일정 기간 계약이 끝나면 자유의 몸이 되었다.

1550년 바야돌리드 회의

스페인 백인들은 정착 초기 필요한 노동력의 대부분을 현지 인디오로 충당하여 노예처럼 부렸지만 이들에 대한 인권 문제가 제기되었다. 1550년 스페인 **바야돌리드 회의**Valladolid Debate에서 중남미 현지 원주민 인디오들에 대한 박해가 논의되었다.

르네상스 인문주의자 세풀베다는 정복자의 권리를 옹호하며 인신공양, 원시 야만적 풍습들은 자연에 반하는 죄임을 들어 원주민은 천성적으로 노예라고 주장하였으며 바르톨로메 카사스 주교는 원주민의 자연권Right of Nature을 존중하여 그들을 식민지배자들과 동등하게 대우해야 한다고 했다.

이는 피식민지인의 인권 문제와 식민지배자들의 도덕성을 논의한 사건으로 이후 후발 식민열강들이 겪게 될 정의 문제를 제기한 중요성을 갖게 되었다. 이 논쟁은 결과적으로 인디오들의 문명을 존중하는 쪽으로 결론이 나서 중남미에서 필요한 현지 노동력은 아프리카 흑인 노예로 충당하게 되었다.

백인들의 혼혈 물라토와 메스티소

중남미에서 흑인들은 오랜 세
월 농장에서 일하면서 혼혈되었다.
순수흑인들도 있지만 혼혈 인구가
대부분이다. 흑인과 백인의 혼혈을
물라토Mulatto라고 한다. 인종 간
혼혈은 다양하다. 흑인이 들어오
기 전부터 남북 아메리카 대륙에
선주했던 인디언, 인디오가 있었으
니 이들이 먼저 백인과 혼혈되었
다. 이들은 **메스티소**Mestizo라 불
린다. 그러니까 모두 대서양을 건

스페인+물라토의
혼혈 자녀는 모리스코

너온 유럽 이주자들주로 남성의 자손이지만 물라토는 아프리카 흑인들과
백인 혼혈, 메스티소는 아메리카 원주민 인디오들과 백인 혼혈 자손들
이다. 혼종混種은 대를 이어가며 복잡하게 이루어져 수많은 혼혈 명칭
이 생겼다.

브라질은 2억 인구의 반 정도가 이 같은 물라토 혼혈인들이다. 물론
순수흑인들도 있다. 남미와 중미에는 포르투갈, 스페인 사람들이 아프
리카 흑인 노예가 수입되기 전부터 건너가 살았으니 아메리카 원주민인
인디오들과 혼혈인 메스티소가 물라토보다 많다. 아메리카 원주민들
이 아시아에서 오래전에 베링 해를 건너가 정착했다는 점을 생각하면
메스티소에겐 동양인의 피가 섞여 있다. 흑인과 인디오의 혼혈도 있다.
삼보Sambo라 부르는 이들은 그리 많지는 않다.

흑인들만의 나라 아이티

중남미에는 흑백갈등 같은 사회적 인종 문제는 거의 없다. 외면적으로 인구 면에서 우선 백인이 적고 흑인과 흑인혼혈이 다수를 차지하며 흑인들이 집권하고 있기 때문이다. 카리브해의 바하마32만, 자메이카 295만, 버진 군도미국령+영국령, 13만, 아이티1,011만, 도미니카1,073만 같은 여러 섬나라들은 이제 흑인나라가 되었다. 노예로 팔려와 현지에 정착하고 백인이 떠난 뒤 이젠 주인이 된 것이다.

아이티Haiti의 경우는 카리브해 여러 섬나라 중에서 쿠바, 도미니카와 함께 인구 1천만 명이 넘는 세 나라 중 하나다. 쿠바에 이어 두 번째로 큰 섬인 히스파니올라 섬을 도미니카 공화국과 공유하고 있다. 콜럼버스는 1차 항해 때 이 섬에 거점을 잡고 많은 아프리카 흑인 노예들을 데려왔고 그 후손들이 오늘날 섬 전체 2천만을 넘어 카리브해 최대 흑인 인구 섬이 되었다. 콜럼버스가 다음 항해에 대비하여 선원들 39명을 남기고 갔지만 2차 항해 때 다시 돌아와 보니 전원 몰살되고 없었던, 그런 섬이다. 원주민들을 약탈하고 강간하여 모두 살해된 것이다.

초기에는 에스파냐가 섬 전체를 지배했으나 동쪽으로 거점을 옮겨 오늘날의 도미니카 공화국이 되었으며 서쪽 지방 오늘의 아이티는 영국, 프랑스, 네덜란드 해적들이 근거지를 두었으나 1697년 프랑스가 섬 서쪽을 식민지화하고 생도맹그Saint Domingue라고 불렀다. 1697년부터 1804년까지 프랑스가 점령하고 설탕과 커피 무역으로 프랑스 식민지 중 가장 많이 이익을 올린 곳이다. 이 섬은 중남미에서 유일한 프랑스 식민지였다.

18세기 중반 백인은 3~4만에 불과하였고 아프리카에서 수입한 흑인 노예들은 수십만에 달했으며 1780년대까지 유럽에서 소비되는 설탕의 49%, 커피의 60%를 생산했다. 아프리카에서 대서양을 건너오는 노예의 1/3이 이 섬으로 왔다.

　매년 1만 명에서 1만 5천 명의 노예가 팔려 왔으며 1786년 무렵까지 매년 평균 2만 8천, 그 이후 4만 명 이상을 수입했다. 대략 79만 명의 흑인 노예들이 팔려와 농장에서 일했으며 이로 인해 이 섬에는 아프리카 부두교Voodoo와 언어 등 아프리카 전통문화가 짙게 남아있다. 부두교는 아프리카 베냉, 토고, 가나, 나이지리아에서 유래된 토속종교다.

　시간이 지나면서 흑백 혼혈로 물라토 유색인종들이 늘어났으며 이들은 몸값을 지불하면 자유노예가 되었고 점차 농장에서 무시할 수 없는 세력이 되었다. 1789년 프랑스 혁명은 이 섬의 흑인 노예들에게 자신들도 프랑스 시민이라는 주장을 펴게 하였고 **투생 루베르튀르** 휘하의 반란군이 혁명을 일으켜 많은 식민지 백인들이 희생되었다.

아이티의 반란　　　　반란 지도자
투생 루베르튀르

1802년 프랑스를 장악한 나폴레옹이 군대를 파견하여 흑인을 정복하고 다시 노예화하려 했지만 프랑스군은 패퇴하였다. 생도맹그는 1804년 1월 독립을 선포하고 히스파니올라 섬의 서부에 아이티 공화국을 세워 라틴 아메리카 최초의 흑인 공화국이 되었다. 프랑스 백인들은 생도맹그를 떠났으며 상당수가 북미 루이지애나 식민지로 도주했다. 남은 백인들은 학살되었다.

2008년 허리케인 대재해, 2010년 강진으로 25만 명의 사상자와 100만 명의 이재민이 발생하여 사회혼란을 겪었다. 자연재해 때뿐 아니라 사회적 혼란이 있을 때마다 걷잡을 수 없는 폭동과 약탈이 자행되는 아이티 사태는 이 나라 사람들의 잠재적 본성이 노출된 현상이 아닌가 싶다. 2021년 7월 대통령 관저를 급습하여 사살하고 무법천지의 거리 약탈, 폭동을 일으킨 사태도 마찬가지다.

아이티는 1915년부터 19년간 미국의 영향 아래 있었으며 미국은 쿠바의 영향력을 차단하기 위해 1973년 이래 원조를 계속해 왔다. 독립의 역사는 길지만 정치 후진국에다 카리브해 최빈국이다.

라틴 아메리카의 흑인 분포

라틴 아메리카 나라들의 인종 분포는 원주민인디언, 인디오 분포와 콜럼버스의 항로, 스페인 점령 식민사와 관련이 있다. **멕시코**는 미 본토 남부와 연해 있어 개척시대부터 모두 같은 원주민 인디언, 인디오들과 스페인 식민지 영향으로 메스티소가 대부분이며메스티소 75%, 인디오 14% 남부로 내려가면서 중미 작은 나라들 **엘살바도르, 온두라스, 니카라과, 파나마** 등과 남미 북부 **콜롬비아**와 **베네수엘라** 모두 메스티소가 주류이지만 일부 서인도제도에서 건너간 흑인들이 산다.

페루인디오 50%, 메스티소 30%, 볼리비아인디오+메스티소 74%는 인디오가 많다. 흑인이나 물라토는 거의 없다. 칠레메스티소 70%는 메스티소가 주류이다. 그런가 하면 남쪽의 아르헨티나와 우루과이는 유럽 이민자들의 백인나라이다.

흑인계가 많이 사는 나라는 포르투갈의 식민지였던 브라질과 카리브 해의 서인도제도들이다. 모두 아프리카 흑인 노예들을 수입하여 사탕수수농장에서 인력으로 썼기 때문이다. 브라질은 2억 인구의 반 정도가 흑인계이다. 카리브해의 아이티, 도미니카공화국, 자메이카 등은 모두 흑인나라다. 푸에르토리코만 76%가 백인이다.

오늘날엔 인종 간의 혼혈을 거듭하며 오랜 세월이 지나면서 물라토다 메스티소다 하는 인종 구분은 그 의미를 잃었다. 외모나 신체적인 특징보다는 언어나 문화적 특성에 따라 인종을 보는 현상이 보편화되었다. 인종 문제에 관심을 갖는 연구자나 학자들에게는 관심이 갈 것이다. 오바마 전 대통령은 흑+백의 물라토, 해리스 현 미국 부통령과 타이거 우즈는 흑+황의 메스티소에 가깝다.

4

중상重傷 입은 250년 미국 민주주의

-이민자의 땅 부정한 인종주의 트럼프-

인종차별주의자Racist 트럼프의 등장

미국 민주주의를 능욕한 의사당 난입

폭도들, 그들은 누구인가?

트럼프 깃발 아래 모인 인종주의자들

뿌리 깊은 미국 인종주의

Black Lives Matter

All men are created equal

My way 트럼프 Legacy

뿌리 깊은 미국 민주주의

인종차별주의자Racist 트럼프의 등장

2017년 미 국민들은 매우 이례적인 선택을 했었다. 정치를 해 본 일이 없는 부동산 재벌을 대통령으로 뽑았다. "America First. Make America Great Again.미국이 먼저다. 미국을 다시 위대한 나라로 만들겠다." 하고 외치는 트럼프를 새 대통령으로 뽑은 것이다. 세계는 사업가 출신이 미국을 어떤 길로 끌고 갈 것인지 궁금해했다. 국제관계 외교분야에 경험이 없는 그가 국수주의國粹主義로 빗장을 걸고 미국을 고립시키지는 않을까, 장사꾼의 잣대가 늘었다 줄었다 하지는 않을까 걱정했다.

그는 취임하자 멕시코 국경에 장벽을 쌓았고 이슬람 7국 입국금지, 외국 노동자 비자발급제한, 미국 유학생 대출금지 등 이민 장벽을 높였으며 유럽 국가들과 거리를 두고 중국을 혐오했다. 미국이 악의 축으로 단정했던 북한 김정은과는 사랑에 빠졌다며 얼러주어 기만 키워주고 아무것도 얻은 게 없다. 재임 동안 전쟁이 없었다고 자랑하지만 언제는 전쟁이 있었던가? 긴장만 고조되었다. 과학을 무시하여 파리 기후협약을 탈퇴하고 국민을 오도하여 세계 초일류국가를 최악의 역병 창궐국으로 만들었다.

그는 사업가였지만 미 국민들의 감정을 잘 읽고 있었다. 이슬람 강경 테러단체가 일으킨 9·11테러 경험, 텍사스 국경을 넘는 불법 입국, 밀려드는 이민 물결에 일자리를 잃는 젊은이들… 해외주둔 미군에 드는 막대한 국방예산… 중국의 무역공세… 모두가 미 국민들이 가려워하는 것들이었다. 가려운 곳을 긁어주겠다는 그에게 미국 국민들은 표를 던졌다. 'America First'가 힘을 얻었던 것이다.

미국 대통령 트럼프는 사업가 출신이라고는 하지만 전에 볼 수 없었던 기이한 인성을 가진 사람이었다. 세 번이나 결혼하여 여러 이복자녀를 가진 부동산 재벌의 사생활은 덮어 두고라도 그가 보인 이런저런 저돌적인 행각은 많은 이의 관심을 끌었다. 그는 임기 4년을 지나 재선에 실패하고 시끄럽게 백악관을 떠났다. 재임 동안 두 번이나 탄핵을 받

2020년 대선. 트럼프와 바이든

은, 미국 역사상 유일한 대통령은 후임자 취임식에 참석하여 축하해 주고 백악관 새 주인을 환영하는 현관 마중 152년 전통도 깼다. 황망히 백악관을 빠져나간 불명예 대통령이라는 기록을 남겼다.

트럼프의 야성적 행보는 2020년 대선이 다가오면서 피부에 닿게 보이기 시작했다. 선거도 하기 전에 부정선거를 입에 담고 선거에 지면 좌시하지 않겠다고 으름장을 났다. 선거유세 중에는 상대 후보를 조롱하는 언사를 서슴지 않았고 TV 토론에서는 상대의 말을 70여 회나 거침없이 끼어들어 막는 등 저돌적 본성을 보였다. 상식을 깨는 그의 언행에서 신사의 면모를 찾기는 어려웠다.

미국 민주주의를 능욕한 의사당 난입

그는 퇴임 직전 씻을 수 없는 역사의 오점을 남겼다. 이성을 잃은 듯 보였다. 선거결과에 불복하고 폭도 추종자들에게 민주주의의 상징인 국회의사당으로 몰려가도록 선동하여 흉기와 무기를 든 폭도들은 공권력을 무력화하고 의사당으로 쇄도하였다. 그리고 바이든의 대통령 당선 확정을 선언하는 의사일정을 파괴했다.

폭도들의 의사당 난입

의원들은 총성에 놀라 혼비백산 피신하고 폭도들은 의장석을 점거하고 닥치는 대로 기물을 부수고 난동을 부리며 민주주의 성전을 능욕했다. 세계는 경악했다. 저거 미국 맞나? 모두 눈을 의심하였다. 삼류 후진국에서도 볼 수 없는, 실로 미국 역사상 본 적 없는 참사가 벌어졌

다. 'My Way' 트럼프가 미국사회를 송두리째 흔들어 분열시키고 깊은 골을 파 놓은 것이다. 1861 년 남북전쟁 이후 초유의 일이다. 미국 민주주의에 위기가 닥쳤다.

의사당에 난입한 폭도들

폭도들, 그들은 누구인가?
2021년 1월 6일에 일어난 미국 역사상 초유의 의사당 난동사건은 민

주주의를 파괴한 끔찍한 사건이었다. 이들은 성조기와 트럼프 깃발, 흑인 노예를 부린 남북전쟁 때 남부연합Confederate 깃발을 들고 화이트 파워, 큐어넌Qanon, 익명극우주의자을 외쳤다. 이들은 트럼프에게 표를 던진 일반 공화당원들과는 다르다. 2016년 트럼프 출현 이전부터 미국사회에 있었던 극우과격주의자들Right Wing Extremist이다.

큐어넌Qanon, 프라우드 보이스Proud Boys 등 극우단체를 포함하는 이들은 백인우월주의White supremacy 인종주의자들이다. 흑인, 히스패닉, 아시아인, 유대인들을 혐오하고 이슬람을 배척한다. 트럼프가 아니어도 미국사회 곳곳에서 날뛰었을 그들에게 지난 미국 대선이 좋은 기회가 된 것이다.

트럼프 깃발 아래 모인 인종주의자들

미국에는 여러 인종주의 조직들이 있다. 남북전쟁 이후 남부에서 결성된 전통적 KKKKu Klux Klan는 흑인들에게 공포의 대상이었으며 오늘날에도 많은 극렬 인종주의자들이 있다. 이들은 트럼프가 대통령이 되면서 전면에 나섰다. 인종주의자 트럼프의 대통령 취임은 그들을 고무시켰으며 트럼프는 그들에게 멍석을 깔아주었다. 미국 대선은 그들에게 기회였다. 인종주의자들이 거물 보스를 만난 것이다. 트럼프는 그들을 앞세워 표를 얻고 그들은 트럼프를 앞세워 인종주의를 외쳤다. 조직적으로 인종주의 깃발을 들고 몰려다니는 그들은 가히 트럼프부대였다.

트럼프는 이들 극열분자들을 몰고 다니며 위대한 미국을 건설하자고 선동했다. 선거유세장은 늘 백인 일색의 추종자들을 연단 뒤에 겹겹이 앉혀놓고 열광하는 모습을 연출했다. 코로나 마스크는 안중에도 없었다.

국회의사당 앞의 트럼프 부대

이들은 친 트럼프 TV 방송 FOX에서 떨어져 나온 극우미디어 뉴스 맥스, OANN^{One America News Network}이 만들어 내는 가짜뉴스^{Dis-information}들에 편승했다. 트럼프가 자주 이용하는 미디어 매체다. 이런 가짜뉴스들은 한국에도 널리 유포되었다. 개표 막판 패배가 확실해졌음에도 "바이든 감옥 가고 트럼프 당선된다. 부정선거로 정권을 탈취하려는 세력으로부터 민주주의를 지키려는 트럼프는 세계가 칭송하는 청교도적 애국 지도자다."라는 등 황당한 소문을 퍼트렸다. 미국 역사상 가장 위험한 대통령, 최악의 대통령이란 원로 정치인들의 말과는 거리가 멀었다.

그들은 미국의회를 민주주의 파괴자라고 외쳤다. 딥 스테이트^{Deep State}*가 미국 정부를 지배한다고 말했다. 게다가 트럼프의 부통령 펜

---

* 딥 스테이트(Deep State) : 빌게이츠·오바마·힐러리 같은 막후 세력과 이들의 조정을 받는 정부기관, 정보기관

스를 배신자라며 목매달아야 한다고 외쳤다. 그는 당연직 상원의장으로 바이든의 당선을 확정하는 헌법을 집행했다. 그런 그를 배신자라고 하는 트럼프나 폭도들은 민주주의 파괴자들이다.

그들은 대선 결과에 불복하는 트럼프의 반격대열 선봉에 섰다. 트럼프의 부정선거 이의제기는 대부분 근거가 없다며 법원에서 기각되었다. 죽고 없는 5천 명의 사망자가 투표에 참여했다는 그의 주장은 확대 재생산되었고 트럼프 추종자들을 폭도로 변신시켰다. 조지아 주 정부는 5천 명 사망자 투표설을 일축하고 2명이 있었다고 밝혔다.

뿌리 깊은 미국 인종주의

오늘의 분열은 미국사회의 뿌리 깊은 인종주의에 근원을 둔다. 미국은 4백여 년 전 흑인 노예를 아프리카에서 들여오면서 오늘날의 인종 문제를 잉태시켰다. 유럽 각지에서 모여든 백인들끼리야 종교적, 민족적인 수평적 갈등이 있을 수 있겠지만 피부색이 다른 인종 문제는 수직적 갈등으로 근본적으로 다르다.

미국사회의 인종 문제는 간단치 않다. 흑인뿐 아니라 중남미에서 올라오는 히스패닉, 한국전쟁과 베트남전쟁 이후 몰려든 아시아인들, 홍콩 탈출 중국인들…. 미국은 인종시장으로 변했다. 중남미 나라들의 빈민들이 떼 지어 국경으로 몰려들고 알라를 외치는 무슬림들, 한번 들어오면 눌러앉는 유학생들, 시민권 따겠다는 원정출산 아시아인들…. 이들은 모두 미국에 무임승차하려는 무분별한 안주 이민자들로 비쳤으며 백인들의 혐오 대상이 되었다.

정치가들의 공정 외침에도 불구하고 미국 국민들의 내면에 깊숙이 잠재되어 있는 인종차별 정서는 미국에 살아보면 알 수 있다. 인종 문제는 미국이 안고 가야 할 숙명이다. 뚜껑을 열어서는 안 되는 Can of Worms이다.

미국의 인구변화와 주요 유색인종의 인구변화를 살펴보면 오늘의 인종 문제를 이해하는 데 도움이 될 수 있다.

1960년 미국 인구 1억 7,932만
- 백인 85.3%[1억 5,295만]
- 흑인 10.5%[1,882만]
- 히스패닉 3.2%[573만]
- 아시아인 0.5%[89만]

2020년 미국 인구 3억 3,061만 [1억 5,129만 증가]
- 백인 60.7%[2억 68만]
- 히스패닉 18.1%[5,984만]
- 흑인 13.4%[4,430만]
- 아시아인 5.8%[1,917만]

* 지난 60년간 미국 인구는 1.84배 증가하였고 백인과 흑인은 각각 1.3배, 2.4배 정도로 자연 인구증가율 추세지만 히스패닉계는 10배 가까이, 아시아계는 22배 이상 증가하였다. 이는 이민 증가의 결과이다.

아시아와 히스패닉계 이민자의 급증은 1965년 이민법 개정에 기인한다. 1958년 케네디는 대통령이 되기 전 '이민자의 나라A Nation of Immigration'라는 저서에서 '미국의 건국이념인 개척정신은 경계를 허물며 앞으로 나아가는 정신이다. 이민자를 받아들이는 것은 건국이념과 일맥상통한다'고 주장하고 이민을 개방해 미국을 민족의 용광로로 만들어야 한다고 했다.

당시 이민법은 미국에 자리 잡고 있는 국가 출신에만 소수의 쿼터를 배분하는 방식이어서 남미 등 제3국 이민은 극히 어려웠다. 미국을 발전시킨 주역은 앵글로 색슨계 백인이며 남부 유럽인들을 추방해야 한다는 주장이 나오던 때였다.

케네디 대통령이 취임하여 얼마 안 되어 암살되고 그의 후임 존슨 대통령은 1965년 이민법을 개정하여 미국을 다민족국가로 열었다. 존슨 대통령은 새 이민법에 서명하면서 우리의 사회구조에 영향을 주지는 않을 것이라 하면서 중남미, 아시아인 이민이 급증하지는 않을 것으로 내다보았다. 하지만 새 이민법은 미국사회 구조를 다인종 국가로 완전히 바꾸어 놓았다.

근간 미국사회의 아시아 증오 범죄Asian Hate가 증가하고 있다. 1903년

반 아시안 헤이트 시위

하와이 사탕수수밭 노동 이주 정착 이래 120년 가까이 일구고 쌓아 온 오늘의 200만 한인사회엔 심리적으로 적지 않은 부담을 주는 현상이다. 사람들은 중국 사람으로 잘못 알고 그런다지만 중국 사람이든 한국 사람이든 그들의 눈에는 다 같은 황인종 동양인으로 보일 것이며 미국에 와서 열심히 잘 사는 동양인들을 못마땅하게 생각할 수 있다.

흑인 동네에서 장사해 돈 벌고 백인동네에 살면서 백인 정치인들에게 성금을 내는 한인들은 1992년 LA 흑인폭동 피해를 기억하고 미국사회와 잘 조화를 이루어야 할 것이다. 로드니 킹이 1991년 3월 강도혐의로 집행유예 기간 중에 과속 음주운전으로 경찰단속을 받자 시속 188km로 고속도로를 질주 끝에 잡혀 반항하다가 경찰로부터 구타를 당했다. 1992년 법원은 구타경찰에게 무죄를 선고했었고 이로 인해 일어난 사건이 LA 흑인폭동이었다.

Black Lives Matter

몽매한 아프리카 흑인 노예들이 링컨과 같은 훌륭한 지도자를 만나 남북전쟁이라는 큰 대가를 치르고 자유의 몸이 되었지만 그들의 삶과 인권은 오랫동안 유린당하였다. 인간답게 살겠다고 부르짖던 마틴 루터 킹 목사도 백인 KKK^{Ku Klux Klan} 테러조직의 공포에서 벗어나지 못했다. 흑인들이 미국 시민으로 선거권을 가지게 된 것도 그리 오래전의 일이 아니다. 흑인에 대한 편견과 혐오는 지금까지 계속되고 있다.

부당한 일에 항의하는 흑인폭동은 종종 있어 왔지만 지난 2020년 대선을 앞두고 백인 경찰들이 일으켰던 흑인 학대는 기억에 생생하다. 미국 북부 미니애폴리스 백인 경찰이 거리의 길바닥에서 흑인의 목을 무릎으로 짓눌러 살해한 현장 사진은 세계인을 경악시켰다. "흑인들 못 살겠다. Black Lives Matter!"를 외치며 거리로 나선 흑인 항의 시위를 흑인폭동으로 단언한 트럼프는 그의 백인우월주의 시각을 단적으로 드러냈다.

백인 밑에 흑인 있다

흑인들의 삶은 사회적 통계를 보면 이해가 된다. 흑인들은 교육 수준이 낮다. 대학원 진학률은 5%, 4년제 이상 교육을 받는 흑인은 14%이다. 흑인의 감옥 생활 비율은 백인의 6배, 실업률 2배, 경찰 총격 사망률은 21배에 달한다. 범죄 등으로 살해되는 비율은 백인의 6.3배이다. 이 중 94%가 같은 흑인들에게 살해된다2011년, 미 법무부. 2019년 기준 주택 소유 비율은 백인 71.3%, 아시아계 58.1%, 흑인 41%이다. 흑인들의 소득은 미국 평균에 훨씬 못 미치며 아시아계 85,800달러의 절반도 안 된다.

그러나 누가 뭐래도 미국의 흑인들은 전 유색인종들 가운데 가장 험난한 길을 걸어왔으며 미국 건국에 밑바탕이 되었고 희생을 치렀으며 오늘을 살 권리가 있는 당당한 사람들이다. 흑인들은 미국의 역사적 업보이며 미국은 그들의 삶을 보상할 큰 의무를 지고 있다.

All men are created equal

1776년 미국이 영국으로부터 독립을 선언하고 '모든 인간은 평등하게 태어났다'는 독립선언문을 선포했다. 토머스 제퍼슨이 기안한 이 평등

정신은 인간의 존엄성을 표출한 문구로 이후 미 국민의 양심세계를 지배한 위대한 글이 되었다.

　자신도 노예를 부리는 농장주였음에도 실로 쉽지 않은 양심선언이었을 것이다. 이 인권 평등정신은 60여 년 후 노예해방의 계기가 되었고 흑인 민권운동의 정신적 지주가 되었으며 오늘날 미국이 제창하는 글로벌 인권사상이라는 큰 흐름의 기초가 되었다.

My way 트럼프 Legacy

　트럼프는 내란음모 민주주의 파괴자로 탄핵되었다. 우크라이나 게이트에 이어 두 번째였다. 대통령직을 떠난 후에도 탄핵이 진행된 초유의 사태였다. 하원에서는 트럼프 퇴임 전 과반수가 찬성하여 가결되었지만232:197 상원 심의Trial에서는 2/3 선을 넘지 못하여 부결되었다. 상원 100석 중 50:50이라는 민주, 공화 양당 의석수로는 가결이 어려운 일이었다.

공화당 이탈표가 17표가 되었어야 했지만 임기가 곧 끝나거나 정치적 이해관계가 없는 소신파 여섯 명 외엔 모두 반대표를 던졌다. 재선에 실패하여 트럼프는 이미 백악관을 떠난 뒤였음에도 상원 국회의원들은 소신보다는 지역구 눈치를 살피며 일신상의 안일을 추구한 것이다. 이런 행태는 미국이나 한국이나 비슷한 것 같다.

선거가 끝났으면 결과에 승복하고 후임자의 취임을 축하하며 깨끗이 물러났던 과거의 대통령들과는 달리 트럼프는 부정선거라며 선거결과에 불복하고 끝내 지울 수 없는 큰 상처를 남기고 말았다. 전대미문의 대통령 행각이었다. 권력을 맛본 비즈니스맨의 탐욕이며 그의 장사꾼 본성을 여지없이 드러낸 것이었다. 부정선거 여부는 미국 민주주의 사법이 가름할 일이지 극렬우익이 결정할 일이 아니다.

트럼프는 현직 대통령의 각종 프리미엄에도 불구하고 재선에 실패한 몇 안 되는 대통령 중 하나가 되었다. 미국의 대통령은 큰 흠이 없으면 통상 재선된다. 권력에 집착하여 백인우월주의에 몰입한 제왕적 대통령에게 저소득층을 기반으로 하는 민주당은 물론 보수 공화당까지 등을 돌린 것이다. 전통적 여러 공화당 텃밭 주洲들이 뒤집혔다. 권력을 맛본 비즈니스맨의 탐욕 때문이었다.

뿌리 깊은 미국 민주주의

영국과의 독립전쟁으로 미합중국을 건설한 오늘의 미국은 태생적으로 민주주의 풍토에서 역사를 일구어 왔다. 건국의 아버지들이 그려놓은 민주주의 그림은 지금까지 변색되지 않고 2세기 반을 지켜왔다.

16대 링컨 대통령은 '국민의, 국민에 의한, 국민을 위한 정부'를 제창하고 이는 오늘날 민주주의 잣대로 정의되고 있다. 링컨은 오늘도 수도 워싱턴의 기념관에서 의회를 마주보고 앉아 민주주의를 지켜보고 있다. 조지 워싱턴, 토머스 제퍼슨, 에이브러햄 링컨의 얼굴은 사우스다코타 주 러시모어 산 바위에 새겨져 역사의 인물로 영원히 남아있다.

파수꾼으로 지금까지 이루어 온 업적들을 계속 이어가야 한다. 그리고 자유민주주의를 지향하는 세계 여러 나라들의 모범이 되어야 한다. 바이든 행정부 출범 후 중국을 방문한 신임 국무장관이 중국의 인권 문제, 민주주의 문제를 제기하자 중국 측은 '인권? 너나 잘해라!' 하고 되받아쳤다. 미국은 당혹했을 것이다.

관록의 바이든 신임 대통령이 트럼프 유산 '갈라진 미국'을 화합하고 전통적 세계의 강국 미국으로 되돌아가기를 기원한다. 말로만 그친 트럼프의 '미국을 위대하게'는 노련한 정치가 바이든이 행동으로 일구어내야 한다.

5

Snow Birds의 낙원 플로리다와 카리브해

-보통 사람들의 풍요로운 휴양문화 크루즈-

'미국에 별장 사두고 해마다 크루즈 하는 부자'

겨울 철새들의 낙원 플로리다에서 만난 사람들

미국인들의 생활문화 크루즈

크루즈, 한국인에게도 관심 커져

크루즈 마니아가 되다

우연한 기회에 플로리다에 콘도 회원권을 하나 사서 가끔 가야 할 형편이 되었으며 갈 때마다 가까운 데서 떠나는 크루즈도 하게 되었다. 콘도 회원권은 대단한 게 아니라 1년에 정해진 한 주일을 사용할 수 있는 회원권을 9천 불에 산 것이다. 2~3년에 한 번 가면 모아 두었던 주週들을 함께 쓸 수 있어 한번 가면 여러 주를 머물 수 있었다. 미국에서는 타임셰어Time Share라고 하여 흔한 것이다.

'미국에 별장 사두고 해마다 크루즈 하는 부자'

타임셰어는 말 그대로 1년 52주를 여러 회원들이 1주 또는 2주씩 나누어 쓰는 콘도 사용권이다. 퇴직하고 미국 애틀랜타에 사는 수양딸한

테 다니러 갔다가 올랜도 디즈니 월드에 가족들이 모두 함께 놀러갔었다. 입장권이 너무 비싸서 콘도 투어에 참가하면 싸게 표를 주겠다는 광고를 보고 찾아간 곳은 인근 키씨미Kissimmee에 있는 오렌지 레이크 리조트Orange Lake Resort였다. 마케팅팀을 따라 2시간 투어를 해야 하고 점심까지 공짜로 준다니 솔깃하여 응했다.

소정의 투어 의무를 다하고 싼 디즈니 월드 티켓을 얻어서 그냥 나가면 되겠지 하고 넓은 리조트를 카트로 돌며 여러 타입의 콘도와 수영장, 스파, 워터파크, 골프장 등을 구경하고 점심까지 잘 얻어먹었다. 시간이 갈수록 분위기가 그냥 빠져나갈 수 없게 되었다. 마케팅팀 두세 명이 번갈아가며 공세를 펼치는데 당할 재주가 없었다. 마침 싸게 나온 듀플렉스 단층 콘도가 있다며 데려가서 보았더니 분수가 있는 호숫가에 골프코스를 따라 있는 멋진 집이어서 마음이 혹했다.

단지는 매우 커서 골프장이 네 개에 54홀이나 되어 사실 처음부터 관심이 없진 않았으나 집요한 그들의 공세에 무너지고 만 것이다. 그렇게 해서 나는 9천 불짜리 콘도 회원권을 사게 되었다. 서울 겨울이 추워 따뜻한 곳에서 지내볼까 하는 생각에서 매년 1월 셋째 주를 지정받았다.

2년까지는 저축이 되므로 매년 가기 어려우면 3년에 한 번 가서 3주를 몰아 쓸 수 있기 때문에 미국에 살지 않는 먼 외국인 회원에게는 편리했다. 그 리조트는 홀리데이 인Holiday Inn 창설자가 건설하여 그 그룹에서 운영하는, 플로리다에서는 이름 있는 대규모시설의 종합 리조트라는 걸 나중에 알게 되었다.

플로리다 키씨미 오렌지 레이크 리조트(Orange Lake Resort)

타임셰어는 RCIResort & Condominium International를 통해 미국 본토와 전 세계의 콘도를 이용할 수 있다. 예를 들면 캘리포니아나 콜로라도에 있는 콘도들은 물론 멀리 유럽의 이탈리아나 프랑스, 스위스 그리고 동양의 일본, 동남아 등지의 엄선된 동급 콘도를 사용할 수 있다. Exchange Fee라고 해서 약간의 추가 비용이 든다.

모르는 사람들은 내가 미국에 별장을 가지고 있다고 소문내는 경우들이 더러 있었다. 그리고 해마다 크루즈 여행을 떠나는 사람으로 알고 꽤나 부자인 걸로 부러워하는 사람들도 있었다. 하긴 9천 불짜리 회원권이긴 하지만 골프도 치고 한겨울 중에 수영도 할 수 있었으니 내겐별장이었다. 2002년에 사서 15년을 쓰다가 최근 무상으로 회사에 반납정리하였으니 투자하고는 거리가 멀다. 그래도 그 덕분에 가족들과 미국여행을 자주 하게 되었고 친구들과 함께 크루즈도 여러 번 할 수 있었다.

겨울 철새들의 낙원 플로리다에서 만난 사람들

나는 콘도 회원권을 산 이후 플로리다에 자주 갔었다. 리조트 콘도에서 휴양하면서 여러 미국 친구가 생기고 그들이 사는 이야기와 여가를 즐기는 휴양문화를 많이 보고 듣고 알게 되었다. 겨울철이면 북쪽에서 추위를 피해 내려오는 사람들로 플로리다는 만원이다. 미국에서는 이들을 겨울 철새Snow Birds라고 부른다.

위스콘신 주 밀워키에서 온 지니와 찰리Ginny & Charlie 내외는 우리와 가장 오래 사귀고 또 많이 도와준 식자識者였다. 부부는 모두 나와 생년이 같아 10여 년 지기 친구가 되었다. 2013년에는 올랜도에 있는 그의 콘도에서 우리 가족과 함께 케이크를 자르며 세 사람의 공동 칠순을 자축했다. 둘은 대학에서 만나 열렬히 사랑하여 결혼까지 골인

지니 찰리와 손자녀들

한 잉꼬부부였는데 지니는 금발의 스웨덴계로 작은 키에 활동적이며 찰리는 육척 장신의 호남이어서 나는 늘 안 브라이스와 존 웨인이라고 불렀다. 3남매 자녀들과 여섯 명의 손자녀들이 휴가 때가 되면 함께 여행도 하고 행복하게 사는 부부다.

골프를 하지 않는 그들의 휴양은 대부분의 미국인들처럼 완전히 릴렉스Relax 하는 것이다. 리조트에 내려오면 둘이 콘도 뜰 정원에 앉아 숲을 바라보며 오랜 환담을 하고 조용한 음악을 듣거나 책을 읽으며 소일한다. 모든 여행은 지니가 계획하고 찰리는 따라만 다니는 착한 남편이었다. 그들은 타임셰어를 13주나 가지고 있어 온 세계를 다니는 여행 마니아다. 여유가 있다면서 자기네 콘도를 2~3주씩 빌려주며 늘 우리를 보살펴 주었다. 찰리는 지역 유지로 열성 공화당원인데 대통령 취임식 때는 빠지지 않고 초대되는 도너정치헌금자였다.

미주리 주 세인트루이스St. Louis에서 온 캐리Kerry 부부는 골프장에서 처음 만나 함께 라운딩을 한 친구이다. 일곱 살 아래인 그는 나를 빅 브라더형님라고 불렀다. 건강해서 매일 골프장에서 산다. 이들은 콘도 회원권을 가지지 않고 매년 가용한 콘도를 미리 예약하여 플로리다에 다닌 지 5년 정도 되었단다. 재혼한 이들은 잉꼬부부다. 제2의 허니문을 즐긴다고 한다. 부인 크리스티나는 교통사고로 다리를 약간 절었는데 골프를 치는 중에도 캐리는 부지런히 아내에게 애정표현을 잊지 않았다.

크리스티나는 교사로 정년퇴임하고 캐리는 아직도 사업을 하고 있었다. 캐리는 그래도 전처소생의 아들딸과 손녀들 사진을 꺼내서 열심히 자랑한다. 크리스티나도 함께 보며 훈수를 잊지 않는다. 두 부부의 금실이 좋은 이유를 알 만했다. 우리는 매일 함께 라운딩을 했다. 골프 부킹은 항상 나의 몫이었다. 내가 지역에 먼저 발을 디딘 선배라는 것이다. 우리가 미국에 갈 때면 시간을 맞추어 콘도에서 만나 외식도 함께하며 1주일을 같이 보내곤 했다.

리키Ricky는 56세의 사업가였는데 캐나다 국경 버몬트에서 아파트 임대업과 공항택시 사업으로 돈을 잘 버는 저돌적인 젊은이였다. 그는 골프광이며 신중한 골퍼Serious Player였다. 페어웨이Fair Way에서는 절대 공을 건드리지 않고 그린Green에서 퍼팅할 때는 앞 뒤 양옆으로 재고 또 재는 신중파였다. 스윙 폼은 전형적인 헤드 업Head Up이어서 오비OB, Out of Boundary가 잦다.

필리핀 바기오에서 처음 만나 몇 번 라운딩을 함께한 리키는 재혼한 32세의 필리핀 아내와 함께 처갓집을 방문 중이었다. 홍콩에서 만나 결혼한 리키는 두 살 된 아들을 안고 아름다운 아내와 함께 자기보다 연하의 장모님 생일을 축하하기 위해 필리핀을 방문 중이었다. 내기를 좋아해서 늘 맥주 내기를 했는데 석 점을 받고도 늘 내게 졌다. 승부욕이 강해서 필리핀에서는 졌지만 미국에서 한판 붙자고 고향 버몬트로 초청했다. 동생이 호텔을 경영하여 먹고 재워 주겠단다. 추운 겨울에 버몬트로 갈 수는 없고 플로리다에서 만나자고 하니 도착 전화만 하면 언제라도 내려오겠단다.

그의 말은 빈말이 아니었다. 우리가 가족과 함께 먼저 도착하여 전화를 했더니 리키는 부인과 세 살배기 아들을 데리고 다음 날 비행기로 날아 내려와서 리조트 호텔에 함께 머물며 1주일을 같이 보냈다. 그는 사업가 기질이 있었다. 주중 한가한 9홀 코스를 돌 때는 감독자 마샬도 없고 중간에서 여러 홀을 되풀이 돌면서 6~7홀을 더 도는 것이다. 나는 앞뒤를 살피며 조심스러웠지만 그는 아랑곳하지 않았다. 언젠가는 그의 고향을 방문하여 재대결을 하여 홈그라운드의 이점을 살려 주고 명예를 회복시켜 주고 싶다.

미국인들의 생활문화 크루즈

미국은 크루즈 천국이다. 미국 인구의 40%가 크루즈 여행을 즐긴다고 한다. 세계 크루즈 인구는 미국, 캐나다 등 북미에 가장 많다. 유럽보다 훨씬 많다. 아시아 나라들도 꾸준히 늘어가고 있지만 아직은 비교가 안 된다. 미국인들이 크루즈를 많이 하는 것은 그들의 생활문화가 크루즈문화와 맞기 때문이다. 크루즈 산업은 미국인들의 휴양문화를 충족시켜 주기 위해 생긴 것이라 해도 과언이 아니다.

입식 생활에 개방적이고 낙천적인 사고방식, 몹시 처진 아랫배도 펑퍼짐한 원피스나 남방으로 가리지 않고 여봐란듯이 반바지로 노출시키는 사람들. 태양 아래 몸을 노출하여 일광욕을 즐기고 맑은 바다를 찾아 해양스포츠를 즐기는 휴식문화는 햇빛을 꺼리고 몸을 감추려는 동양문화와는 거리가 있다. 사교장에서 경쾌한 리듬에 맞추어 가볍게 춤을 추는 서양인들을 멀리서 의자에 앉아 구경만 하는 사람들은 대부분 동양인들이다.

미국 사람들이 크루즈를 많이 하는 데는 그들의 생활문화뿐 아니라 지리적인 환경이 우리와 다르기 때문이다. 북미, 중미, 남미는 모두 연결되어 지구의 남, 북반부를 덮고 있어 여행에 계절이 따로 없다. 알래스카에서 칠레 남단까지 차로 달려도 장애물이 없다. 여름에는 북으로 겨울에는 남으로 갈 수 있으니 계절을 많이 타는 유럽보다 여건이 매우 좋은 것이다. 동서로 대서양, 태평양을 접하고 있어 항해 공간이 클뿐만 아니라 남북 아메리카 가운데 중미의 카리브해는 연중 기후가 좋아 최고의 휴양지로 꼽힌다.

여름철에는 알래스카 크루즈 선을 타고 유빙과 빙하를 구경하면서 선선한 항해를 즐기며 가을, 겨울철에는 남으로 내려가 카리브 중남미의 아름다운 섬들에서 스노클링을 즐길 수 있다. 여름철 성수기에 유럽 지중해, 북해를 돌던 크루즈 선들도 겨울철 카리브해 성수기 수요를 대비해 가을이면 대서양을 건너 플로리다로 간다. 빈 배로 가는 게 아니라 손님을 싣고 카나리아 제도 등 몇 군데 섬을 기항하며 10여 일을 가는 대서양 횡단 크루즈이다.

오아시스 호. 225,282톤, 객실 2,706개, 승객 6,296명

북미, 중미, 남미의 거의 모든 항구에는 크루즈 선이 기항한다. 출항지는 대부분 미국 플로리다에 있지만 시애틀, LA, 멕시코 만, 뉴욕 등 곳곳에 있고 남미의 주요 항구들에서도 출항한다. 이들 출항지까지는 자동차 여행을 곁들여 가거나 거미 망 같은 염가의 항공노선이 잘 연결되어 있어 이용하기 좋다.

크루즈, 한국인에게도 관심 커져

아시아 지역 크루즈 인구도 꾸준히 상승하고 있다. 국제 크루즈 선사 협회CIIA 발표에 의하면 2015년도 한국 크루즈 탑승객은 34,853명으로 인구 대비 0.068%이다. 10만 명 중 68명이다. 중국이 100만 명으로 가장 많지만 인구에 비하면 우리와 비슷한 수준0.074%이다. 일본의 0.079%와도 비슷하다.

지난 수년간 크루즈 인구의 증가율을 보면 중국, 홍콩, 태국이 60% 대로 매우 높은 성장세인 데 비해 한국은 35.6%로 중위권이다. 전 세계 크루즈 인구 증가율 10%에 비하면 아시아 지역의 관심이 커지고 있다는 증거다.

아시아 지역 사람들은 대부분 중국이나 동남아에서 출발하여 아시아 지역을 도는 크루즈를 타는 사람들이다. 크루즈는 나이 들어 은퇴하여 타는 사람들이 많고 또 그렇게 하려고 생각하는 사람들이 많아 그리 급속한 상승률은 어려울 것이다. 한국에서도 우리 항구에서 출발하는 크루즈를 시작한다면 더 많은 사람들이 해외 출항 기지로 가지 않고 쉽게 크루즈를 즐기고 그 인구도 늘어날 것이다.

크루즈 마니아가 되다

미국에 갈 때는 플로리다에 머물면서 가까운 마이애미나 포트 로더데일로 내려가 크루즈를 자주 하게 되었다. 밀레니엄Millennium, 2005년, 컨스텔레이션Constellation, 2007년, 이퀴녹스Equinox, 2008년, 오아시스 Oasis of the World, 2011년, 그리고 리플랙션Reflection, 2013년, 2018년 호. 모두 다섯 배를 타 보았다.

근간에는 유럽에 갔다가 로마에서 출항하여 지중해 스페인 몇 개 항구와 카나리아 군도를 경유하여 대서양을 횡단, 미국 플로리다로 가는 14박 15일 크루즈 선을 탔었다. 별로 지루함 없이 시차도 적응하며 여유 있게 갈 수 있었다. 다음 기회가 또 온다면 태평양 횡단 크루즈를 할 계획이다.

선사마다 특징이 있어서 나는 중년층 이상이 많이 선호하는 Celebrity 선사 배를 여러 번 탔다. 크루즈만을 위해 먼 거리를 왕복 비행하기는 시차 적응도 그렇고 피곤하여 쉽지 않다. 콘도에서 3~4주 머무르며 충분히 쉬고 사이사이에 크루즈를 하면 여유 있는 여정이 될 수 있다.

카리브해에는 밤하늘 은하수같이 수많은 섬들이 있지만 동부와 남부 항해로 방향이 구분된다. 바하마, 도미니카, 푸에르토리코, 산 토머스, 쌘 마르틴, 쌘 키츠 등 동부 카리브와 멕시코 칸쿤, 코수멜, 온두라스, 코스타리카, 파나마, 카르타헤나, 아루바, 케이맨 등 남부 카리브로 구분된다. 선사와 배에 따라 기항지가 각각이지만 여러 번 타다 보면 기항지가 중복되는 경우도 있다.

네 번째 탔던 배는 엄청나게 큰 세계 최대 유람선 오아시스Oasis of the World 호였다. 독일에서 건조되어 2009년에 진수되었는데 늘 타던 9만 1천 톤 급의 배들보다 두 배 이상 큰 배였다. 2010년에는 같은 크기의 자매선 얼루어Allure of the Seas가 진수되었다. 22만 톤에 승객 6천 명이 탈 수 있는 객실이 2,700개나 된다. 웨이터 등 승무원만 해도 2천여 명이 탈 수 있다.

크루즈 동안 가장 친해지는 테이블 메이트들

　배 한가운데는 나무 숲 공원도 있고 대로도 있다. 양옆으로 아파트가 들어선 듯 도시의 한 번화가를 걷는 듯하다. 배가 크든 작든 수용인원에 맞게 설계되었으므로 쾌적하긴 마찬가지다. 머지않아 더 큰 배가 나올 것이다. 철새들의 낙원 플로리다 그리고 카리브해와 크루즈…미국은 복 받은 나라임이 틀림없다.

Covid-19가 준 기회
- Bucket List를 다시 들여다보며 -

2020년 2월. 40일간의 아프리카 여행을 마칠 무렵 아프리카에도 코로나가 번지기 시작하여 공항마다 체온을 재기 시작하였다. 출입국이 통제되기 직전 나는 케냐 나이로비를 거쳐 에티오피아 아디스아바바 공항을 이륙할 수 있었으니 하마터면 귀국하지 못하고 아프리카에 갇힐 뻔했다. 천만 다행한 일이었다.

귀국해서 지난해부터 코로나 전염병이 만연되어 세계는 물론 한국도 모든 국민들이 활동에 제한을 받아 외출도 못 하고 집 안에 머무는 어려운 시간을 겪고 있다. 이러한 사태는 많은 사람들을 불편하게 했지만 나에게는 기회가 되었다. 조용히 서재에서 글 쓰는 일에 전념하고 또 한 권의 책을 완성하는 성과를 거두었기 때문이다.

아프리카 여행을 떠나기 전 먼저 다녀온 분들이 쓴 책을 시중 서점에서 몇 권 구입하여 일견하였다. 여행자들은 현지인들과 접촉하여 그들이 사는 모습을 살피고 겪은 경험들을 흥미 있게 기술하고 자연과 야생동물들의 현장을 사진과 함께 올려 독자들의 호기심을 풀어주었다.

어떤 책은 글보다 별 의미 없는 사진들로 도배되어 지식의 전달 면에서 아쉬움이 있었다. 대부분 현재의 모습을 기술하는 데 그친 책들이 많았다. 아프리카 얘기는 과거 수백 년 동안 겪은 수난의 역사를 결缺하면 의미가 없다.

이번 네 번째 책에는 아프리카 이야기를 중심으로 25 테마, 유럽, 아메리카 13 테마를 보태 모두 38 테마가 수록되었다. 두 번째, 세 번째 책의 83개 테마를 합하면 그간 모두 121 테마를 썼다. 1국 1테마는 아니지만 여행한 나라가 114개국이니 대략 비슷하게 맞는 것 같다.

나는 가 보고 싶은 곳들이 더 있다. 나의 버킷 리스트엔 아직 여러 나라가 올라있다. 여러 번 여행한 유럽20회과 미국16회은 살아보기도 하면서 비교적 소상히 보았고 중남미 나라들은 안 가본 곳들이 있지만 남극 가까운 아르헨티나 마젤란 해협 크루즈를 해보고 싶다. 일본서 떠나 러시아 캄차카를 경유하는 북태평양 횡단 크루즈, 남태평양 지역의 파푸아뉴기니, 아시아의 오지 부탄, 중국의 티베트 자치구, 잠무카슈미르가 올라있다. 아랍권의 이란, 이라크, 시리아는 미국의 제재가 풀리면 가봐야 할 곳 0순위이다. 모두 역사와 문화가 있는 곳들이다.

코로나 전염병Covid-19이 속히 누그러져서 예전과 같이 자유로이 여행할 수 있어야 가능한 일이며 나의 열정이 식기 전에 다시 배낭을 메고 나설 날이 오기를 기원한다.

옥수동 최영하

〈역사의 맥박을 찾아서〉 (2015년 출판)

PART 1 세계 역사문화풍물 배낭기행 42선選

〈서유럽〉 7선
영국의 만리장성 하드리안 월
'오 대니 보이'의 고향 북아일랜드
'The Longest Day' 노르망디를 가다
베를린에서 읽은 독일제국사
포츠담 회담장 세실리엔호프 궁
르네상스의 발상지 피렌체 산책
천재건축가 가우디 낳은 스페인 바르셀로나

〈동유럽〉 8선
650년 합스부르크 왕가의 영화 오스트리아
보헤미안의 땅 체코
요한 바오로 2세 낳은 고도 크라코바
냉전의 심장 모스크바 크렘린 궁
러시아의 유럽창문 상트페테르부르크
인류사상 최대의 격전 스탈린그라드 전투
사라져 가는 소연방 해체의 주역들
흑해의 목젖 전략요충 크림 반도

〈북유럽〉 2선
세계 제1의 청렴국가 핀란드
장엄한 자연과 최상의 복지 누리는 노르웨이

맥아더의 영혼이 머무는 필리핀 루손도
여진족의 땅 만주벌판
닛코 도쿠가와 이에야스의 묘

PART 2 오지奥地 명지名地 테마기행 6선選

〈테마기행〉 6선
시베리아 횡단철도 역사기행
파미르고원 2천km를 달리다
깨어나는 유럽의 오지 발칸반도 배낭 종단
미 대륙 자동차 왕복횡단 45일
원색의 대륙 남미 ABC 투어
대중휴양문화 카리브 크루즈

〈역사의 숨결을 찾아서〉 (2019년 출판)

PART 1 서양 편 22선選

맥박이 뛰는 땅 고도孤島 아이슬란드
유럽 심장 파고든 바이킹 노르만
닮고 싶은 복지 평화의 나라 스웨덴
안데르센 '인어공주'의 왕국 덴마크
스카치위스키 골프 원조 스코틀랜드
셰익스피어 작품 무대를 찾아서
유럽 왕실들의 정략결혼 이야기
격동기 프랑스를 거머쥔 난세의 영웅 나폴레옹
프랑스 인상주의 미술 여행
위대한 음악가들의 자취를 찾아서

PART 2 **동양 편 13선^選**

여행한 나라들..

북미	미국(거주) · 캐나다 · 멕시코
중미	코스타리카 · 파나마 · 온두라스
카리브	쿠바 · 케이맨제도(영) · 도미니카 · 푸에르토리코 · 버진군도(미) · 세인트 키츠(영) · 산마르틴(화) · 산마르틴(영) · 바하마(영)
남미	브라질 · 아르헨티나 · 칠레 · 컬럼비아 · 베네수엘라 · 페루
서유럽	영국 · 아일랜드 · 네덜란드 · 벨기에 · 프랑스 · 스페인 · 포르투갈 · 이탈리아 · 바티칸 · 독일 · 스위스 · 리히텐슈타인 · 룩셈부르크 · 모나코 · 카나리아 제도
동유럽	오스트리아 · 헝가리 · 체코 · 슬로바키아 · 폴란드 · 에스토니아 · 라트비아 · 리투아니아
북유럽	핀란드 · 스웨덴 · 노르웨이 · 덴마크 · 아이슬란드
남유럽	슬로베니아 · 크로아티아 · 세르비아 · 보스니아/헤르체고비나 · 몬테네그로 · 알바니아 · 그리스 · 루마니아 · 불가리아
CIS	러시아(거주) · 우크라이나 · 백러시아 · 몰도바 · 조지아(그루지아) · 아제르바이잔 · 아르메니아 · 우즈베키스탄(거주) · 타지키스탄 · 카자흐스탄 · 키르기스스탄 · 투르크메니스탄
중동	터키 · 이스라엘 · 팔레스타인 · 요르단 · 이집트 · UAE · 바레인 · 사우디아라비아
아프리카	튀니지 · 모로코 · 남아공 · 짐바브웨 · 잠비아 · 보츠와나 · 나미비아 · 탄자니아 · 잔지바르 · 케냐 · 마다가스카르 · 에티오피아
아시아	일본 · 중국 · 대만 · 북한 · 마카우 · 홍콩 · 필리핀 · 태국 · 말레이지아 · 싱가포르 · 인도네시아 · 베트남(참전) · 라오스 · 캄보디아 · 미얀마 · 인도 · 스리랑카 · 방글라데시 · 네팔 · 몰디브 · 아프가니스탄 · 파키스탄 · 몽골
대양주	오스트레일리아 · 뉴질랜드

세계일주
역사의 흔적을 찾아서

초판 1쇄 인쇄 2021년 10월 29일
초판 2쇄 발행 2021년 12월 09일
지은이 최영하

펴낸이 김양수
책임편집 이정은
편집디자인 권수정
교정교열 이봄이

펴낸곳 도서출판 맑은샘
출판등록 제2012-000035
주소 경기도 고양시 일산서구 중앙로 1456(주엽동) 서현프라자 604호
전화 031) 906-5006
팩스 031) 906-5079
홈페이지 www.booksam.kr
블로그 http://blog.naver.com/okbook1234
포스트 http://naver.me/GOjsbqes
이메일 okbook1234@naver.com

ISBN 979-11-5778-511-7 (03900)